原爆を落とした男たち

マッド・サイエンティストとトルーマン大統領

本多巍耀 著

芙蓉書房出版

まえがき

本書は、ロス・アラモス研究所で造り上げた原子爆弾に対し、トルーマン大統領、チャーチル首相、スターリン大元帥を含む、政治家、外交官、軍人、科学技術者がどのように向き合ったのか。また、日本は、ポツダム宣言を受諾し、日本の全権二名が戦艦ミズーリで降伏文書に署名するまでの間、どのようにふるまったのかを描いたノンフィクション作品です。

被爆、あるいは敗戦というわが身に降りかかった不幸が癒えた時、その不幸を引きずらぬよう未来志向を心がけるのは、至って健全な在り方ですが、本作品では、せっかく治った傷口を再び切り裂くような記述が、ほとんど手加減されることなく随所に出現するため、特に被爆者とそのご家族にとって、この一冊は、もののあわれを知らぬ嘆かわしい書物になり果てるかも知れない危うさをはらんでいます。しかし、ここで原爆をめぐる七十年前の出来事をもう一度振り返ってみることは、私たちの未来志向にかならず利益をもたらすだろう。そう考え、あえてこのテーマに取り組みました。

ところで、過小評価されやすい性格のトルーマンにはげっぷが出るほど大量の辛口論評が存在し、特に日本では、この大統領が広島と長崎に原爆投下を命じた張本人だと思われていますから、蛇蝎視されることが多く、また、どちらかと言えば好意的に書いたアメリカ人の論評ですら、「田舎の少年がほどほどによく働き、友達を作り、さほどひどいトラブルにも出くわさず、大人になって大統領になった。そういう分かりやすい物語を生きた人がトルーマンだった」という調子です。

また、こういうのもある。
「ミズーリ州出身のトルーマンは勤勉で、まずまずの正直者で、明らかに立派な人間になろうと努力した男ではあったが、お世辞にも洗練された上品な紳士とは言えない。トルーマンは強烈な鼻声のミズーリ訛りが生涯抜けず、かつ、言葉づかいは粗暴で、《ギブ・エム・ヘル（Give em hell）／くたばれ》が口癖だった。この荒っぽさはミズーリ州というフロンティア特有のものであり、この地を根城にした南軍くずれの有名なお尋ね者ジェシー・ジェームズの跳梁跋扈（ちょうりょうばっこ）と、ミズーリ州特有の荒々しさは無関係ではない。

トルーマンは母親似で、特に幼少時はミサの折、司祭の脇に立って香炉を捧げ持つ侍者のごとき清らかな顔をしていたが、人は環境の動物で、瓜（うり）の蔓（つる）には茄子（なすび）はならぬの理（ことわり）どおり、年齢を経るに従って《くたばれ》にふさわしい人相になった。

小柄なトルーマンの首から上にはサイコロもどきの頭部が乗り、そこに度の強い眼鏡が貼りついている。垂れ気味の鼻。逆上すると突き出る、やや受け口がかった下唇。そして薄汚いインチキ選挙といかがわしい議会工作にまみれつつ、そこを泳いで来たキャリヤならではの、いかにもの風貌。これが三十三代大統領ハリー・S・トルーマン、六十一歳の顔だった」

しかし、これとは一八〇度違い、「出来が悪く、平凡以下とまで言われたトルーマンが、実は有能だったと周囲が気づいたのは、このありふれたミズーリ男がホワイトハウスを去った後のことだ」と記された評伝も存在します。

トルーマンが有能な大統領だったのか、それともトルーマンを支える体制が充分に機能したのか？
毀誉褒貶（きよほうへん）定まらぬトルーマンについての評価に興味は尽きませんが、それはいったん脇に置きましょう。
それよりもこの大統領とスターリンの間で交わされた六通の電文はさらに興味深い。その一通目は、八月十五日、昭和天皇玉音放送の日にトルーマンが《一般命令第一号（General Order Number 1.）》の存在をスターリンに伝えた電文で、それに応ずる形で発信された「北海道の半分をソ連によこせ」と要求する二通目のスターリン電文は日本人にとって衝撃的です。この要求にあたり、アメリカ側は平和条約、つまり講和条約のことですが、これにうるさく言及しており、加えてジュネーヴ条約に言及するといった巧妙な手を使います。ともあれ、スターリン電文のような奇怪な発言は、必ずと言っていいほど因果関係の複雑な暗い闇を引き摺っており、だから、ぎくりとするようなスターリン発言が口を突いて出たその一瞬だけを切り取って、そこに光を当てただけでは、引き摺っている闇の存在が分からず、事態の本質をつかむまでには至りません。そのことを常に念頭に置きながら、私はこの作品に取り組みました。

もう一つ。

本作品は同時進行中の出来事を紀伝体記述したため、しばしば時計の針を何年か戻すことが起きます。特に《ロス・アラモス原爆研究所》の章へ入る時、この事態が起きるので、よろしく御了解のほど、お願い申し上げます。

原爆を落とした男たち●目次

第一章
昇格大統領トルーマン

1　大統領に明かされた原爆開発の秘密

ルーズベルト大統領が静養先ワームスプリングスで死去したのは一九四五年四月十二日午後三時三十五分。その時、エレノア夫人はワシントンにあるサルグレイヴ・クラブに居り、小児科充実のための義援金募集大会で基調講演をすることになっていた。

何かよくないことが起こったらしいと直感したのは大会の進行係をつとめた女優メアリー・ハワードで、彼女はそれを次のように回想している。

「大ホールのバックヤードにある電話が鳴ったのは午後四時五十分でした。電話口の向こうにはスティーブン・アーリー報道官がおり、『緊急事態です。ルーズベルト夫人を呼んで下さい！』と言いました。エレノア夫人はこのときすでに壇上に居て、《明日のわが子たち》と題する基調講演を始めていましたから、私はすぐに大会の主催者メレディスさんと電話を代わりました。するとメレディスさんは即座にメモを夫人に渡し、夫人は聴衆がざわめく中、演壇を降りました」

エレノアはすぐに電話口へ向かった。受話器を取ると、「ただちにお戻りを！」という非常に切迫した報道官の声が聞こえる。夫人は何かをさとり、一瞬、瞑目した。そして、わかりました、と言って電話を切ったあと、メレディス氏に途中退場の詫びを述べ、小走りに玄関口に向かい、車に飛び乗ってホワイトハウスに去った。

ホワイトハウスへ戻ると、その場で正式に大統領の死が伝えられたから、夫人は直ちにトルーマン副大統領に連絡を取り、即刻ホワイトハウスの自分の執務室に来るよう報道官に命じている。

午後五時二十五分、夫人はやって来たトルーマンに向かって静かに切り出した。

「ハリー、大統領は死にました」

「………！　何か私にできることはありませんか？」

「いいえ、私たちこそあなたに『できることがあればどんなことでもしましょう』と言わねばなりません。なぜなら、いまや困った状態にあるのは、ハリー、あなただからです」

夫人の言葉が意味するところは明快だった。ルーズベルトの急死という偶発事件で大統領に昇格してしまったトルーマンには国家運営上の重要事項は一切合切（いっさいがっさい）みごとに知らされていなかったから、この男は救命具も付けずに海へ放り出されたようなものであり、まさしく困った状態にあったのだ。

ちょっとした沈黙の後、エレノアは次のように続けている。

「私はすぐにワームスプリングスに行きたいのですが、政府専用機は使えますか？」

「もちろんお使いになっていただきます。すぐに手配しましょう」

そのときノックする音がした。あらわれたのは極度に意気消沈したステティニアス国務長官で、顔を伏せ、言葉も無いといった体でお悔やみを夫人に述べた。長官がトルーマンの次に大統領死去の知らせを受けたのは、国務長官の職務の中に、《アメリカ合衆国の印章保持》と《大統領の死を確認し、これを公式発表すること》が入っているからである。

それから約一時間半後の午後七時八分、トルーマンはホワイトハウス閣議室の正面暖炉の前でハーラン・ストーン最高裁判所首席判事の誘導のもと、憲法に明記されている宣誓の言葉を読み上げた。

「私、ハリー・S・トルーマンは忠実にアメリカ合衆国大統領の職務を遂行し、全力を尽くして合衆国憲法を維持し、保護し、かつ、擁護することを厳粛に宣誓する」

この時、立会人は二十名前後。その中に居る女性はベス・トルーマン(夫人)、マーガレット・トルーマン(娘)、労務長官パーキンスの三名で、ここにエレノア夫人の姿はなく、これこそはルーズベルトの時代が過去のものになった証(あかし)だった。

❖　❖　❖

宣誓式から十三日後、すなわち四月二十五日水曜日。時刻は正午。ホワイトハウス西側棟の大統領執務室(オーバル・オフィス)ではトルーマンと陸軍長官スティムソンが個別会議に入った。テーマは宣誓式直後にスティムソンがささやいた《原爆》である。

トルーマンとスティムソンの原爆会談が行なわれている大統領執務室の隣りには、設計上のしわ寄せで仕方なく作ったような空間がある。この空間は二十一世紀になった今、スタディー・ルームと呼ばれる大統領専用の瞑想室に模様替えされたが、原爆会談が行なわれたこの時はまだ何の変哲もない待合室で、そこにはおそろしく目つきの悪い太った軍人がぽつんと座っていた。鼻の下にたくわえた口髭は手入れを怠っているせいで髭先が縮れている。左手の小指に一九一八年ウェストポイント工兵科卒と刻印された記念の指輪をはめているこの軍人はマンハッタン計画責任者レスリー・リチャード・グローヴス少将(四十八歳)で、酒も煙草もやらない男だが、早食いの上に唯一達者なテニスもめったにやらないから運動不足。

おまけに好物のハーシー・チョコレートをのべつ口に放り込むため、今や体重は一四六キロ。どこから見ても立派なデブである。

スティムソン陸軍長官

正午を十分ほど過ぎたころだ。グローヴスのもとにホワイトハウス筆頭執事クライムがやって来て、そのまま大統領執務室へ招じ入れた。部下を使わず、わざわざクライム執事自身が迎えに来たのは、グローヴスと大統領の面談が秘匿事項だったからで、そのゆえこの日のホワイトハウス来訪者名簿にはスティムソン長官の名前はあるけれども、グローヴスの名前はない。

大統領執務室では陸軍長官がトルーマンにタイプ用紙三枚からなる資料を提出し、原爆についての秘密を明かしていたところだったが、グローヴスの登場を汐に、陸軍長官は次のように言って、原爆説明を少将にバトンタッチした。

「ご紹介しましょう。陸軍工兵隊のグローヴス少将です。さよう、マンハッタン計画の責任者ですよ。さて、私は原爆についておおまかなところを述べました。しかし、これで説明を終わりにしてしまってはあまりにも危険です。そこで、原爆を最もよく知る少将からもう一度重要なポイントを今から語ってもらうことにします」

すでに大統領は、スティムソンが口火を切った途方もない話で頭がチカチカしていたのだが、ぶっきらぼうが売りのグローヴスはそういう気の毒な大統領に斟酌（しんしゃく）することなく、二十四頁ものまったく新しい資料を提出したから、トルーマンは胃袋が喉元までせり上がって来るような気分になり、うんざりしつつ、

「これを読めというのかね、将軍？」と聞いた。

「もちろんです、大統領！」

グローヴス少将

トルーマンは露骨にいやな顔をした。さもあろう。副大統領になってこのかた、まったく無視され、そのあげく偶然のいたずらで、いきなり大統領に昇格してしまったミズーリ出身の政治家は「月、星、ありとあらゆるものが私に向かって降って来るような恐怖を感じた」という心境の中にいたからだ。

グローヴスは大統領の不機嫌そうな顔に知らんぷりを決め込むと、原爆理解のためにはどうしても必要だと思われる原子物理学の基礎説明から入った。

「……原子爆弾の場合、通常爆弾の火薬に相当するのは濃縮ウランとプルトニウムという二つの核分裂素材となります。濃縮ウランについて申し上げると、この核分裂素材はテネシー州オークリッジ工場で生産されており、また、プルトニウムはワシントン州ハンフォード工場で生産されています。次に核分裂素材を格納する原子爆弾そのものですが、これはニューメキシコ州ロス・アラモス研究所で製造段階に入っています。そして、もうひとつ重要なものは《原爆を運搬するB-29爆撃機》で、これについては第二〇航空軍の中に五〇九混成航空群を組織し、極秘裏にユタ州ウェンドバー基地で爆撃訓練に入りました」

アメリカに向かって「原爆を造れ」と大キャンペーンを張ったのはレオ・シラードというユダヤ系ハンガリー人物理学者だが、そこにはユダヤ人絶滅を計画したヒトラーの恐怖がある。あきれるほど大勢のユダヤ人の取り巻きがいたルーズベルト大統領はそれらユダヤ人に影響され、「ヒトラー憎し」に染まり、勢いで原爆開発にGOサインを出した。しかし、そのヒトラー・ドイツは大崩壊寸前であり、そこでグローヴスはB-29から原爆を日本に投下し、日本の戦意喪失と早期降伏を実現することこそが故人となったルーズベルト大統領の強烈な遺志であり、そのためにはマンハッタン計画をやり遂げねばならないとトルーマンに強調した。

大統領は、このとき質問という形で、合いの手を入れた。

「なるほどB-29か。ところで将軍、大砲で原爆は撃てないのかね?」

これは第一次大戦中、砲兵士官として出征したトルーマンらしい質問で、大統領はそれと意識せずに質問したのだが、この質問は戦略核攻撃と戦術核攻撃について言及していたことになる。

「大砲は駄目です。原子爆弾はB-29によって最前線の遙か向こうに運んで投下し、敵の大都市をまるごと一瞬のうちに吹っ飛ばし、敵の経済と社会機能を破壊するという戦略兵器です。大砲に原爆を詰めて敵の最前線に向けて撃つという戦術的使用方法では、味方の砲兵もいっしょに吹っ飛ばしてしまう。よって大砲の出番はありません」

そう答えつつ、グローヴスはトルーマンの心の内を忖度(そんたく)した。

――どうやらこの人の頭は七十五ミリ野砲の時代で止まっているらしい。

推量違わず、トルーマンに理解できたのは、原爆の開発製造費二十億ドル(正確には十九億五千万ドル)という途方もない金額ぐらいで、しかもこの投入国費は議会を無視し、一握りの人間だけが知るまったくの極秘事項だと言うから、トルーマンは聞いてのけ反り、あんぐりと口を開けた。もう一つトルーマンに理解できたものがある。それは原爆開発と製造に投じた人員で、マンハッタン計画責任者グローヴス少将の下には三十個師団に相当する五十四万人がおり、これはアイゼンハワー将軍がノルマンディー上陸作戦に投じた二十個師団を上まわるものだった。

グローヴスの原爆談義が一段落した時、大統領はいらいらして話をさえぎった。

「将軍、ウラニウムとプルトニウムが原爆に使う新しい火薬だということはよく分かった。また、原爆兵器は厳しく管理しないと、近い将来、吹けば飛ぶような小国が何の前ぶれもなく、いきなりこれを落して来る。その結果、アメリカ合衆国のような大国もわずか数日で征服されてしまうそうだが、その警告もよく理解した。それでだ、将軍、私は何をすればいいのかね！」

「暫定委員会（Interim Committee）の設立について大統領の承認を賜りたい。今はこれに尽きます」

この委員会の目的は速やかに核エネルギーに関する政策とそれを実施するための法案を提出すること。そして何よりも《日本に対し原爆を用いる方法》についての勧告文書を提出することだった。

「ＯＫ！　ただし、その中にメンバーとしてジェームズ・バーンズ上院議員を必ず入れてもらいたい。ミスター・バーンズは大統領特別代理という肩書でその委員会に参加する」

トルーマンは死んでしまったルーズベルトがどういう風に政権運営をしていたか全然知らなかったが、それでもバーンズとルーズベルトが異常に親密だったことぐらいは知っていたから、このように要求したのだ。ちなみにルーズベルトが保養先のワームスプリングスに向かったのは三月二十九日のことだが、バーンズは三月二日に三時間もかけてルーズベルトの話を聞き、その後、三月二十九日までに五回も面談するなど、その親密度は尋常ではない。ルーズベルトが大いに期待した原爆である以上、暫定委員会にバーンズを参加させない法はない。

こういうやり取りがあった上で、暫定委員会第一回目の会議は一九四五年五月九日になった。

グローヴスを交えたスティムソンとの会議が終わり、大統領は別れ際に、「五十日に一個のペースで原爆ができるとは頼もしい。雌鳥が鶏舎でタマゴをぽこぽこ産み落とすような調子だな！」と言って、いかにもトルーマンらしい大笑いを噛ました。グローヴスはミズーリの養鶏場とウラン濃縮プラントをいっしょにするようなトルーマンが気に入らず、後日、「大統領は橇遊びで大はしゃぎする子供のようだった」と酷評している。

原爆会議は終わった。ところで会議から解放された大統領は、ずけずけものを言う工兵隊少将よりも年老いた陸軍長官に明らかなマイナス印象を抱いた。と言うのは、トルーマンとスティムソンが四つに組んで話し合ったのは今日が最初ではなく、かれこれ一年ほど前に初対面の機会があり、この時の会談がマイナス印象に繋がったのだ。当時トルーマンは二期目となる上院議員当選を果たし、《戦時計画調査委員会（一九四一年三月設立）》の委員長ポストに在った。そして一九四四年初頭、トルーマン委員長の耳に大量の国費が投じられている陸軍直轄工場の噂が入ってきたから、委員長はくだんの工場にまつわる出資明細ほか各種資料の提出を陸軍省に要求しようと張り切って準備を始めたが、この時、陸軍長官のスティムソンが動いた。長官はチルデン街にあるトルーマンの事務所を訪れ、調査に待ったをかけたのだ。長官の言葉づかいは上品な東部エスタブリッシュメントのものだったが、そこにある装飾的な丁寧語を全部はぎとってしまえば、「余計なことに首を突っ込むと痛い目に合うぞ」という脅しであり、かくしてトルーマンは上流階級の化身のようなスティムソンにひるみ、その場で査察中止を誓った。

そのスティムソンが、さっきまで、自分の目の前に座って《原爆》というスーパー爆弾の秘密を明かしていたのだ。

――あれが、中止しろという脅しの正体だったのか！

トルーマンは一連の原爆説明を反芻し、はたと思いあたった。それはテネシー州オークリッジにあるK-25ウラニウム分離濃縮工場であり、妙な詮索はやめにしておけと警告されたのがこの工場だったのだ。瞬間、トルーマンの脳裏に、猫背で、杖にすがってよたよた歩くスティムソン陸軍長官の姿がよぎり、次いで、長官を「煮え切らない弱虫、いじけた年寄り」と、決めつける気持ちがむくむくとわき起こり、即座に決心した。

――戦争が終わったらあいつはクビだ！

2　ハリー・トルーマンの半生

大統領ハリー・S・トルーマンは、一八八四年五月八日、ミズーリ州カンザスシティーから南へ約二〇〇キロのラマー村にあるハリソンヴィル農場の長男として生まれた。その生活ぶりは食うや食わずの貧乏白人（プアー・ホワイト）ではなかったが、さりながら、「豚の去勢をして大人になった男」という風説がある通り、ハリー・トルーマンは、ごくありふれた開拓農民の息子だった。

ところで大統領の粗野で荒削りな性格はミズーリという風土の産物ではあるけれど、父親（ジョン）も息子の人格形成に間違いなく一枚かんでいる。一九一四年、六十三歳で他界したこの父親の風貌にきわだった特徴はない。当時のフロンティアに住む男性特有の顎鬚や口髭すらいっさいなく、つるんとした顔で、この平凡な顔立ちでは誰の記憶にも残らぬまま、行き交う群衆の中に溶け込んでしまうだろう。強いて特徴らしいものを上げれば、大男ぞろいのアメリカ人にしては身長が一六三センチと低く、それを非常に気にしていた。容姿はこの通りだったが、性格は短気な興奮気質で、常に相手に見くびられないよう汲々とし、だれかれ見境なく、荒っぽいハッタリをかました。もう一つ。この父親は気まぐれで、じっくり腰を据えて仕事をやり遂げるという質（たち）ではない。ハリーという長男が生まれ、続いて、次男と長女が生まれた後、農作業を嫌ってハリソンヴィル農場を売却すると、家畜ブローカーに商売替えし、インディペンデンス市に移住した。その後、穀物の先物取引に手を染め、投機に深入りし、一九〇一年、一夜にして無一文。破産したハリーの父親は、親族に詫びを入れ、その親族が経営する農場の手伝いをして一生を終えた。

次に母親だが、名前はマーサ。女子大学卒のマーサはこの学校で音楽と絵画を学んだ。マーサは熱烈な南軍親派だったから、その息子がリー将軍を崇拝したのは当然であり、ハリーが長じて政界に打って出る際、さしたる抵抗も無くクー・クラックス・クランと接点をもったのも不思議ではない。

大統領が眼鏡のお世話になったのは六歳の時からだというから、眼鏡とはかなり長い付き合いになる。ハリーの目がおかしいと母親が気づいたのはアメリカ独立記念日に打ち上げられた花火だった。この息子には花火の音は聞こえているものの、花火そのものが見えていなかったのだ。驚いた母親はカンザスシティーの眼科医に息子を診せ、その結果、この子供は平面眼球であることがわかった。

「ハリー坊やは、要するに強度の近視です。眼鏡がいりますな」

ついでながら、このときハリーは眼輪筋不全であることがわかった。生まれつき目のまわりの筋肉がいかれており、特に内面に生じた喜びが数テンポ遅れて喜びの表情になるというのだ。後年、大統領になったトルーマンは意識して大笑いをして見せたから、たいていの人はこの大統領の《みごとな笑顔》を心に刻み付けているけれど、それ以外の何人かはトルーマンの笑顔が何となく無気味だと思った。それは眼輪筋不全のためである。

眼鏡が買い与えられたハリーは周囲がくっきり見えることに大喜びしたが、その数カ月後、未知の大都市インディペンデンスに引っ越して予期せぬ災難に見舞われた。

――眼鏡をかけた変なヤツがいる！

ハリーは近所に住む悪ガキどもの餌食になったのだ。子供は昔も今も残酷なもので、最初、新参者ハリーは実験動物になった。つまり眼鏡を取り上げるとどういう具合になるのかという実験である。そのうち、何をどうするとどうなるかが分かり、そうなって後、ハリーは悪ガキどもの格好なおもちゃになった。この状態は新学期になって近所の小学校へ通うようになってからさらにひどくなり、たちまち《四つ目(four eyes Harry)》と言うあだ名がつき、苛めに遭い、そのうち除け者になった。

幸いハリーにそなわった適者生存能力のおかげで周囲からの苛めと無視は小学校高学年になるに従い、

ぷっつりと止み、めでたし、めでたしとなった。ところで、ハリーが小学校低学年のころ仲間外れにされてしまった原因は母親の生活指導も関係している。眼鏡が割れ、レンズが目に刺さって失明することを極度に恐れた母親は、ハリーに野球も木登りも禁じ、ともかく息子を室内に居させようとした。かくして息子は仲間外れに遭ったが、そのかわりピアノにめぐりあった。母親は息子にみずからピアノの手ほどきをし、ハリーはなかなか筋がよく、そのうち、近所に住む本職のミス・ブルスからレッスンをうけ、その後、ウィーンで高度の音楽教育を受けてきたホワイト夫人のピアノ教室に通うようになった。ハリーは夫人のはからいで訪米中の世界的に有名なパデレフスキから五十分のレッスンを受けるなど、かなりのレベルに達したが、高校を卒業する半年前、十年近く続けてきたピアノの練習をやめてしまった。

ハリーが大学へ進学できなかったのは父親が破産したからだという説があるが、それは正しくない。ハリーはピアノと縁を切った直後、つまり父親が一文無しになる前のことだが、ドラッグストアで「朝七時から学校始業のベルが鳴るまで。そして学校終業午後四時から午後十時まで」という約束で週給三ドルのアルバイトをはじめた。これでは進学の準備などできるはずもない。ハリーはウェストポイント陸軍士官学校志望だったけれども視力がこの調子だから受験資格がない。やる気を失った。ハリーは高校を卒業すると、約半年間、気晴らしの放浪旅に出た。その旅から帰った後、ハリーはカンザスシティーにあるビジネススクールに入学。タイプライター操作、簿記そして速記について受講した後、一九〇二年八月、カンザスシティー・スター紙の郵便物仕分け作業員になったが、ここからめまぐるしく変わるハリーの転職人生が始まった。

それにしても大変な転職回数で、郵便物仕分けの後はサンタフェ鉄道のタイムキーパー、次に銀行事務員。それをやめて農場での作業に戻ったかと思うと、今度はミズーリ州郡管区の道路監督。次は郵便局長と、あっちへふらふら、こっちへふらふらと、まったく腰が定まらない。そのうち第一次大戦が勃発し、一山当てるつもりで石油採掘事業に参加したが、それも一年で手を引き、今度はアメリカ陸軍へ志願し、フランス戦線で砲兵将校になった。将校採用になったのはかつて六年間、土日勤務の州兵生活を務め上げたことが効いてのものだったが、うまい具合に大戦は終わり、前線勤務は約半年ですんだ。かくして、帰国の上、名誉除隊し、一九一九年六月二十八日、インデペンデンス市のトリニティー教会で三十五歳のハリーは幼なじみのベス（三十四歳）と結婚し、同市デラウェア通りに新居を構えた。

さて職歴だが、今度はカンザスシティーで紳士用服飾小物店を始めた。店名は《トルーマン&ジャコブソン》、扱い商品はネクタイ、靴下、手袋、カラー、帽子、ベルトなどだったが、この店はマーケットリサーチの失敗により一九二二年に倒産してしまった。このときトルーマン、三十九歳。経営者落第にもかかわらず推挙するものがあって、ミズーリ州ジャクソン郡の判事になったが、この時からペンダガスト親分との交流が始まる。ちなみに、ミズーリ州法の規定では道路など土木工事の発注認可を与える公職ポストを指して《判事》というから、日本語に置き替える場合、判事よりも審議員というほうが正しい。いずれにしてもこのポストに就くためには選挙に立候補し、勝たなければならないのだが、トルーマンの演説は下手。原稿は棒読み。ブツブツと言葉が途切れ、極論すれば何を言っているのか理解不能だった。こんなトルーマンでも選挙に勝ち、一九二三年一月一日から一九二五年一月まで判事の職にありつけたのはアイルランド移民の子トム・ペンダガストが造り上げた非合法政治組織の裏工作があればこそのものだった。

汚い手を使ってトルーマンが当選を果たしたこの時代は、俗に《狂乱の一九二〇年代／Roaring Twenties》と呼ばれ、アル・カポネ、ラッキー・ルチアノ、バグジー・シーゲルに代表されるギャング・スターが羽振りをきかせ、上はホワイトハウスから下は地方警察に至るまで、全公職が不正にまみれていたから、トルーマンに罪悪感はほとんどない。

さて、少し横道にそれるが、トム・ペンダガストに触れておく。

トムが長兄を頼ってカンザスシティーのウェスト・ボトムズにやって来たのは一八八九年のことだというから、年齢は十七歳ということになろうか。若いころのトムはいかにもその道の悪党という風貌をしていた。巨大な顔。おそろしく太い猪首。多少救われるのは大きな深みのある目と、通った鼻筋で、これがなければ、まさしく類人猿かゴリラといったところだろう。腕っぷしの方も相当なもので、野球のグローブのような手と原始人さながらの岩でもかみ砕きそうな顎を持つこの男は、あるとき居酒屋に特設リングを作って有名なプロボクサー、ジャック・デンプシーと闘った。結局負けはしたが、こわもて稼業にうってつけの箔をつけている。

トム・ペンダガストが最も力を入れたものは不正投票集団の組織化で、この組織はミズーリ州における民主党最大の勢力となったから、トムは一九三四年の上院議員選挙に際し、自分の力を誇示する目的で、まったく無名の郡判事トルーマン（五十一歳）を推挙。これを当選させた。

この出来事は世間からどう見えたのか？　その答えは当時一世を風靡した腹話術師エドガー・バーゲンの舞台ネタを紹介すれば充分だろう。

「トルーマン上院議員とミスター・ペンダガストの関係ってどう思う？」と、人形。人形の名はチャーリー・マッカーシー。

バーゲン「そりゃチャーリー。お前と私の関係みたいなもんさ」。

人形「なるほど。じゃ僕がミスター・ペンダガストというわけ？」

バーゲン「……」

父親ゆずりの強がり気質を小わきに抱えて上院議員から副大統領へ、副大統領から大統領へと駆け上がった政治家トルーマンのシルエットをきわだたせる脇役の一人がペンダガスト親分だとすれば、もう一人の脇役は後の国務長官ジミー・バーンズだろう。

トム・ペンダガスト(右)とトルーマン(38歳)のツーショット

バーンズは戦後外交の表舞台に登場し、二年と経たないうちに退任してしまったから、目立たない存在かもしれないが、この政治家はまぎれもなく世界を冷戦構造へ駆り立てた張本人だった。そこでバーンズとトルーマンだが、二人の付き合いは、トルーマンが五十一歳で上院当選したとき、五十三歳のバーンズ上院議員と出あって以来のもので、その後の人生模様を見れば、まさしく、因果はめぐる糸車と言うほかはない。

ジェームズ・フランシス・バーンズ。

サウスカロライナ州チャールストン出身。ちなみに、この州は奴隷州としての歴史を持ち、リンカーンが大統領に当選した際、南部諸州中、最も早く合衆国離脱を決定し、北軍サムター要塞を砲撃。南北戦争の発端を作った。

一八八二年五月二日に生まれたバーンズは父親が早世したから、貧しい母子家庭で育ち、仕立屋を営む母親を助けるため高校を中退した。独学で法律を学んだこの異能者は二十六歳でサウスカロライナ州の法廷弁護士となり、その後、政界に転じ、一九一一年、二十九歳で下院議員に当選。そして一九三一年、四十九歳のとき上院に活動の場を移し、数年後に最高裁陪席判事。次いで戦時動員局長に抜擢され、大物政治家としての地位を不動のものにした。こういう具合だったから、五十一歳で初めて中央政界入りしたトルーマンと、二十九歳で中央政界入りしたバーンズでは比較も何もあったものでなく、そもそも貫禄からして違う。要するに新参者トルーマンはバーンズと親分子分の杯を交わし、その陣笠議員として政治家人生を始めたと言ってさしつかえない。

バーンズは中肉中背。細身だが、いたって健康。その証拠に八十まで生きた。なめくじに目鼻をつけたような顔。その鼻は真ん中にドンとおさまってやたらと長く、細い目はいわゆる垂れ目で、心の内を秘匿するのに都合がよく、愛想のよさは類が無い。余談ながら、このサウスカロライナ州出の古参議員は二十五代アメリカ大統領マッキンリーが編みだしたという、握手しながら相手を内懐に引っ張り込む技を進化させた。すなわち、引っ張り込んだ瞬間、何ごとか囁きながら自分の左腕を相手の背中にまわし、みごとな笑みを湛えつつ、親しげに身体をすり寄せ、親密さを演出するという、いかにも選挙のプロが多用しそうな所作が得意だった。お見事というほかはない。

ところで次なる論評はバーンズの敵が言うことだから割引して考える必要はあるが、かなり本質を突いている。


「一癖も二癖もある、まったく食えない男」

「議会の多数派工作が巧みなやり手」

「絶対に信用してはいけない男」

「筋金入りの陰謀家」

「やつは完全な二重人格だ！」

ジミー・バーンズ

なめくじ顔の中に棲みついた一人のバーンズは、にこやかな笑顔を絶やさぬ、大らかで陽気な太っ腹人間だが、もう一人のバーンズは怒りっぽく、陰気で、信じられないほど猜疑心の強い隠蔽体質人間だった。情報操作に熱心なこの二重人格男は、それだけに情報漏洩を恐れ、自分しか分からない速記暗号を駆使し、非公式の会合や電話によって仕事を進め、お役所仕事然とした委員会などは儀式に過ぎないと最初から馬鹿にした。だから公文書に残されたものからこの陰謀家の軌跡を追うことはほとんど不可能であり、語られたものよりも語られなかったものの方に、このユニークな政治家を読み解く鍵がある。ちなみに、バーンズ著の『Speaking Frankly（率直に語る）』はゴーストライターに書かせた煙幕を張るための回想記であるから、どこまで本当かよくわからない。

ともあれ、この陰謀家はルーズベルトをたらし込み、自家薬籠中の物とすることに成功していた。その一例が白紙の大統領命令書である。これはルーズベルトの認知症が進んだことも原因になっているのだが、バーンズは署名だけして内容を記していない白紙の大統領命令書をルーズベルトからせしめ、それを金庫にしまっていた。

しかしこういう陰謀大好き人間でも手違いはある。

それがルーズベルト四期目の大統領選挙だった。

――あの大統領はもう少し長生きするだろう。

私の出番はそれからだ。四期目が終わった時、ルーズベルトの推薦を得、その後継者として私は次期大統領選挙に出馬しよう。

これがバーンズの思惑であり、だからこの男はルーズベルト四期目の大統領選挙にあたってトルーマンを副大統領に据えるという案にOKを出したのだ。

しかしルーズベルトは急死。さえないトルーマンが何と大統領になってしまった。

いっぽう、大統領に昇格したトルーマンは、特に外交問題ではド素人以下。無知の一語に尽き、モスクワ駐在アメリカ大使ハリマンとはまったく面識が無かったし、自分の閣僚になったステティニアス国務長官も、すれ違ったとき軽く会釈する間柄というお寒い状態で、とにもかくにも外交については親身になって面倒を見てくれるいかなる専門家もいなかった。

そこでバーンズだが、この男は豊富な外交情報というトルーマンの持っていないものをすべて持っていた。それだけではない。ルーズベルトの側近としてヤルタ会談に出席し、スターリンやチャーチルと直接会話するなど、目も眩むような外交の場に居合わせている。だからトルーマンはこの男を頼り、すがりつくよりほかなかったのだ。思った通り、バーンズは強引で押しつけがましく、高慢な態度でトルーマンに対し各種コンサルティングを始めた。二人の会談記録はまったく存在しないが、余人を交えぬ密室会談は、回数だけは相当の頻度に昇っている。だから見る人が見れば、「バーンズは腹話術師だ。トルーマンという威勢のよさだけが売りのダミー人形を小わきに抱えてのし歩いている」とすぐに分かった。

トルーマン大統領は、七月三日、バーンズを合衆国ナンバーツーのポストである国務長官に就任させたが、この国務長官は事実上のアメリカ合衆国ナンバーワンだった。

第二章
ロス・アラモス原爆研究所

1　イーストパレス通り一〇九番地・サンタフェ

トルーマンが大統領に昇格する二年ほど前、ニューメキシコ州サンタフェに住むマキビン夫人に変わったことが起きようとしている。

――誰だろう、あれは？

近眼のマキビン夫人はこのとき眼鏡をはずしていたから、自分のほうに手をひらひらさせながらやって来る男が誰だかわからず、反射的に青い目を細めてこの男を凝視した。

まだ三月初旬だというのに季節外れの暖かい風が吹いたから、サンタフェのイーストパレス通りは雪が解け、ぬかるんでいる。カウボーイ・ハットをかぶった男は泥をはね飛ばしながら、急ぎ足で通りを渡って来た。ごついスエードのボアジャケット、着古したジーンズ、そしてブーツ。

「仕事をお探しだそうですな、マキビンさん」

立ち話ができるほどの距離になった時、夫人はこの男が顔見知りの不動産業者ジョー・スティーブンソンだとわかった。

「早耳ね。でも、なかなかうまく行かないのよ」

快活なドロシー・マキビン夫人はこのとき四十二歳。

マキビン夫人

十二年前、すなわち一九三二年十月二十七日、夫人は連れ合いをホジキン病で亡くしてしまった。そこでミネソタ州セントポールの家産を処分し、生後十カ月の一人息子を抱いてはるばる乾燥したニューメキシコ州の高原地帯サンタフェにやってきたのだ。

サンタフェを夫人が選んだのは、若いころ肺結核を患(わずら)い、この地のサナトリウムで全快できたという喜ばしい再生の記憶があったからである。なお、スティーブンソンとの接点は、マキビン夫人がオールド・ペコス街に土地と家を購入するとき以来のものであり、時給五〇セントでサンタフェ交易所に職を得たのも彼の仲介によるものだ。

スミス大学を卒業したマキビン夫人であれば教職の方が収入も良く、自身の高学歴を宝の持ち腐れとせずに済んだはずだったが、夫人は先住民プエブロ族相手の交易業務が気に入っていた。しかし戦争で交易所は閉鎖。かくして夫人は第一国立銀行の採用試験に応募したのだ。


「マキビンさん、銀行の給与は月一二〇ドルだそうですね」

「よくご存知だこと。でも試験があってね。不合格通知が届いたのよ」

「タイプライターの実技試験でつまずいたそうですな。しかしそのあと、頭取のブルームさんから採用すると言って来たでしょう」

「本当によくご存知ね！　でも、迷っているのよ。私には銀行の複雑な仕事は向いていないわ。戦争が終わって交易所が再開されるのを待とうかと思っているぐらいよ」

「そうですか。ところで月一五〇ドルの仕事があります。立ち話もなんですから、ラ・フォンダ・ホテルのロビーで続きをいかがです？」

　偶然出合ったようなふりをしながら、スティーブンソンがマキビン夫人の一本釣りをたくらんでいたことはここではっきりした。

　ラ・フォンダ・ホテルは一九二五年に建て替えられており、以前と比較すれば断然エレガントになったが、外装は昔どおり独特の赤茶色をした日干しレンガ（アドベ）を用い、一階のひさし部分には、これも昔のまま、ヴィガ（スペイン語で梁の意味）という木製突出装飾を取りつけていた。かつて無法者ビリー・ザ・キッドやそれを追うパット・ギャレット保安官がここを歩きまわっていた頃と変わらない。

「Y計画という住宅建設計画がありましてね。そのための事務所がサンタフェに開設されることになっています。マキビンさん、この事務所で働いてみませんか？」

「Y計画ですって？　いったい何ですか、それは」

「ああ、ご心配なく、マキビンさん。やばい仕事ではありませんよ。政府関係の住宅建設事業でしてね。でも私が言えるのはそこまでです」

「戦争に関係することなの？」

　スティーブンソンは夫人の質問に応えようとはせず、その代わりに「仕事の中身は秘書みたいなもんですかねぇ」と補足した。

「どんなことをするのか、もう少し教えてもらえないかしら？」

「Y計画、政府関係、住宅建設、秘書。それ以上は言えないことになってるんですよ、マキビンさん。返事は二十四時間だけ待ちましょう。明日正午、もう一度このロビーに来て下さい」

　夫人は家に帰り、知り合いに電話をかけ、何かのビッグ・プロジェクトがサンタフェに誘致されたのかどうか聞き回ったが、どれもこれも答えは「知らない」の一言であり、かえって夫人の方が根ほり葉ほり聞かれる始末だった。

結局、何の決心もつかぬまま二十四時間が経ち、マキビン夫人は押し流されるようにラ・フォンダ・ホテルのロビーに向かった。するとそこにはスティーブンソンのほかにもう一人、糊の利いたワイシャツにネクタイをぴっちり締め、茶色のシルク・ギャバジン・スーツに、同じく茶色のぴかぴかに磨き上げたビジネス・シューズという出で立ちの男がいた。

「こちらはデューン・マンシーさん。Y計画の財務責任者ですよ」

マキビン夫人は訝(いぶか)しげにスティーブンソンを見つめ、そのままの表情でマンシーに向き合うと、「秘書の仕事と言われてもよくわかりませんの。もう少し具体的に仕事の中身を伺いたいのですが」と訴えた。

「あなたの役目はプロジェクト・リーダーをアシストすること。これ以上のことは、今は申し上げられません」

そう言われて夫人はひるんだ。それでもためらいがちに「この仕事は戦争に関係がありますか?」と尋ねると、マンシーは夫人の耳元にぐっと顔を近づけ、目いっぱい声をひそめ、「そのと〜りです」と言い、どすんと椅子の背もたれに寄り掛かって腕組みをした。そのボディーランゲージは、これ以上、何を訊かれても答える気は無いぞと語っている。

マキビン夫人は決心がつかぬまま、次の言葉を探して口ごもった。

そのときだ。やせて、ひょろっとした男がロビーの入り口に立った。細い顔がより鮮明になるつば広のポークパイ・ハットをかぶり、トレンチコートを羽織った、異様なオーラを発する男は左右を見まわした後、ゆっくりと近づいて、隣のテーブルに座った。

「ちょっと失礼。すぐ戻ります」

マンシーにうながされてスティーブンソンは夫人にそう言い残し、見知らぬ闖入者の席に移った。

夫人が見るともなしに見ていると、闖入者はマンシーとひそひそ話をしている。その横にいるブーツ姿のスティーブンソンはいかにもサンタフェの住人らしく、周囲の空気に馴染んでいる。それに引き替え、トレンチコートの見知らぬ男は完全に別世界の人間で、昔物語に登場するストイックな修道僧のようだ。

――ニコチン中毒ではなかろうか？

黒々とした太い針金のような髪の毛を短く刈り込み、繊細で弱々しく、生真面目な風貌の中に倦怠感を漂わせているその男は矢継ぎ早にタバコに火をつけ、あたりが燻（いぶ）ってしまうほどの煙を吐きだし、吸殻を床の痰壺に捨てた。肺結核でサナトリウムのお世話になったことがあるマキビン夫人はその異様な喫煙ぶりに目を丸くした。と同時に、夫人は強烈なエネルギーを発している闖入者の濃いラベンダー・ブルーの瞳に心を打たれている。

――こういう目をした人間が悪事を働くわけがない！

夫人は月給一五〇ドルの不思議な仕事をやってみようと決めた。

トレンチコートの見知らぬ男が「ＯＫ、それじゃあ、また」と言って立ち去ると、再びスティーブンソンとマンシーは夫人に向き合った。

「あの人がプロジェクト・リーダーですか？」

マンシーはその問いかけに答える代わり、別の言葉を夫人に投げかけた。

「決心がついたようですね。そういう顔をしている」

そう言われてマキビン夫人は笑顔を浮かべた。

「はい、その仕事、お引き受けします」

「そりゃあよかった。……ご明察のとおり、あの人がプロジェクト・リーダーのブラドレーさんですよ」

ブラドレーは偽名で、本名はオッペンハイマーだったが、善良な、いわゆる一般市民のマキビン夫人は物理学関係の専門誌に親しんでいるわけではないから、仮に、今ここで「このかたはオッペンハイマー教授です」と紹介されても、ピンと来なかっただろう。戦後、《原爆の父》として新聞紙面に登場するオッペンハイマー教授を指して、ある科学者は、「もののはずみで人間世界に迷い込み、懸命に人間のふりをしている神に近い生き物」と評したが、そういう教授の影響力にからめ捕られ、夫人は何も知らずに月一五〇ドルの不思議な仕事を請け負った。

スティーブンソンが手配したY計画用の事務所はラ・フォンダ・ホテルから目と鼻の場所にあるイーストパレス通り一〇九番地に用意されていた。日干しレンガ（アドベ）で作られたこのアーケード式商店街は大昔のスペイン総督邸の厩舎を転用したものであり、各店舗の間口は狭いが、奥行は非常に深く、Y計画用に選定した事務所には中庭まで付いている。事務所入り口には、その気になって目を凝らさなければ見逃すほど小さな《合衆国陸軍工兵隊（United States Engineers)》という木製の表札が打ちつけられている。白いドアを開けて中に入るとマキビン夫人に用意されたスペースがあり、そこには作業机と応接テーブルのセットがあった。その奥にある四部屋の個室にはそれぞれジョー・スティーブンソン（不動産責任者）、デューン・マンシー（財務責任者）、ダナー・ミッチェル（調達責任者）、プリシラ・グリーン嬢（オッペンハイマー教授の先任秘書）が入ることになっている。

さて、事務所オープンの一九四三年三月二十七日になってもマキビン夫人は自分が具体的にどういう仕事をするのかまるで説明されていない。夫人は知らなかったが、サンタフェから四十五キロほどの場所にあるロス・アラモス農学校が数カ月前に廃校になり、その跡地を含む広大な丘に原爆研究所が建つことになっていた。もっとも月一五〇ドルで勤務する事務所が原爆研究所の出先だと知らされても、夫人にはそれがどういうことなのか理解できなかっただろう。

夫人の作業机の脇には《私書箱１６６３》と書かれた妙なボードが置いてある。夫人はなぜこれが自分の机の脇に置かれているのか意味がわからず、怪しむような目をこのボードに向けた。

❖　❖　❖

言わずと知れたことだが、原爆はTNT火薬の代わりに濃縮ウランやプルトニウムという核分裂物質を使う。だからアメリカはこの物質を造るため十六億一八〇〇万ドルの国費を投じて巨大プラントを作ったのだ。

しかし国費はさらに三億三二〇〇万ドル追加投入され、トータル十九億五〇〇〇万ドルになった。なぜなら、原爆は信管や雷管といった従来型の起爆装置では爆発しない。すなわち一千万分の一秒以内の誤差で核分裂を引き起こす新しい起爆装置を開発しなければならないし、それ以外に、核分裂物質を格納するための爆弾本体を開発しなければならない。その開発費用がごっそり抜け落ちていたのだ。抜け落ちた理由は、爆弾本体の研究などは、核分裂物質を製造するための諸問題が解決し、工業的な生産の目処がついた後でいいと考えられたからであり、この見通しについてグローヴス将軍は『今だから話せる（Now it can be told）』（一九六二年刊）という題名の回顧録で次のように記している。

「多くの人は、爆弾本体は比較的少数の有能な人たちによって、短期間で完成できると考えており、極端な人は二十人ぐらいでことにあたれば、三カ月以内に実戦配備用の原爆が生産できると主張していた。……協議の結果、こうした判断はまったく根拠がなく、非常に甘い見通しであることが判明し、ただちに本格的な研究に着手しなければならないとの結論のもと、《Y計画》というコード・ネームの爆弾本体開発計画にGOがかかった」

Y計画がスタートする前の出来事をふり返って見ると次の三点が浮かび上がる。

①一九四一年十月九日、ルーズベルト大統領によって原爆開発を推進する《最高政策集団》が創設された。これは日米開戦前のことで、メンバーは、ルーズベルト大統領、ウォーレス副大統領、ブッシュ科学顧問、コナント総長（ハーバード大学）、スティムソン陸軍長官、マーシャル参謀総長、以上六名。

②一九四一年十月二十一日、ニューヨーク州にあるGE社スケネクタディ研究所での会合にオッペンハイマー教授が出席し、濃縮ウランを原爆兵器に使用する場合のサイズと量に言及した。このとき教授が提出した資料は核理論にうとい人間向けの手引き書になった。その後、教授には「核爆発で大気への引火が起こり得るか否か」について研究が依頼されており、これは「核爆発で地球の全生物が死滅するか否か」を問う研究だった。

③一九四二年六月十八日、アメリカ陸軍工兵隊は原爆開発に正式関与。《マンハッタン計画》の名称はこのとき初めて陸軍の公式文書に登場した。

だがマンハッタン計画は立ち上げ時点で大いにもたつき、そこで同じ年の九月十七日、この計画の責任者としてグローヴス将軍が起用された。行動力で鳴らすグローヴスは今まで手がけていた米国防総省ビル（ペンタゴン）の建設プロジェクトを後任に引き継ぎ、信じがたい程のスピードでマンハッタン計画の事前スタディーに目途をつけると、十月八日、ウラン濃縮の切り札と目された大型サイクロトロンを見学するためカリフォルニア大学バークレー校のローレンス教授を訪問した。将軍がオッペンハイマー教授に引き合わされたのはこの時だった。

それから数週間後、ペンタゴン五一二〇号棟にあるグローヴスの執務室にオッペンハイマーに関する報告書が届けられている。この報告書はＦＢＩから陸軍公安局をへてグローヴスに届けられたもので、それを読んだ途端、将軍の目つきが険しくなり、内線を取って秘書のオリリー夫人を呼び出すと、「ニコルズ大佐にすぐ来るように伝えてくれ！」と言った。

大佐が来た。グローヴスの補佐官ニコルズは三十五歳。ウェストポイント卒。工兵隊配属のまま大学で研鑽を積み、工学博士号を取得。そういう男でありながら泥臭い実務を卒なくこなすコツを心得ており、マンハッタン計画では発足当初からこの途方もない仕事に関与。おもにテネシー州オークリッジサイトでウラニウム分離濃縮を担当している。ニコルズの毛髪はかなり後退していたが、笑うと罪のない童顔になった。軽い近視で、華奢(きゃしゃ)な眼鏡をかけており、話の間を取ろうとする時にはこの眼鏡を取って息をかけ、ハンカチを取り出してゴシゴシ拭くという癖がある。

「大佐、ここにオッペンハイマー教授に関するＦＢＩからの報告書がある。そこの会議机に座ってこれを一読してもらいたい。十分もあれば読み終えるだろう。その上で話し合いたいことがある。特に報告書最終ページの私が赤い丸印をつけた所を相談したいのだよ」

そう言うと将軍はＦＢＩ報告書をニコルズに渡した。

ロバート・オッペンハイマー教授についてのＦＢＩ報告は微に入り細を穿(うが)ち、さすがという他はない。完璧だ。教授の年収は一万五千ドル。内、大学からの給与五千ドル。残り一万ドルは信託財産からの遺産収入。気前がよく、度を越したプレゼント魔だという記述のほかに、《オピー》というオッペンハイマーのあだ名がライデン大学エーレンフェスト教授によってつけられたことや、オッペンハイマーがベートーベン弦楽四重奏嬰ハ短調を好み、自分の葬式でこの曲を流して欲しいと友人に告げたことまで書いてある。

以下は、「ロバート・オッペンハイマー教授はラインラント・ファルツ州オッペンハイム村出身のユダヤ人一族であり」で始まるいささか堅苦しいＦＢＩ報告で、これを要約するため、物語風にアレンジした。

ロバートの父親ジュリアスはラインラント・ファルツ州からグリム兄弟の町として名高いヘッセン州ハーナウに居を移し、十七歳になった時、親戚を頼ってアメリカへ移民した。商売のコツをつかんだジュリアスは既製紳士服の大量製造販売を手がけて大成功し、三十歳という若さで億万長者になった。母親エラ・フリードマン・オッペンハイマーもドイツ系ユダヤ人で、非常に文化的な環境で育ち、女流画家としてアトリエを構えていた。絵画芸術に対する理解を共有した二人は一九〇三年に結婚し、マンハッタン島ウェストサイドに建つ高級マンションの十一階に居を構えた。部屋数十三という新居にはドラン、ゴッホ、セザンヌ、ヴュイヤールといった画家の作品が壁にかかり、執事、メイド、料理人、運転手といった使用人を抱え、常勤でなかったのは楽士ぐらいのものだ。

ロバート・オッペンハイマー教授

結婚の翌年四月二十二日、男子誕生。難産のすえに生まれた長男はロバートと名づけられたが、数年後、父親は自分の腕に抱かれた子供が天才だということに気づき、さっそく数人の家庭教師を雇い入れた。結果は言うまでもない。なお、父親は息子に対し、「月にウサギがいる」式の非科学的なおとぎ話をしなかったという伝説があるけれど、これは事実無根であり、息子はその手の物語を両親からたっぷり聞かされている。天才児ロバートは裕福なユダヤ人家庭特有の、品行方正でしかつめらしく、幾分硬直したムードの中で育ったから、けた外れに嫌味ったらしい《いい子》になった。おしゃべりだが笑顔に乏しいロバートは極めて礼儀正しい反面、誰かといっしょに遊ぶことはあっても、どこかよそよそしく、親密さに欠けていたのだ。ここで幼少時のエピソードをひとつ。

五歳の時、ロバートに鉱物標本がプレゼントされ、その後、この子供は石ころ集めがお気に入りの遊びになった。それも行き当たりばったりの岩石採掘ごっこではない。ロバートの手法は本格的な鉱物学者のそれであり、この孤独な遊びは十一歳のとき実を結んだ。ロバートはニューヨーク鉱物学クラブで人生初の研究論文を発表したが、その内容は、大人の、しかも相当な学識者のものと比べて遜色なかったから、鉱物学クラブのメンバーは腰を抜かし、すぐにクラブ正会員に迎えられた。

ロバートは大学に入る直前まで倫理文化学園に通ったが、その学校の教育理念のおかげで宗教に対し冷淡になり、ユダヤ教、キリスト教、イスラム教、仏教、果てはサンスクリット語を修得してヒンズー教の経典を原書で読んだが、いずれの宗教に対しても、信仰は持たず、興味の対象として見た。またこの天才児はスポーツがまったく駄目で、せいぜいヨットと乗馬をほんの少し楽しむ程度だった。

ハーバード大学へ進学した後もさまざまな大学を遍歴し、アメリカに戻ったのは一九二九年のことで、二十五歳のロバートは助教授としてカリフォルニア大学バークレー校とカリフォルニア工科大学で教鞭を執り、量子論、相対性理論、核物理学について講じ、それと並行してアインシュタインと共に宇宙空間上のブラックホールをめぐる極めて先駆的な研究を行なった。この間、母親が白血病で亡くなり、その六年後には父親が心臓発作で死んだ。ロバートは三十三歳で現金三十九万ドルに加え、莫大な資産価値のある不動産を相続し、その一部をもってカリフォルニア大学にオッペンハイマー基金を創設している。

ところでロバート・オッペンハイマーの人格をかいま見ると、そこにはまったく正反対の、光と影といった二面性があることを知るだろう。ある人はオッペンハイマーについて次のように言う。真面目で良心的。究極の善人。高潔で偉大。まれに見る知性に裏づけられた人間的な魅力。研究テーマの本質を理解し、立ちふさがる課題を解き明かしてゴールに到達する力は驚嘆以外の何物でもない。しかし、ある人は完全にその反対の事を言う。それは不勉強な学生の腹立ちまぎれの指摘ではあるが、「オピー（オッペンハイマーのあだ名）は傲慢で計算高く、極端なエゴイストで唯我独尊。ゾッとするほど冷酷で、ホラー映画に登場するような怪人物だ」とある。

プラス評価はその通りだが、マイナス評価も、なるほど当たっていなくもない。なぜかと言えばオッペンハイマーは三十二歳で教授になったが、こと教育者としては失格だったからだ。学生は異口同音に「オピーは講義の進め方が異常に早い」と述べている。これは実際その通りで、オッペンハイマー教授は途中説明を極端に省略したから、かなり高い学識がなければ内容が理解できない。また、その裏返しになるが、学生からちょっとでもレベルの低い質問が出ると「ここは小学校の仲よしクラブじゃない」と返すのが口癖だった。足し算を習ったぐらいでここに来るな。掛け算ぐらい習ってから講義を聞きに来いというのだ。低能児の相手など馬鹿らしくてやってられるかというこの態度に学生は辟易し、「気取るな、オピー！」と陰口を叩く輩(やから)もいた。これとは別に、声がよく聞き取れないというのもあり、オッペンハイマーと波長の合わない学生にとって理論物理学の受講は地獄体験と同義語になってしまった。

それからもう一つ。マイナス評価の中に「忍耐力が無い」という指摘がある。これについて、ある科学者は「天才オッペンハイマーがノーベル賞を獲得できなかったのは、持久力と忍耐力がなかったからだ」と語っている。

ニコルズ大佐はＦＢＩ報告書を読み終え、グローヴス将軍の執務室の前に来ようとしたが、将軍はそれを押しとどめ、みずから会議机に向かった。

大佐が手にしているＦＢＩ報告の赤い丸がついた所には次の文字が並んでいる。

●オッペンハイマー教授には一般常識がない。義務教育を受けている以上、三権分立が何か知らないはずはないのだが、なぜか本当に知らなかった。そして一九二九年に起こった大恐慌を知らずにいた。また、国民の義務となっている選挙投票は三十二歳の時が最初で、それは一九三六年の大統領選挙だった。

●オッペンハイマー教授に対する機密事項関与資格の交付は無謀きわまりない。また同教授を陸軍内部に立ち入らせ、何らかの役目を与えることは危険であり、賛成できない。

●オッペンハイマー教授はアメリカ共産党とのかかわりが凄まじい。ご承知の通り、同党は破壊工作で悪名高いコミンテルンと密接に連携している。従ってオッペンハイマー教授は要注意人物と見るべきだ。
●オッペンハイマー教授は、アメリカ共産党には入党していないが、毎年同党に千ドル献金している。
●オッペンハイマー教授夫人キャサリンはアメリカ共産党員であり、また教授の実弟フランクとその妻もアメリカ共産党員である。
●オッペンハイマー教授は、ハーコン・シュバリエ、ジーン・タトロック、ジョージ・エルテトンほか公安面からみて好ましからざる人物との交友が目に余る。
「読んだかね？　よろしい。……ＦＢＩ以外にも多くの人がオッペンハイマーはやめろと私に言って来る。いわく、社会生活を送る上でまったく軽はずみな男、女に騙されて利用される男、慈善事業と勘違いして共産党に近寄る不用心な男、という指摘だ。

私も、自分なりにあの男を観察した。ＦＢＩ報告にあるオッペンハイマーの行状も呆れたもんだが、それとはまったく別に、あの男には欠点が二つある。第一は管理面での経験がないことで、そもそも教授は組織活動がどういうものか分かっておらず、それが重大な欠点だ。第二はノーベル賞で、この賞を受賞していることが、科学者世界では指導者として認められる暗黙の了解になっている。しかし、オッペンハイマーにはそれがない。あの男では優秀な人材を集めることが難しいのではないかと危ぶむ声が多いのはそのせいだ」

将軍はものを考えるときの癖で、手にした鉛筆を指の間で器用にくるくる回している。

「さよう、問題児だな、オッペンハイマーは。……」

グローヴスにしては珍しいことだが、今日は少し歯切れが悪い。

「大佐、充分すぎるほど承知していると思うが、爆弾本体の開発は絶対条件だよ。だから、最適な人間をリーダーに据え、その者に仕事を任せなければ、あれは完成しない。それで私は誰がふさわしいか考えてみた。もちろん、オッペンハイマー抜きでだ。考えたすえ、複数リーダー制が頭をよぎったが、しかしこれは意思決定が非常に遅くなり、ドイツとの競争に負ける。やはり、オッペンハイマー以外に適任者は見いだせなかったよ」

「将軍、私はこのＦＢＩ報告を見るのは二度目です。数カ所追加されていますから、修正版が送付されて来たものと思いますが、赤い丸印の部分は前と同じです。率直に申し上げると、教授は理論物理学の世界では全能の神かも知れませんが、その世界の外に出てしまえば、ガキと同じでありまして、それだけに始末が悪い。まったく罪の意識なく重要機密を敵に渡し、ご丁寧に講義までしてのけますよ」

ガキと聞いてグローヴスは鼻白み、やおら金庫を開けてハーシーのチョコレート・バーを取り出した。タバコをやらない将軍が、その代わりにこの甘味をやることは身内だけが知るささやかな機密である。

「続けてくれ」

「妻も共産党。弟夫婦も共産党。そして教授の不倫相手ジーン・タトロックも共産党。まわり中に共産党員と危険な破壊工作員をはべらせたオッペンハイマーがいとも簡単に国家最高機密へ近づくのを見て、ＦＢＩはさぞかし肝を潰したでしょうな。私が思うに、ハーコン・シュバリエなどの破壊分子は最初から《黒》と分かっているから対処は簡単です。しかし、一般市民の中に紛れ込んだ影の無い工作員やスパイは始末が悪い。教授が厄介なのは平気でそういう連中と接触することでありまして、教授の無邪気な行為から生ずる実害は間違いなく国家転覆レベルです。私は原子爆弾の本体開発リーダーを誰にするかまで考えてはいません。ともあれ私はこのＦＢＩ報告にある通り、機密事項関与資格をオッペンハイマー教授に交付することは反対です」

ニコルズはそう言ってスパイ工作員の存在を極度に警戒したけれど、他ならぬルーズベルト大統領の周囲には多数の工作員が入り込んでいたし、研究開発現場となれば推して知るべしの状態だったから、アメリカの原爆開発情報はすでにスターリンのもとへごっそり流出していた。

「なるほど、ところでニコルズ大佐、工兵隊がマンハッタン計画に関与する時、つまり私がこの計画の責任者になる前のことだが、オッペンハイマーには既にその資格が交付されていたぞ。誰がＦＢＩ報告を無視し、交付を許したのかね？」

「科学者集団トップのブッシュ博士ですよ。工兵隊がこの計画に関与する一年前、ブッシュ博士はオッペンハイマー教授に原爆計画をあらいざらい明かし、ルーズベルト大統領の影響力を使って、教授にその資格を交付しました。その後、陸軍工兵隊が原爆開発を公式に引き受けることが決まった時、ＦＢＩからオッペンハイマー教授についての警告を突きつけられたスティムソン長官は苦り切っていましたな。そこで長官は《機密漏洩の危険》と《ドイツとの原爆開発競争に負ける危険》を天秤にかけ、負けたら話にならんと結論し、教授が顧問団の一人になることをしぶしぶ認めたのです。機密事項関与資格ですか？　そのままですよ。だから教授一人のために膨大な数のＦＢＩがさまざまな場所で張り込むことになるのです」

「なるほど。長官もオッペンハイマーについては、余人をもって替えがたいと判断せざるを得なかったか。さてニコルズ大佐、ここからはまだ私の個人的な意見なので、反対意見がある場合には感想を言うのではなく、対案を言ってもらいたい」

「わかりました」と、ニコルズ。

「結論からいえば、私もＦＢＩの忠告を無視し、オッペンハイマー教授を採用したい。しかも顧問ではなく、爆弾本体を開発するリーダーに格上げしようと考えている。私はこの数週間、集中的に教授との面談機会を作り、それ以外にも八方手を尽くしてオッペンハイマーという男を研究した。すると面白いことが分かったのだ。教授は研究者一人一人のまったく異なる研究上のアイデアを聞くうちに、研究者の脳味噌の中に入り込んで、研究の前進を妨げている障害物を溶解し、かつ、そこにある漠然としたアイデアの種を探り当て、もやもやしたものに明瞭な形を与えることができる。しかも教授は弟子の誰か一人に対してだけ、このマジックが使えるのではなく、研究者全員の脳味噌に入り込み、問題を解決し、全体を把握し、誰に対しても有益なアドバイスができる」

「チェスの名人が、同時に何人もの指し手を向こうにまわし、これに全勝する超絶的な妙技を見たことがありますが、それに近いものでしょうね」

「Y計画という原子爆弾の本体開発は新案特許を山ほど積み上げても、めったなことで到達点にはたどり着かないだろうという意見が出はじめている。当初は優秀な学者と技術者を二十人程度集めれば簡単に出来ると言われていたが、それは根も葉もない大嘘で、実は単なる作業員まで含めると一万人近い頭数になるらしい。誰が二十人でやれるという出鱈目(でたらめ)計画を作ったんだと文句を言っている暇はない。私がオッペンハイマーをY計画のリーダーに就け、原爆研究所の所長をやらせようと思う大きな理由の一つは、爆弾本体の開発に投入しなければならないびっくりするほど大量になった研究員の数だ」

ニコルズ大佐は「なるほど」と思った。グローヴスは新たに研究所を作り、そこに最優秀の金看板学者を、目をむくほど多数集め、その上で教授をY計画のリーダーに据え、オーケストラの指揮者のようにタクトを振らせ、超一流の演奏家から望み通りの《音》を出させようとしているのだ。これは音楽プロデューサーの発想だなと大佐は思った。

「カロリー補給に一本どうだね？」

そう言ってグローヴスは大佐にチョコレート・バーを一本押しやった。軍服姿のいい年をした大人が差し向かいでこういうものを頬張るという図に、ニコルズは笑い出しそうになったが、何とかしかつめらしい顔のまま、つき合い良く包装紙をバリバリ開けて一かじりした。

「将軍、オッペンハイマー教授を選んだ理由ですが、……もう一つあるのですか？」

「そうだよ、大佐。私が教授を選んだ理由はもう一つある。ところで大佐、君が担当しているオークリッジ・サイトのウラン濃縮だが、これを研究している科学者のうち、誰か途中で気が変わって、こういう恐ろしいことはやめようと言い出しそうな人間は居ないかね？」

「まだ顕在化はしておりませんが、仕事をこのまま続けることに躊躇(ためら)いを感じている科学者は確かに居ますね」

「そうだろう。少しでも原子力を知っている科学者なら、原爆を造って人の上に落とせば、生き物は無論、都市全体がドロドロに溶け、蒸発すると知っている。だから、そのむごたらしさに怖じ気づき、あれが完成する前に職場放棄するものが出てもおかしくはない。しかし、大佐、君はどこまで承知しているか分からないが、オッペンハイマーという男はうれしいことに知的放浪をやめることができないディレッタントだ。原爆が引き起こす悲惨から身を引くよりも、核爆発という未知の扉を自分の手でこじ開け、原爆が破裂するその瞬間が見たくて見たくてたまらないのだ。オッペンハイマーはパンドラに取り憑いた誘惑をパンドラと共有している。だから、仮に他の科学者が尻ごみし、姿をくらましても、オッペンハイマー教授は最後まであの仕事に取り組む。教授さえ押さえておけばＹ計画はやり遂げられるのさ」

ニコルズは、さっきから上司グローヴスが語る少しオカルティックな口ぶりが気になったけれど、おおむね、まあ、そうだろうと納得したので、将軍の意見に異を唱えることはしなかった。そのかわりニコルズは、コミンテルンという危険分子から原爆開発の秘密を守るため、オッペンハイマー教授ほか全科学者を家族もろとも人跡まれな僻地に隔離することを提案した。

「悪くないプランだ」

グローヴスは学者たちの機密に対する脇の甘さにあきれ果てていたから、隔離には大賛成だったが、果たしてそういう特殊条件にオッペンハイマー教授が首を縦に振るかどうか分からない。

グローヴスはニコルズとの密談後すぐに、オッペンハイマーをY計画のための研究所長に招聘し、教授は承諾した。将軍はその時、隔離についてオッペンハイマーに因果を含めようとしたのだが、教授のほうから将軍に対し、「研究者は意見交換を緊密にし、研究に専念しなければならない。そのためには静寂な環境の中に研究所をつくる必要があります」と言い出したから、これにはグローヴスの方が驚いた。教授は研究者それぞれが持ち寄る新しいアイデアについて侃々諤々の討論を行なうアテネの学堂のような場を欲しており、そのためには辺鄙静寂な環境が望ましいと言うのだ。

グローヴスは相手の気が変わらないうちにことを進めるため、早速新設する研究所をどこに作るかの討議に入った。以来、グローヴスとオッペンハイマーは、これを友情と呼べるのかどうか分からないが、互いに絶対の信頼を置いた。ニコルズに限らず、グローヴスとオッペンハイマーの両方を知る人は「これほど奇妙なペアは、そうざらにあるものではない」と断言している。体型から性格、生活信条から育った家庭環境まで共通点はゼロ。しかもお互いにかなり特異なオーラを漂わせている。だから、普通こういう二人が出合った場合、相手を無視し、目を合わせないようにするだろう。状況しだいでは二度とすれ違わないよう、例えば通勤ルートを変えてしまうかも知れない。ところが原爆という超難関を前にした時、二人は完全に一体化した。

将軍は原爆研究所のための用地買収から始め、その候補地は内陸部に存在することを条件に、次の三つが上がった。

①ユタ州オーク・シティー（Oak City）

②ニューメキシコ州へメス・スプリングス（Jemez Springs）

③ニューメキシコ州パハリト高原（Pajarito Plateau）

最初に駄目が出されたのはオーク・シティーで、これは観光地であり、住民の数も多く、土地買収交渉が長引くに決まっていたからだ。次なるヘメス・スプリングスは教授が難色を示した。なぜかというと、この用地は谷底にあり、見通しが悪く、窒息しそうな雰囲気で、研究者の作業効率を著しく阻害する。それでこれもボツ。かくして原爆研究所は教授の勧めでパハリト高原の一角、すなわち広さ二二〇平方キロという東西に長く伸びた標高二二二五メートルの《メサ》の上に作ることが決まった。ちなみに、《メサ（mesa）》とはスペイン語で「テーブル」を意味し、ここから転じて卓上台地をメサと言う。ついでながら、メサの広さは日本の霞ヶ浦（二二〇平方キロ）と石垣島（二二三平方キロ）とほぼ同じである。

サンタフェの北西約四十五キロにある原爆研究所までのハイウェイ両側には、いかにもその下にガラガラ蛇の巣でもありそうな背の低い樹林が広がり、その中に背の高い針葉樹林が点在している。東方はるか彼方には州の最高峰サングレ・デ・クリスト山脈（キリストの血の山）の峰が連なり、日の出、日没時に山の稜線が真っ赤に染まる光景は息をのむ美しさだが、それにしても前方に現われる景色はほとんどが荒寥とした丘また丘。まったく変化に乏しい赤茶けた原野で、降雨量は年間三十五センチ前後と極端に少なく、しかもそれは冬の降雪期に集中しているから、日本の多湿な風土と比較すれば砂漠に近い。ハイウェイを抜け、リオ・グランデ河に架かるオトウィ橋までの間、単調を破るものがあるとすれば、それは強風に吹かれて砂ぼこりと共に転がって行く回転草（タンブル・ウィード）ぐらいのものだ。しかし泥で濁ったリオ・グランデ（スペイン語で大河の意味）を越えると変化が表われ、行く手にハワイ・オアフ島のダイヤモンドヘッドに似た山が見える。さらに進むと新鮮な巒気（らんき）に包まれたメサの上に出、ポプラ林の中に建てられた旧ロス・アラモス農学校の跡地に着く。ロス・アラモス（los alamos）とはスペイン語でポプラ林を意味し、原爆研究所用地となったメサは、南、北、東三方が目もくらむような断崖になっており、人里はなれたこの場所は頭脳労働者たちを緩やかな隔離状態へ置くためには実に好ましい地勢だった。

❖　❖　❖

ロス・アラモス研究所の正式オープンは一九四三年四月十五日木曜日のことで、これに前後してオッペンハイマー教授とその家族（キャサリン夫人と長男ピーター、そしてジャーマン・シェパードのバディ）が鉄条網と高いフェンスに囲まれた広大なメサの居住区にやって来た。

いっぽうマキビン夫人は三月二十七日土曜日からサンタフェの工兵隊事務所へ通勤を開始した。夫人は二十日間ほど手持ち無沙汰の日々を過ごした後、四月十五日になってようやく月一五〇ドルの仕事の中味がわかった。それは研究所の住人となる人々に顔写真付きの通行証を直接手渡すことで、夫人は工兵隊から渡されたリストに基づいて通行証発行器を操作し、顔写真の下にコード番号を印字し、それを本人に渡した。当初は百人ほどの入居者に通行証を発行するものと想定されていたが、やがてそれは千人に変更され、すぐに三千人になり、最終的に六千人になった。これに加え、夫人は何でも相談係を兼務したから、四月十五日以降、休日返上の仕事漬けになっている。かくして夫人はニコラス・ベイカーという偽名を使用したニールス・ボーア、同じくユージン・ファーマーという偽名を使用したエンリコ・フェルミなどの原子力最高権威から、原爆とは縁もゆかりもないすべての民間人と面談し、実生活上のもろもろの苦情を処置した。ちなみに科学者以外の民間人としては、石炭配給人、掃除婦、神父、医師、ＰＸ（売店）の店員、小学校の教師、十九人編成の常設楽団メンバー、ラジオ放送局のスタッフなどがいた。ここの放送局はなかなか設備が整っており、広島に落とされたウラン型原爆の臨界量を確定したオットー・フリッシュ博士は放送局に設置されたピアノでモーツァルトのピアノソナタなど数曲を披露している。

ところで夫人の仕事机の脇にあった《私書箱１６６３》のボードだが、これはロス・アラモス研究所の検閲小屋に運ばれた。つまり研究所住民の住所は《私書箱１６６３》のみとなり、外から来る郵便物はすべてドラッグ・ストアもどきの検閲小屋でいったん差し止められ、プライバシーはほぼ消え失せた。《私書箱１６６３》という巨大な集合住宅に入居した住民が外出できる先はサンタフェだけ。しかも月に一度と制限されており、ゲートから外に出れば私服の公安監視員にぴったりと尾行され、町の要所には同じく監視員が、例えば銀行の事務員、あるいはホテルの給仕に成り済まして張り込んでいた。郵便は検閲され、電話は傍受されたから、住民はすべて裸同然になった。そして《私書箱１６６３》の内側にあっても監視体制は徹底しており、オッペンハイマーほか幹部の自宅はきびしく制服の公安監視員によって守られ、たとえ本人であっても自宅に入るには通行証を見せなければならなかった。

マキビン夫人がいる事務所と《私書箱１６６３》の背後にあるメサは、当然といえば当然だが、すぐにサンタフェ住人の話題になった。事務所の前には通行証の発行を待つ黒山の人だかりがあったし、メサは物資を搬入するトラックが途切れることなく轟音を上げて行き来していたからだ。それにメサの周囲には鉄条網が張りめぐらされ、かつ、よく訓練された軍用犬と多数の武装兵がパトロールしていたから、話題に乏しいサンタフェの住民がこれに飛びつき、たちまち無数の流言飛語が飛び交った。その中に「私書箱１６６３の向こう側にあるものは妊娠した陸軍婦人部隊員のための特別施設だ」という怪情報があり、これは大いに受けた。なぜなら鉄条網の中の最大人口は科学者や技術者ではなく、研究補助要員として急遽動員された婦人隊員だったから、自然、こういう噂が湧き出たものと思われる。で、その怪情報のきっかけになったものはベビー・ベッドだった。ある日、まとめて二十個ほどのベビー・ベッドが《私書箱１６６３》に届けられ、その後も頻々とベビー・ベッドが来たから、サンタフェの住民はすっかり納得し、したり顔でこの話に尾ひれを着けた。しかし真相はまったく違う。ベビー・ベッドは羽目を外した婦人隊員のものも確かにあったが、ほとんどは研究員家族の間に生まれた新生児のためのもので、その中には十二月七日に生まれたオッペンハイマーの娘トニのために用意されたベッドも入っている。

では、実際のメサの上の日常生活はいかなるものか。

人々は世間とのまともな交流は一切持てなくなった。既婚者の場合、同伴を認められるのは妻と子供と犬猫のみ。未婚の場合、婚約者にも家族に合うことも極端に制限され、手紙も電話も検閲され、特に電話は例えば何州に住んでいるのかなど少しでも問題含みの内容が話題になると、容赦なく切断された。もう一つ。当時のロス・アラモス研究所の生活状況については、フィッシャー夫人、ジェッテ夫人、ブロード夫人といった科学者の妻が回想録を書いており、それによれば、おおむね次のようなものになる。

「……マキビン夫人の事務所前には廃車工場からあわてて引っ張り出して来たような老朽スクール・バスがとまっている。バスの横っ腹には白ペンキで《合衆国陸軍》と派手に書かれているからには、これに乗れという意味だろう。着いた先にあったものは私たちが住む四世帯用の棟割りアパートだった。私たちが入居した後も土木工事は続いており、いっこうに終わる気配がない。作っているものは建物で、その中には私たちに用意された家族帯同者用アパートと独身者用の蒲鉾型バラックとがあり、軍用プレハブ材と荒削りの木材と防水紙を使って、いかにもやっつけ仕事のトントン葺き家屋群が作られている。

いじましい家屋が立ちならぶ貧民街のような町に舗装道路は一本もなく、バスタブ通りというけったいな名前のメイン・ストリートですらグローヴス将軍のケチケチ精神のおかげで街灯は無し。在るのは交差点に設置された信号機のみと来ている。このケチンボ将軍は安っぽいセントラルヒーティングを各家庭に取りつけたことでだいぶ評判を落したが、極めつけは図体ばかり大きい鋳物製の真っ黒な煮炊き用薪コンロで、これは皮肉たっぷりに《黒い貴婦人（ブラック・ビューティー）》と呼ばれた。ロス・アラモスは二千メートル越えの高原であるから、火をつけようとしても、もくもく黒煙を上げるだけで点火しない。あるとき鋳物コンロの件で、大もの科学者の妻フランセス・ウィルソンがこのケチンボに噛みつくと、『ご夫人がたはすぐに弱音を吐く』と嫌味を返して来た。

『それじゃぁ将軍、やって見せていただけませんこと?』

将軍の模範演技は失敗だった。薪は一時間かかっても点火せず、煤だらけになった将軍は降参し、ブラック・ビューティーと引き換えに電気コンロが支給された。……」

2　IBM601型パンチカードシステム

「我々は莫大な費用を投じて研究所を準備し、途方もない数の奇人変人たち（クラックポット）をメサの上に集めた。原爆はかならず出来る！」

ロス・アラモス原爆研究所の開所式数日前、グローヴスは部下の工兵隊将校に対し、このような第一声を放った。ある説ではクラックポット（crackpot）ではなくプリマドンナだったそうだが、ともあれ、上には上があるもので、この研究所にはニールス・ボーア、エンリコ・フェルミ、ヨハネス・フォン・ノイマンなる三人の大天才がおり、それら三人と比較すれば、かのオッペンハイマー所長といえども並の天才だというから驚きだ。

さて、開所式に前後して、ハンス・ベーテ、ルドルフ・パイエルス、リチャード・ファインマンほかの天才たちが引きも切らずマキビン夫人と面談を終え、おんぼろバスに乗ってロス・アラモスの検問所に向かい、これから自分たちの共通住所になる《私書箱１６６３・サンタフェ》の看板を横に見つつ、メサの上に作られたかなり杜撰（ずさん）な出来の集合住宅に入居した。クラックポットたちはつい数カ月前まで近接信管

（VT信管）、レーダー、ミサイルなどあらゆる種類の軍事研究に従事していたが、幸いなことに近接信管とレーダーはひと区切りついたので、原爆開発計画に参加する余裕が生まれ、そういう次第でロス・アラモスにやって来たのだ。

グローヴスは、召集をかけた科学者の中の何人かは原爆の非人道性に尻ごみし、職場放棄するかもしれないと危ぶんでいたが、これはまったくの杞憂に終わっている。科学者たちは課せられたテーマが原子力の悪用だということは充分に承知していたけれども、おおかたの科学者は造った原爆をどこかの無人島に落とし、敵に危険を告知すれば戦争は終わるだろうと軽く考えており、まさかこれを都市部へ本当に落とすとは思っていなかったから、爆弾作りに熱中し、やっているうちにこれが忌まわしい仕事だという考えはどこかに吹っ飛んでいる。ましてや、ノイマンあるいはテラーという凶悪なマッド・サイエンティストに至っては、グローヴス将軍もたじろぐほど原子力の悪用に積極的であり、人の上に原爆を落としたくてたまらなかったのだ。

科学者の一群がメサの上に集合し、約二カ月、取りとめのない物理学論を繰り返すうち、ロス・アラモスには次の四部門ができ、組織化の一歩を踏み出した。

①T部門（理論物理部門／Theoretical Division／部長＝ハンス・ベーテ）
②E部門（実証実験部門／Experimental Physics Division／部長＝ロバート・バッヒャー）
③C部門（化学部門／Chemical Division／部長＝ジョゼフ・ケネディー）
④O部門（兵装部門／Ordnance Division／部長＝ウィリアム・パーソンズ海軍大佐）

これら部長職はすべて科学者だったが、兵装部門を任されたパーソンズだけは少しばかり毛色が違っており、グローヴスはこれについて次の通り回想録に書き残した。

「兵装部門の責任者は、原爆をB-29爆撃機から投下する作戦に関与しなければならない。よってその者は職業軍人でなければならず、同時に物理化学に充分な素養があり、高性能爆薬、大砲、起爆装置などにすぐれた理解力を持っていなければならない。そして、軍内部の兵器関係者の間で評判が良く、多くの友人があり、こうした友人の支援が得られ、かつ、科学者から尊敬される人間でなければならない。陸軍には適切な人材はいなかったので、私はブッシュ博士に相談した。ウィリアム・パーソンズ海軍大佐はこうして選出されたのだ」

海軍大学卒のパーソンズはアメリカの超極秘兵器だった近接信管（ＶＴ信管）の開発に携わり、その完成を見とどけている。すなわち一九四三年一月六日、ガダルカナル島近海で軽巡ヘレナが近接信管のついた機銃弾をもって愛知九九式艦爆を撃ち落とし、パーソンズはこれについての戦果報告を海軍省に送っている。ご覧の通り、この海軍大佐の性格は極端な完璧主義者で、運を天に任せることが大嫌いだった。

もう一人、リチャード・ファインマンという変わり種がロス・アラモス研究所にやってきた。ユダヤ系ドイツ人亡命者ベーテ部長は一緒に仕事をすることになったファインマン博士について、ポーランド人数学者マルク・カッフの言葉を引きつつ、次のように語っている。

「友人が語るところによれば、天才には二種類あり、この私は普通の天才だがファインマンは魔法使いだそうだ。つまり普通の天才が考え出すレベルには、時間をかけさえすれば誰でも到達でき、何の神秘もありはしない。ところが魔法使いは、数学用語で言う直交補空間（orthogonal complement）に住んでおり、我々の住んでいる空間にはいない。ファインマンという最高級の魔法使いはそういう所に住んでいる。だから、そういう変な所に住んでいる男の頭脳の動きなんぞ理解できっこない。たとえあの男が何をやったのか理解できたとしても、その思

リチャード・ファインマン

考過程となるとまったくの謎さ」

ベーテ部長の言葉を少し補足すると、ロス・アラモスにやって来たファインマンは、大いに悩ましい問題となっていた計算作業の短縮化にあたり、《ファインマンの経路積分》を考え出し、計算の簡素化に大貢献した。こういう経緯から、ファインマンは計算を担当するT-5のリーダーとしてシミュレーションの上流工程デザインとプロジェクト管理双方を務めることになったのだ。

ユダヤ系ポーランド移民の血を引くリチャード・ファインマンは、一九六五年、量子電磁力学の発展に大きく寄与したことで、ジュリアン・シュウィンガー、朝永振一郎と共にノーベル物理学賞を共同受賞している。超天才と評されたファインマンはジョン・ホィーラー教授のもと、二十五歳（一九四三年）で博士号を取得。その直後、ロス・アラモス研究所にやって来た。ちなみに、陽気でハンサムな若いファインマンには道化師の側面があり、天真爛漫な顔でブルックリンのあんちゃんみたいな態度や訛(なま)りをわざと真似し、そういう時はしょっちゅう文法無視のしゃべり方をした。また、ボンゴやドラムと言った打楽器を持たせたらプロそこのけの技を披露している。

しかし、ロス・アラモス研究所の公安主任デ・シルバ大尉は、ファインマン博士についてベーテ部長とはまったく違う印象を持ち、《厄介なトラブル・メーカー》のレッテルを貼った。博士がこの地に来てすぐのことだ。博士の趣味は暗号だったから、ほぼ毎日、暗号を使ってアルバカーキの結核療養病院にいる妻に手紙を送り、返信が同じように暗号で《私書箱１６６３》に届いた。

――ふざけたやつだ！

デ・シルバ大尉は激怒し、ファインマンに電話をかけ、何が書いてあるのか、と聞くと、「私に嘘を言われてもあなたには分からない。私の答えを鵜呑みにしたのでは、あなたは職務怠慢で罰せられるのではないか」と言う。大尉は上官に泣きついたが、返って来た言葉は、「どれほどの残業になろうと、キーワードを聞いて、自分で解読しろ」だった。大尉は毎回違う手を使って《私書箱１６６３》を出たり入ったりしている暗号レターにうんざりしていたが、あるとき便箋一枚分の長文暗号が棚の上に乗っているのを見て、いまいましげにこれを解読したが、便箋を埋めるほとんどの文字と数字は煙幕で、唯一意味のある部分は《愛してるよ！》の一言だと判明したから、ついに匙を投げた。

「ファインマン先生、あなたの趣味が暗号だということはよく分かりました。しかし、どうかこれ以上私の仕事を増やさないでください」

大尉は取引条件として自由にできる車を一台、癪にさわる暗号魔に供与し、悪夢にピリオドを打った。余談になるが、戦後わかったことは、大尉から車を都合してもらう前、博士はそれと知らず、スパイ学者クラウス・フックスの車を借りて、妻のいる病院にかよっていたのだ。

ベーテ部長率いるT部門の仕事は、例えば「核分裂が起きるまでの間の、中性子はプルトニウム同位体Pu２３９の中に入ってから後、どのような振る舞いをするのか?」、あるいは「核分裂反応が始まったときの中性子増倍率はどれほどのものになるのか?」という疑問に《解》を与えることだった。

しかし、物理学には夢想と紙一重の部分があり、厳密な数理の上に築かれた《解》であっても安心はできない。だから物理学で描き出した核分裂現象はシミュレーションを行ない、関連する数値変化をトレースし、理論が正しいか否か検証しなければならず、この検証を完成させるためには複雑極まる計算を何十回も積み重ねる必要がある。よって、この計算仕事が科学者たちにとって非常に高いハードルとなった。

計算を行う上で、もう一つ、高いハードルがある。それはナノ単位（十億分の一）という精度だった。例えば、半径Rの円の面積は《πRの二乗》だ、という知識は小学生のカリキュラムに登場する常識的な公式ではあるが、実際にナノ単位の精度で計算する場合、πは三・一四でなく、コンマ以下十億桁まで入力しなければならない。

こういう次第で、T部門所属の学者二十人には、全員にマーチャント式手動計算機が支給されていた。ところで、この計算機は指で数字のボタンを押し、加減乗除はできたが、連続計算はできない。例えば《2×3－4÷2＋1＝5》はできず、《2×3＝6》《4÷2＝2》《6－2＝4》《4＋1＝5》という具合に四ステップの計算を経なければならなかった。当然ながら、ナノ単位の計算結果を紙へ転記する回数は四回になる。

ベーテ部長がシミュレーション作業を主務とするT-5グループを作り、そこにファインマン博士をリーダーとして置いたのは、効率よく正確な計算結果を出すことが急務だったからだ。

博士はT-5所属のニコラス・メトロポリス、スタンレー・フランケルほかのメンバーを集め、グランド・デザインを示した後、「複雑な方程式を細かく分解し、すべて単純な算術式へ落とし込む」という方針を出した。この仕事には数学者だったフランケル夫人、テラー夫人、ブロウド夫人ほか有名な科学者の妻たちが召集され、作業はこの夫人たちが中心になって実施された。そして夫人たちはすぐに博士のコンセプト、すなわち「フォード自動車の流れ作業と分業制を計算の世界に取り込み、計算工程のマス・プロ化をはかる」という主旨を理解し、次の計画を提起している。それは、この計算機は加算のみ、この計算機は減算のみ、こちらは掛け算、こちらは累乗という具合に、一つの手動計算機を一つの演算回路とみなすという計画だった。

「どんな調子ですか？　計算のテスト・トライは」

月に一度の研究所全体会議で、冒頭、グローヴス将軍がファインマンに向かってこのように切り出したのは、それだけ期待が大きかったからだ。

「うまく行きませんね。……あー、ご心配なく。理由は分かっています。うまくいかないのは誤入力、誤計算、誤転記という人為上のミスです。あの作業は二時間以上やるとまったく信頼性が落ちる。信じられないかも知れませんが、将軍、一番多いのは転記ミスですよ。ともあれ、あの作業は一時間が限度です」

「ＯＫ、ファインマン先生。で、対策は？」と、グローヴス。

「計算要員の頭数を増やす。一つの計算機の前に座る人間を一時間ごとに交替させる」

「なるほど」

「もう一つ。まったく同一の計算を五人にやらせる。つまり五人一組にするのです」

「五人一組？　よくわからないね、言ってることが」

「人はミスをする。一つのグループを五人一組とした理由は、ミスを極小化することにあります。つまり五人のうち四人が同じ計算結果を出し、一人だけが違う場合、四人の結果を正解として次の組にそれを渡す。仮に、三人が同じ計算結果で、二人が違う結果を出した場合、やり直し。もう一回計算して五人とも同じ結果ならハッピー。四人が同じでもハッピー。ともかく四人の計算結果が同じになるまで次には進まない」

「ちょっと割り込ませてもらいますよ」と、これは調達責任者のダナー・ミッチェル。

「このプランを実施するとなると、手動計算機は想定台数の五倍用意しなければなりません。それに計算業務が八時間稼動だとするなら、要員の数は……五台×八名だから、ワングループ四十人か。作業スペースも考慮しなければなりませんな」

「先生の言う通りに進めよう！　我々にはＡＡＡ特権という調達優先権がある。要員は婦人部隊と特別工兵分隊から持って来よう。……ファインマン先生、念のため聞いておきたいのだが、先生が思い描いている人数はどのくらいかね？」

「おおよそ六千人というところでしょう」

　グローヴスは一瞬たじろぐ様子を見せたが、博士は涼しい顔をしている。

五人一組という計算センター構想は動き始め、科学者の妻たちはインストラクター役にまわってこれら若い男女を訓練した。ちなみに、特別工兵分隊は科学技術系ハイスクール卒業者から成る召集待機組を指している。

ところで歯車で動くこの計算機は、調達された数が数だったから、作業場に響きわたる騒音がものすごく、いったん作業が始まると、計算要員は身振りか筆談でしか意思疎通がはかれなくなった。

もう一つ想定外。

それは金属疲労による計算機の頻繁な故障で、ブロウド夫人が書き残した『ロス・アラモス物語』には「どうも変だと思い、試しに《2＋2＝》とやってみたら答えは《5》となった」というエピソードがつづられている。原爆の研究開発は時間との競争であるから、計算機をメーカーの工場に戻し、修理している暇はない。使用説明書には、いったん蓋をはずしたら後は責任を負わないと書いてあったが、金庫の錠前破りを趣味としていたファインマンは手先の器用な特別工兵分隊メンバーをかき集め、計算機を分解し、使える部品を転用し、自己流で修理した。

計算センターが運用を開始して四カ月後の一九四三年十一月、この構想は挫折の危機を迎えている。五人一組でスタートした計算メカニズムは次の算術式に進む基準をほとんど満たせなかったから、各種のシミュレーションは前進せず、登山口でうろうろしているのに等しかったのだ。

❖　❖　❖

「マーチャント式計算機をＩＢＭに取り換えてみてはどうですか」

状況を危ぶんだ調達責任者ダナー・ミッチェルは、年末のある日、ファインマン博士のもとを訪れ、このように切り出した。

「コロンビア大学の天文計数局はＩＢＭ会計機を使って惑星の軌道計算をしていますよ」

「会計機？　マーク・ワン大型計算機の間違いでは？」

「ハーバード大学に設置されるというマーク・ワンですか？　あいつもＩＢＭが噛んでますね。でも、出来上がりはまだ先ですよ、先生」

ミッチェルの言う通り、マーク・ワンが利用者に引き渡されたのは、一九四四年八月七日だった。

「コロンビア大学！　会計機？」

ファインマンはもう一度すっとんきょうな声を上げた。

「さよう、会計機。経理事務所や国勢調査局で使っているあれです。正確に言うとＩＢＭ６０１型パンチカード・システムですな」

「惑星軌道と言えば微分方程式が付きものじゃないですか。それを会計機で？」

「どういうマジックを使ったか分かりませんが、プログラミングという聞いたこともない手法で、惑星軌道をいとも簡単に計算してのけるそうです。ナノ単位の桁など、どうと言うこともないらしい。ファインマン先生、見学に行くなら責任者エッカート教授のアポを取りますよ」

博士はさっそくコロンビア大学があるニューヨーク・シティーに飛んだ。

「ファインマン先生、これからお目にかけるＩＢＭ６０１システムは手動式計算機のような単体完結型の道具ではありません。６０１は複数の装置が連携することで結果を出すシステム・マシンなのです。それから、人は指が十本なので十進法を好みますが、電気はプラスとマイナスなので二進法を適用しており、このため電磁継電器（リレー）が使われています」

「真空管は使わないのですか？」

「あれは不安定な素材です。計算途中で一個でも焼き切れて中味がいかれると、計算は全部お釈迦。それでリレーなのです」

「なるほど！」

「実物をご覧にいれます。さっそく観測所に行きましょう。ところで、今、あなたが手にしている80欄パンチカードですが、ファインマン先生、これを記憶媒体にするというＩＢＭのアイデアはたいしたものです。このカードが一ドル札サイズという馴染みやすさも、マーケティング視点で見れば脱帽ものですな」

——本当に一ドル紙幣と同じだ。

そう思いながら、ファインマンはＩＢＭシステムを理解する上で最も重要なものとなっている80欄パンチカードをひらひらさせ、エッカート教授の後についてピューピン講堂最上階にあるラザフォード天文観測所に向かった。

当時二十六歳のファインマンはＩＢＭという事務機メーカーについて無知だった。したがってＩＢＭのビジネスが、厖大な量のカードの中から特定の条件を満たすカードを探し出して会計計算をおこなうオフィス機器のレンタル・ビジネスであることも知らない。

「一番左手にあるのがシステムの中核、作表装置（タビュレイター）です。この装置は計算の途中経過と結果を印字します。そして、これに付随する五個の累算器（アキュムレーター）のおかげでサイクリックな反復計算が可能になりました。さて、その右にあるのは乗算装置と加減算装置です。この二つの演算装置だけでなく、まわりにあるほとんどの装置に穿孔機がついているでしょう。計算結果をカードにパンチ・アウトし、それを再入力することで計算が続行できる。80欄カードが記憶媒体になっている証拠です」

「乗算装置と累算器を組み合わせることで《Ｘのｎ乗》ができるのか！」

ファインマンは《Ｘの２乗》ですら、数値の桁がナノだったため正解が出ず、何度も手動計算機を動かし、悪戦苦闘したことを思って救われる気になっている。

「ところで教授、反復動作があるたびに結果をパンチ・アウトするのですか？」

「そういうカードの無駄づかいはしません。一連の計算結果が出た時、それをパンチ・アウトするのです。ただし、反復計算の経過印字はしますよ」

教授はそう述べた後、研究生に持って来させた文献をファインマンに提供している。

「これは私が書いた『科学技術計算におけるパンチカード方式』という一冊です。お納めください」

博士は教授から手渡されたA５サイズ一三六頁の文献が、ほぼ四年前の一九四〇年一月十九日出版だと分かって、びっくりした。しかし博士は根がおそろしくプラス思考だったから、自分がロス・アラモスで手動計算機を大量投入したあれはいったい何だったのかという思いは抱いていない。

「あとでご一読いただければお分かりになると思いますが、このシステムは制御機能が無いため、乗算装置と加減算装置を連動させることはできません」

「それは、例えば《X＋Y－Z》と《Xのn乗》の組み合わせはできない。別々に計算しなければならないと言うことですね？」

「その通りです。計算結果を別々にパンチ・アウトし、人の手でこのカードをしかるべき装置に運び、読み込ませ、次の計算プロセスに持ち込んで結果を得ます」

「なるほど。それでも手動計算機から見ればたいへんな進歩ですよ。これならあのいまいましい転記ミスが撲滅できる！　ところで、この仕掛けの秘密はプラグボード・プログラミング手法にあると聞きました。プラグボードというのはどれですか？」

「これですよ。これがプラグボードそのものです」

そういってエッカート教授は天文観測所の壁ぎわに置かれた棚の前にファインマンを連れて行き、棚からレストランで給仕が持ち運ぶ大型トレーのような平たい板をひっぱり出した。そこには規則正しく無数のプラグ差込口が並んでおり、細い信号ケーブルがある差込口から別の差込口にブリッジされている。

「作表装置（タビュレイター）の裾に装着部がありますね。あそこにプラグボードを差し込むのです。プラグボードが何種類もあるのは計算目的がそれぞれ違うからで、このプラグボードは対数テーブル用のものです。ケーブルをプラグボードのしかるべき穴に差し込み、目的の計算結果を得る行為を、私たち天文計数局ではプログラミングと呼んでいますが、ＩＢＭの技師は機能配線と呼んでいます。ご覧なさい。作表装置以外の、すべての装置の裾に装着パネルがあるでしょう。ファインマン先生は途方もなく複雑な計算をしようとお考えのようだから、全部の装置でそれぞれ違ったプログラミングをしなくてはならないでしょうね。それからこちらの隅っこにあるのはカード穿孔機。これ以外に分類機、照合機があり、これら全部を総称し、６０１型パンチカードシステムと言います」

「教授、ミッチェル氏が言うには、このシステムはラグランジュ多項式補完を行ない、天体観測に使う微分方程式すべてに対応できるそうですね」

「はい、対応できます。先ほどお渡しした文献をご一読いただき、その上でファインマン先生がやろうとしている計算ができるかどうかご判断ください。ところで些細なことかも知れませんが、このシステムでは誤入力の有無を確認し、そのリストを作成します。これは使ってみなければ、そのありがた味は実感できないでしょうね」

コンピュータ出現以前のこの時代、制御は人がやるから、オペレーティング・システム（ＯＳ）も、ミドルウェアもサブルーチンもコンパイラも存在しない。一つの計算プロセスが終わると、カードは人間によって集められ、次の計算プロセスを続行するため、次の装置に運ばれたから、誤入力リストは運用効率を著しく向上させたのだ。

――――すばらしい！

今やっていることはほとんどＩＢＭ６０１に乗せ変えられる。しかもマーチャント式計算機よりも圧倒的に速く、悩みの種となっていた転記ミスはもちろん、誤入力、誤計算も解消できる。

「そうそう、例の文献で書いておかなかったことがあります。ファインマン先生、あのシステムは塵や埃に弱いのです。どうしてかというと、あのシステムの演算部には電磁継電器（リレー）が使われています。ここを見て下さい」

そう言って教授は乗算装置ほか各種機器の裏蓋をあけた。電磁石がカタカタ鳴っている。

「分かりますか？　このカタカタやっている部分がリレーです。ここに埃が溜まるとたちどころに誤動作する。これらの機器をピューピン講堂のてっぺんに運び込んだのは、観測現場に近い場所に置きたかったこともありますが、それ以上に、埃が舞い上がる地面から遠い場所に設置したかったからです」

一九四四年一月二十八日、ＩＢＭ社は陸軍工兵隊から六セットの６０１型パンチカードシステムを受注し、四月二十日にこれを《私書箱１６６３／サンタフェ》へ納入した。なお、システム本体がロス・アラモス研究所にやって来る前に大量のカード穿孔機、ソースカード収納ラック、そしてプラグボード収納ラックが納品され、加えて二十四名のキーパンチャーが陸軍婦人部隊から新たに特別召集された。この二十四名は、二度打ち穿孔という厳重なチェックを行ない、システム運用の準備に入っている。

さて、ＩＢＭ社は機械をレンタルし、定期的にカスタマー・エンジニア（ＣＥ）というハードウェア技師を派遣し、メンテナンスを行なうというビジネス・モデルを作っていた。しかし、ロス・アラモスの場合、機密上の問題からこのやり方はできない。そこでグローヴス将軍はＩＢＭの技師で、今は陸軍に召集されている者を十五人ほど探し出して工兵隊転属とし、これをロス・アラモスに二十四時間はりつけることにした。だが、ＩＢＭ社員だった兵隊がロス・アラモスに配属される前に、機械の方が先に到着してしまったから、ファインマン博士はじっとしていられなくなった。

以下はベーテ部長の回想。

「ファインマンは何でもやってのけられる男でね。本当に何でもできるんだ。問題のＩＢＭマシンはまだ組み立ててなく、何箱かに分けて配達されて来た。ファインマンは二人の助手に手伝わせてすっかりそれを組み立てた。あとでＩＢＭの技師がやってきて、こんなことはかつてなかったことだ。素人がこれを組み立てたなんて信じられない。しかも完璧の仕上がりだとびっくりしていたよ」

この回想にある通り、ファインマンは梱包を外し、装置本体の他に部品とケーブルの山を床に広げて、実にうれしそうな顔をした。暗号解読と金庫の鍵を開けるという趣味があった博士は添付された回路図と分厚い設定マニュアルを頼りに組立を開始し、技師が到着する前に稼動させていた。

ところでファインマンは、手に入れたエッカート教授の科学技術計算手引書を夢中になって読んだが、「埃に注意」の一言をすっかり忘れてしまった。おかげでロス・アラモス研究所に割り当てたＩＢＭマシンルームは資材を積んだ大型トラックがひっきりなしに行き交い、猛烈な砂ぼこりを巻き上げるバスタブ通りに面して作られたから、リレー誤動作が起きた。このトラブルは、ＩＢＭの技師から厳重注意された後、空気清浄な場所に機器を移設してやっとおさまった。

再びベーテ部長。

「私は新たにT-6グループを作り、ここにＩＢＭの取り扱いを任せた。T-5グループはＩＢＭが導入された以上、本来解散されるべきものだったが、初期トラブルやらこちらが不慣れだったこともあって、かなり長い期間、T-5とT-6は併設だった。ファインマンはあの通りハイ・キャパシティー人間だったから、いろいろな仕事を掛け持ちしていた。それで私は新設のT-6グループをフランケル博士に任せたのだが、この男は本来の仕事をほっぽり出して、ＩＢＭと遊んでおり、アークタンジェントＸの解を自動的に求めようとしている始末だ。そんなものはすでに分かっており、まったく無用の物だというのに、この男は重症のコンピュータ病にかかり、我々が本当に必要なシミュレーション結果を何ひとつ出して来ない。そういう次第で私はフランケル博士がＩＢＭ病から回復するまでの間、ファインマンにＴ-６グループを任せることにしたのだよ」

ベーテ部長が手を焼いたＩＢＭ病は他の科学者たちにも感染し、本業である原爆開発の進捗に障り始めた。このときケチで有名だったグローヴスは、いざと言う時の代替用に準備したワンセットの６０１を「勤務時間外に使用を許す」という条件で、科学者たちの気晴らし用に開放した。これが案外効果的で本来の研究がお留守になることはなくなった。科学者たちは夜、勤務時間外になるとＩＢＭのもとに集まって新しい計算の実験に取りかかり、それがすむとＩＢＭを取り囲んでおしゃべりを始めた。

3　量産型原子爆弾

当初、研究所は四部門体制だったが、設立一年も経つと、次の通り、七部門体制になっている。

①Ｔ部門（理論物理部門／Theoretical Division／部長＝ハンス・ベーテ）
②Ｅ部門（実証実験部門／Experimental Physics Division／部長＝ロバート・バッヒャー）
③Ｃ部門（化学部門／Chemical Division／部長＝ジョゼフ・ケネディー）
④Ｏ部門（兵装部門／Ordnance Division／部長＝ウィリアム・パーソンズ海軍大佐）
⑤Ｇ部門（本体設計グループ／Gadget Division／部長＝チャールズ・クリッチフィールド）
⑥Ｘ部門（爆破グループ／Explosive Division／部長＝ゲオルグ・キスチャコフスキー）

⑦F部門（顧問団グループ／Fermi Division／部長＝エンリコ・フェルミ）

ここまで肥大化したのは、量産型の原子爆弾製造に深刻な赤信号がともったからだ。

核分裂物質として最も期待が大きかったのはウラニウム同位体U２３５であり、この物質を《爆薬》のレベルまで引き上げるには、U２３５の濃縮度を最低でも九十パーセントにしなければならないということが、一九四〇年、パイエルス博士とフリッシュ博士によって次の通り突きとめられていた。

①U２３５が核分裂連鎖反応の暴走を引き起こして爆発するには、U２３５の濃縮度を九十二パーセントにしなければならない。

②また、その場合の臨界量は十五・〇キログラムから四十六・五キログラムの間にある。

③大きさはテニスボールからパイナップル程度。

このため、グローヴス将軍は十一億二千万ドルを投じてテネシー州ノックスビルのオークリッジ・サイトにU２３５を分離濃縮するための《ガス拡散方式K-25プラント》《電磁分離方式Y-12プラント》《熱拡散方式S-50プラント》を建設した。しかしどれほど頑張っても、濃縮度は八十九パーセント以上にはならず、おまけに濃縮度五十パーセントのU２３５も混入されたため、平均八十パーセントになってしまった。だからこの不具合を補正するため臨界量を六十三・九六キログラムとし、これを広島に落としたリトルボーイ原爆の《爆薬》として使用したのだ。

結論を先に言ってしまえば、濃縮ウラン型リトルボーイは失敗作であり、このゆえに、アメリカは二度と濃縮ウランを《爆薬》とした原爆を実戦投入していない。

濃縮不足は具体的に何を引き起こし、失敗に至ったのか？

リトル・ボーイの全体形状は、長さ約三メートル、直径約七十センチだが、注目すべき点は爆弾の内部で、ここに炭化タングステン製の《筒（barrel）》が装着されており、これが大砲の筒（gun barrel）を連想させるためリトルボーイにはガン・バレル型ウラン爆弾という名前がついている。

筒は直径十七センチ、長さ一八〇センチ。この筒の中でいかなる具合に原爆炸裂が起きるのかを簡単に言ってしまえば次の六点に要約できる。

①六十三・九六キログラムの濃縮U２３５の塊を二つに割る。
②筒元の後方にコルダイト起爆装置を置き、その隣に、二つに割った濃縮U２３５の一方を置く。
③筒元の反対側にある筒先にもう一方のU２３５の塊を置き、その向こう隣りに中性子発生装置（アーチン）を固定する。
④コルダイトを発火させ、筒元のU２３５を筒先のU２３５に秒速三〇〇メートルで衝突させる。
⑤二つの塊を一体化させることによって臨界状態にし、同時にアーチンから中性子を放出する。
⑥かくして核分裂連鎖反応の暴走が生まれ、大爆発が起きる。

だが、リトル・ボーイのU２３５は濃縮度平均八十パーセントと低いため、これが《早すぎ爆発（pre-detonation）》という不完全核爆発を招き、その結果、広島に投下された原爆のU２３５はかなりの量が連鎖反応を起こす前に空中散布され、地中に染み込んでしまった。爆発で即死せず、重度の火傷で苦しみながら死んだ人が多数出たのはこのためである。

このほかにU２３５は濃縮度が九十パーセント以上になるとニトログリセリンのような危険きわまりないものとなり、もしもB-29が海上で事故に遭遇して、墜落する場合、搭載原爆は海水に浸かった途端、異常爆発の可能性大という警告が出された。従ってリトルボーイは信頼性設計（フェイルセーフ）という面で兵器としては失格だったのだ。

――ウランが駄目なら、プルトニウムでやろう。

ガン・バレル方式に望みを託していたロス・アラモス研究所は、今度はこの方式とプルトニウムとの組み合わせで《シン・マン（Thin Man／やせっぽち）》というタイプの原爆開発に取りかかったが、これは手もなく挫折した。

その理由はリトルボーイと比較すれば話は早い。

リトルボーイの場合、二つに割った濃縮ウラン同士を秒速三〇〇メートルでぶつけて臨界状態を作ったが、プルトニウムは秒速九〇〇メートルが必要だった。よって筒の仕様は直径六十一センチ、長さ五二〇センチ、重さは三四〇〇キログラム。これを爆弾に仕立て上げれば様々な付帯装置がつくからB-29の爆弾搭載限度九〇七二キログラムを軽くオーバーし、離陸できない。

グローヴス将軍はB-29の搭載量をアップさせるため、エンジン出力などこの爆撃機の改造をボーイング社に迫ろうとしたが、それを始めるまえに致命的なことが判明した。それは大型原子炉で生産される《爆薬》としてのプルトニウム同位体Pu２３９にはどうやっても分離不可能なPu２４０が大量に混入されており、この異物の存在でガン・バレル方式では《早すぎ爆発》が起き、核分裂の暴走が全体に波及せず、まったく破裂しないことが分かったのだ。

シン・マン放棄となったのは一九四四年七月四日というアメリカ独立記念日だったから、報告を受けたブッシュ博士とコナント教授は「この良き日にウラニウムもプルトニウムも使えないという悪い知らせを聞くなんて」と意気消沈してしまったが、いっぽう、めったなことで諦めたりしないグローヴスに背中をどやされたロス・アラモス研究所は、荒唐無稽という理由でボツにした《爆縮方式（implosion method）》というアイデアを、藁をもすがる思いで引っ張り出し、これとプルトニウムを組み合わせようとした。

❖　❖　❖

セス・ネッダーマイヤー博士が発案した《爆縮方式》とはいかなるものか？
それは博士が何かの拍子でオレンジを握りつぶした時に思いついたアイデアだった。つまりピンポン球のように中が空っぽな球体をプルトニウムで作り、この球体を外側から衝撃波で内側に押しつぶして核爆発を起こすというもので、これを爆縮方式という。ガン・バレル方式はじわじわ核分裂連鎖反応が広がるので《早すぎ爆発》が起き、最悪の場合、破裂しない。しかし爆縮方式なら一挙に全体波及するから、理論的にはプルトニウムに最適だった。ただし、この方式による核爆発はプルトニウムで作ったピンポン球が均等かつ同時に押し潰された時のみに起きる。

要するにこのアイデアは頭の体操でしかなく、実体を伴わない物理学の練習問題のようなものだったから、ほとんどの科学者はそっぽを向いた。この時、オッペンハイマー所長だけがこのアイデアにかすかな光明を見ている。それはイギリスの研究者が徹甲弾を開発した際、弾頭の全エネルギーが拡散せず、装甲の一点に集中する方法を編みだしていたからで、その方法が《爆縮レンズ》だった。

レンズと爆薬の取り合わせなど、突飛すぎて、発想についていくのが苦痛になるが、これは光の屈折現象を衝撃波に応用した仕組みで、凸レンズと凹レンズを貼り合わせることによって《広角レンズ》を作り、拡散する光線を再び一点に絞り込むことができるように、《早く到達する火薬》と《遅く到達する火薬》を重ね合わせることによって《爆縮レンズ》を作り、拡散する衝撃波を再び一点に絞り込む。かくして徹甲弾の衝撃波は一点に集中し、戦車であろうと軍艦であろうと串刺しにしてしまうという考え方だった。

オッペンハイマーは徹甲弾と同じように原爆用の爆縮レンズが設計できれば、プルトニウム球体の中心に向かう完全対称・威力抜群の衝撃波が造り出せると洞察し、フォン・ノイマン博士に手紙を書き、爆縮方式についての協力を要請した。その結果、ノイマンはプルトニウム原爆に爆縮方式の適用は実現性ありと証明し、このときノイマンが推奨したプルトニウム原爆本体の形状は切頂二〇面体だった。ちなみに、切頂二〇面体の身近な例は公式サッカーボールだろう。正五角形を十二枚、正六角形を二十枚、合計三十二枚を接ぎあわせ、そこに空気を入れて膨らませる。そうして出来上がった直径二十二センチの切頂二十面体が公式サッカーボール五号となっている。

ノイマンは、原爆本体の切頂二十面体がどれほどの大きさであるべきかまでは言及していないから、これはロス・アラモス研究所の科学者が計算しなければならなかったが、ともあれ、この球体の一番外側に三十二個の《爆縮レンズ》を装着し、これに雷管を取りつけて点火すれば、完全対称形の衝撃波を作ることが出来るとしていた。

余談ながら、ユダヤ系ハンガリー移民ノイマンにフォンの称号がついているのは、大富豪の父親がハプスブルク皇室に巨額の献金をしてフォンの称号を得たからだ。ヒトラーの迫害を回避するためにアメリカへ移住したノイマンは大天才だったかも知れないが、人となりは狂人そのものだった。ノイマンは実に楽しげに「原爆の非人道的な使い道を次から次へと考え出し、それを実行しろと主張した男」として知られており、京都に原爆を投下すべしと執拗に迫っただけでなく、原爆は上空五八〇メートルで破裂させると損害は最大になるから、起爆のタイミングをそのようにセットしろと勧告した。実際、米軍は広島と長崎の上空五八〇メートルで爆発を起こすよう起爆のタイミングをセットし、その通り爆発させた。それからノイマンは、原爆投下と同時に甲高い金属音を発する拡声器爆弾を投下しろと主張した。こうすれば地上にいるすべての一般市民は空を見上げ、原爆の強力な光線でたとえ生き残っても盲目になるからだ。この案はロス・アラモスの兵装部門長パーソンズ海軍大佐に却下されている。後年、ノイマンは《映画／博士の異常な愛情／スタンリー・キューブリック監督》のモデルになった。ノイマンの晩年と死については、紙面を割く価値もないと判断し、記述しない。それからノイマンと双璧をなす邪悪な科学者に水爆の父エドワード・テラーがいる。このロス・アラモスの住人もユダヤ系ハンガリー移民であり、明らかに無差別大量破壊の夢にひたっており、ノイマン同様《博士の異常な愛情》のモデルになった。ちなみに、ロス・アラモス研究所でテラーとオッペンハイマーは水爆を巡って激しく対立したため、これが原因で二人の関係は修復不可能となった。

話をもとに戻そう。

発案者ネッダーマイヤーに代わって爆縮方式の研究を担当したのはX部門長キスチャコフスキー博士である。キスティーというあだ名のゲオルグ・ボグダノヴィッチ・キスチャコフスキーはウクライナの首都キエフに生まれ、ロシア革命ではウランゲリ将軍率いる白衛軍に加わって革命勢力と戦った。その風貌にどこかしら硝煙のオーラがただよっているのは最前線で撃ち合いをした実体験によるものだ。敗戦でこの大学生はトルコに逃れ、そしてドイツに亡命し、ベルリン工科大学で化学の博士号を得、一九二九年にアメリカへ移住した。

単刀直入なしゃべり方をするキスチャコフスキー博士がロス・アラモス研究所に招聘されたのは、この化学者がアメリカでは数少ない爆薬理論と爆発衝撃波の専門家だったからである。

爆縮を研究する上で悩ましい問題は均等で対称形をなす衝撃波が球体の中心に向かって同時に到達しているかどうかの判断だったが、この時、キスチャコフスキーはジュリアン・マック教授の勧告を取り入れて高速度写真機を採用した。強力な防弾ガラスで保護された囲いの外側から爆縮状態を撮影するというアイデアは、実証実験の最終段階で効果をあらわしたが、研究開始当初は実装サイズのプルトニウムが無いから話にならない。

「実装サイズのプルトニウムが無い以上、性根を入れて計算に取り組み、シミュレーションをやりこなさなければならん！」

このキスチャコフスキー発言がきっかけで、一九四四年二月、T-6グループにプログラミングの専門家ミス・ナオミ・リヴシーとミス・エレノア・アーウィングが配属され、この二人がロス・アラモス研究所で要求されるすべての科学技術計算のプログラミングを引き受けた。二人はプラグボード上で信号ケーブルをブリッジし、80欄カードの束をある装置から別の装置へ途切れることなく運んだ。最初のうちはT-5メンバーが複雑なシミュレーション用の方程式を単純な算術式に落とし、作業上のフローチャートを添付してT-6に持って来ていたが、そのうちミス・リヴシーとミス・アーウィングが二人とも数学の修士だと知ると、いきなり方程式とデータが渡されるようになり、しかも計算要求はすべて特急マークがついていたから、二人の時間外勤務はあたりまえになった。

二人の仕事ぶりについては、キスチャコフスキーは当然として、実証実験部門（E部門）のロバート・バッヒャー部長が大絶賛している。それは二人の構築したプログラムのおかげで核分裂臨界量のフィージビリティー・スタディーが可能となり、実証実験の危険性が極小化できたからだった。

実証実験の危険性については少し説明がいる。

E部門に所属するオットー・フリッシュ博士のグループは原爆に搭載する核分裂物質の重量を最終確定するため、ロス・アラモス研究所から遠くはなれた渓谷で臨界実験を行なっていた。

コードネーム《オメガ》という渓谷にひっそりと建てられた木造研究棟に入ると、そこには高さ四メートルあまりの鉄塔がある。石油採掘やぐらを連想させる小さな鉄塔は臨界量測定装置であり、その頂上から小指の太さほどのレールが四本、床に向かって垂直に伸びている。断頭台（ギロチン）という悪趣味なあだ名のこの装置は、頂上に弾頭の形をした一・二キログラムの核分裂物質をつり上げ、レール伝いにその弾頭をギロチンの刃よろしく落下させる。落下した弾頭はちょうど人の腰あたりの位置におかれたドーナツ状の核分裂物質の穴を秒速九・六メートルで突き抜ける。弾頭とドーナツの穴が最も接近した瞬間の発熱量を測定すれば臨界点の近似値が得られるという仕掛けで、四本のレールが弾頭とドーナツの穴の接触を防ぎ、大惨事には至らない。だが、そうは言っても、非常に危険な実験であることに変わりはない。これを見てフェルミは止めさせようとしたし、ファインマンはこの実験を「寝ている龍の尻尾をくすぐる実験」と呼んだ。

ミス・リヴシーとミス・アーウィングの作り上げたプログラムは、それまで気が遠くなるほど繰り返さねばならなかったギロチン実験の回数を極小化したから、バッヒャー部長の大喜びは無理もない。

ところで一九四五年になるとT‐6グループの作業が激増し、二人の手に負えなくなって特別工兵分隊員が大量動員されたが、ここで隊員のやる気のなさが表面化した。ありえない計算結果が続出したのは、「乗算装置に読み込ませるカードを加減算装置に読み込ませる」などの実に単純な操作ミスのせいだった。このやる気のなさはギリシャ神話に登場する《果てしない徒労》、すなわち《シーシュポスの岩》が原因となっており、以下はこれに関するファインマン博士の言である。

「特別工兵分隊の連中は優秀だったが、問題なのは連中が何も知らされていないことだった。IBMの横で連中がさせられたことと言えば、操作指示書に従ってカードを読み込ませ、穿孔機に向かってチンプンカンプンの数字を打ち込むことだった。しかもその数字が何を表しているのかを教える者は誰一人いなかったから、当然、操作ミスの山を築き、仕事はいっこうにはかどらない。そこで僕はこの若者たちにその仕事の意味を教えてやるべきだと主張した。その結果、オッペンハイマー所長がじきじきにグローヴス将軍とかけあい、やっとのことで許可が降り、僕はT‐6の取り組んでいる仕事の内容や目的についてちょっとした講義をした。すると話を聞き終わった若者たちは、すっかり興奮してしまった。仕事の中身がわかったぞ。僕らは戦争に参加しているんだ！　と言うわけさ。今まで何だか分からずに打ち込んでいたただの数字が、急に意味を持ち始めたのだ。結果は見違えるほどの変わりようだった。若者は自発的に能率をもっと向上させる方法まで発明し、仕事の段取りを改善し、夜まで志願して働いた。今や完全に仕事の意味を呑み込んだ若者たちは有効なプログラミングまでするようになった」

一九四五年二月五日、ニッケル・メッキされたグレープ・フルーツほどのプルトニウム半球が二つ、ハンフォード・サイトからロス・アラモス研究所に送られてきた。ファインマン博士はこの半球に手を乗せ、「暖かい！　放射能の温かみだ」という素直な感想を述べている。

兵装用の本格的プルトニウムが届いたことで、ボトルネックとなっていた各種計測が進み、その結果、一九四五年二月二十八日水曜日、爆縮型プルトニウム原爆の設計図が固まった。この原爆のあだ名はファットマン（デブ）。総重量は四・六七二トン。形状は長さ三メートル二十五センチ、直径一メートル五十二センチで、リトルボーイ同様、尾翼がついた砲弾型爆弾だった。

異様にずんぐりむっくりなファットマンという原爆の本体構造はいかなるものか？

非常に大雑把な言い方をするなら、それは次の六つのパーツから成る直径一メートル三十八センチの巨大サッカーボールだった。
①直径〇・五センチのポロニウム球を巨大サッカーボールの中心に置く。
②ポロニウム球を厚さ一センチのベリリウムでくるむ。ポロニウムとベリリウムで形成されたこのパーツを《中性子発生装置》と称する。
③中性子発生装置のまわりを重さ六・一七キロの《プルトニウム同位体Pu２３９》で包む。
④Pu２３９の外側を《中性子反射板／タンパー（tamper）》というパーツで取り囲む。天然ウランを加工して作り上げたタンパーの総重量は三十六キログラム。
⑤その外側に《爆縮レンズ》という超精密パーツを三十二個装着し、これに三十二個の《アルバレス式新型雷管》を取りつける。
⑥すべてのアルバレス雷管には四重の信頼性を確保するため、《気圧信管》《時限信管》《レーダー信

管》《着弾信管》という四種類の信管が接続される。
⑦一番外側をジュラルミン製の軽量板で包み、巨大サッカーボールを形成する。
これがファットマンの内部構造だった。

新型雷管がナノ単位の誤差以内で作動し、均等性と同時性を保証する爆縮レンズによってプルトニウム殻が内側に向かって押し潰される時、《悪がき（アーチン／urchin）》というあだ名の中性子発生装置は激しく中性子を放出する。かくして潰され臨界状態になった六・一七キロのプルトニウム殻は暴走し、大爆発を起こす。この時、タンパーのメイン素材となっている天然ウランはアーチンから放出される中性子をはね返して爆弾の中に抱え込み、効率よく連鎖反応を助けるだろう。

4　原爆は京都に落とせ

マキビン夫人がイーストパレス通り１０９番地の不思議な事務所で二度目のクリスマスを迎えた時、新聞は《バルジの戦い》というドイツ軍の反攻を大きく報道していた。

しかし、サンタフェは別世界の静けさで、加えて、夫人は研究員の受付業務が一段落していたから暇をもてあましていた。つい半年ほど前までは休日返上、残業につぐ残業だったのに、今は、急ぎの仕事があるとすれば、せいぜい新生児にまつわる雑務程度のものだ。事実、ロス・アラモス研究所では相変わらずベビーブームが続いている。

年が明け、「ドイツ軍、反攻失敗」のニュースが紙面に躍った一月二十一日。この日は日曜日とあって、マキビン夫人は一〇九番地の事務所ではなく、オールド・ペコス街の自宅にいる。あたりは例年どおり一面の雪。そして快晴だったから、サンタフェ上空には澄みきった雄大な青空が広がっていた。穏やかな一日が終わり、日没の光を受けて地平線にたなびく雲が真っ赤に染まっている。

夫人が夕食の準備に入った午後五時、電話が鳴った。

「ハロー、マキビンです。おやマンシーさん、どうなさいました。……何ですって？　えッ、日本兵！……パラシュート！」

たまたま用があって一〇九番地の事務所にいた財務責任者マンシーは、日本の危険な風船爆弾が降ってきたというオッペンハイマーからの電話を受け、すぐマキビン夫人に連絡し、速やかに事務所で待機して欲しいと伝えたのだ。夫人は反射的に窓の外をちらりと横目で見、すぐに車で事務所に駆けつけた。

事務所の電話が鳴りっぱなしだったことが物語るように、ロス・アラモス研究所は風船爆弾で浮足立ち、二日間、作業が止まってしまった。

「生まれてこのかた、ずっと同じものを見ていたくせに、警報が出た後、空に光るものを見て、全員が日本兵の神風パラシュートだと思い込んでしまったのです」

戦後、オッペンハイマーはエレノア・ルーズベルトにそう語ったが、風船爆弾と思ったものは金星で、まさしく、正体見たり枯れ尾花だった。

四月十二日、ルーズベルト脳梗塞で急死。四月二十八日、ムッソリーニ処刑。四月三十日、ヒトラー自殺。そして五月八日、カイテル元帥が降伏文書に署名してヨーロッパの砲声は止んだ。

ところで米陸軍情報部隊は、四月二十七日に、バーデン・ヴュルテンブルク州ハイガーロッホにあるワイツゼッカー博士の自宅で、ドイツがこれまでに行なった原子力関連の全記録を押収した。くだんの全記録はドラム缶に密封され、裏庭にある汚水溜めの中に沈められていたのだ。原爆はドイツにまったく存在しなかった。

その一報をヒトラーの自殺報道と同時に聞いたロス・アラモス研究所のエミリオ・セグレ教授は、「もはや原爆は不要になった！」と述べた。ヒトラーは自殺し、ユダヤ人がホロコーストの恐怖に怯えなくてよくなった以上、原爆という邪悪なものは闇に葬ったほうがいい。ユダヤ系イタリア人亡命者セグレはそう思ったのだが、グローヴス少将は即座にこの意見を封殺している。なぜなら、少将はマンハッタン計画をやり遂げ、特別編成のB‐29爆撃機によって原爆を日本に落としたいと望んでいたからだ。であればこそ、四月二十五日水曜日のホワイトハウス会議で《暫定委員会》を立ち上げるにあたり、「日本への原爆投下こそがルーズベルト大統領の遺志だ」と少将はトルーマンに主張したのである。

――それにしても、悠長な……

暫定委員会議長の長官が、あのスローテンポで事を進めるのであれば、せっかく原爆ができあがっても実戦配備に時間がかかり、投下などいつになるか知れたものではない。グローヴスは焦れており、そこで今度は制服組トップのマーシャル参謀総長に協力を求めようとした。

「ミセス・オリリー！　急いでマーシャル将軍の秘書に電話し、アポを取ってくれ。そう明日だ。四月二十六日だよ。面談時間は十五分、いや、十分でいい」

六十五歳のマーシャルは長身痩躯。顔の造りはいささか小ぶりで、そこには同じく小ぶりな双眸が鋭く光を放っている。陸軍大将の位を持つマーシャルには古武士然とした風格があり、飾りっ気のない柔和な笑顔を浮かべ、どんな相手にも折り目正しく接した。しかしマーシャルは、その反面、非常に堅苦しい男で、なれなれしい態度が大きらいと来ており、トルーマンが大統領に昇格した直後、マーシャルと初対面の挨拶を交わした時のエピソードはそれをよく物語っている。

「ジョージと呼んでいいかね」と、トルーマン。

「マーシャル将軍とお呼び下さい、大統領」

ところでこの陸軍制服組トップは原爆をどう思っていたのか？

マーシャルが原爆の存在を知ったのは、ルーズベルト大統領が立ち上げた《最高政策集団》のメンバーに加えられた時だから、グローヴスより遥か前に原爆を知っていたことになる。そして総長は原爆に対しどこかうさん臭いものを感じている。完成するかしないかはフィフティー・フィフティー。完成してもグローヴスやオッペンハイマーがいうほどの威力はないと思っており、明らかに過小評価していた。

四月二十六日、グローヴスは総長室に入ると、原爆についてトルーマン大統領に詳細説明したと語った後、すぐ、次のように切りだしている。

「日本のどこに、どういう形で原爆を投下するか。これを計画立案する時期に来たと思います。つきましては参謀本部作戦部のメンバーを数人指名していただけないでしょうか」

マーシャルはちょっと考えていたが、すぐ、次のように答えた。

「私は原爆の情報にこれ以上多くの人間を近寄らせたくない。作戦部の人間に頼らず、君だけの判断で計画立案ができないのかな？　何かわけでもあるのかね？」

マーシャルは冷淡だったがグローヴスは了解し、自分がこれを立案すると答え、翌日、四月二十七日、第一回目の標的委員会を召集した。

委員会メンバーは軍人六名、科学者十一名、計十七名で構成されており、詳細は、グローヴス工兵隊少将、パーソンズ海軍大佐、ファレル工兵隊准将、ゼーマン空軍大佐、フィッシャー空軍大佐、デリー空軍少佐、スターンズ博士、ラムゼイ博士、デニソン博士、フォン・ノイマン博士、ラウリツェン博士、ウィルソン博士、トールマン博士、ペニー博士、ベーテ博士、ブロード博士、オッペンハイマー所長となっている。

そしてこのメンバーが書き上げた成果物こそがＡ４サイズ七頁の「原爆投下に関わる標的勧告書」だっ

た。

　さて、十一項から成るこの文献の第一項には《最大の破壊をもたらすための爆発高度》という忌まわしい文言が並んでおり、ここには「爆撃機から投下した原爆を高度七三〇メートルから五一〇メートルの間で爆発させれば、地域住民に与える損害を最大化できる。なお最も効果的な高度は五八〇メートルであることが望ましい」と記述されている。

　委員会メンバーの中の科学者十一名は、自分たちが何をしているのか無頓着であるだけでなく、自分たちの研究成果を見たいということに心を奪われており、「まさかこういうものを人の上に落とすとは思ってもみなかった」という考えはどこかに吹っ飛んでいる。確かに中には「日本人に避難する時間を与えるため、投下場所を事前通知して警告してはどうか」と提言する科学者もいたが、怒り狂った軍人に「そんなことをすれば、ジャップは総力をあげて神風攻撃をかけて来るぞ。あんたはそのB-29に乗って投下地点に行くことができるかね？」と口汚くののしり倒され、沈黙した。

　最終的に委員会メンバーは皇居を含む六つの原爆投下候補地を選び出し、そして次に投下候補地を《京都》《広島》《横浜》《小倉》の四都市に絞り、この中から三つを選び出すよう勧告しているが、これは八月時点で実戦配備可能な原爆の数を三発と予定していたからだった。標的委員十七名が練り上げた生々しい《勧告書》は、署名された後、「次回標的委員会の会合は五月二十八日、ペンタゴン内４Ｅ２００会議室にて午前九時開始」と記されてピリオドが打たれ、正本ほか二通のコピーが取られ、正本はグローヴス少将、コピーはパーソンズ海軍大佐とオッペンハイマー所長がそれぞれ保管することになった。

　以下は標的委員会が作り上げた勧告書の十一項目の目次である。
　①原爆の破壊力が最大になるための爆発高度
②原爆投下作戦上の天候問題

③原爆の投下タイミングと着弾について
④原爆投下標的都市のランキング
⑤日本人に与える心理的影響
⑥原爆を実戦使用する場合の軍事目的
⑦原爆を投下する爆撃機の放射線被害
⑧空軍作戦遂行上の通常爆弾と原爆の連携
⑨原爆投下リハーサル／⑩爆撃機の安全飛行
⑪標的委員会が作成した勧告書の取扱

この勧告書全体を通読すると、アメリカ側は「原爆投下は、目視確認を前提とする白昼爆撃であること」と定めており、曖昧な着弾観測を絶対に認めていないが、それとは別に、「天候の急変で爆撃機が原爆を投下できず、原爆を抱えたまま帰投し、着陸失敗で大爆発になることを何よりも恐れていた」という事実が浮かびあがって来る。ともあれ、被爆国となった日本人にとって、この勧告書の中の見逃せない項目は《④原爆投下標的のランキング》と《⑤日本人に与える心理的衝撃》という二つであり、この部分は次の通り、抜き取り記載する。

■原爆を投下する標的都市のランキング

スターンズ博士は原爆投下の標的を設定するにあたり次の三つを前提条件とした。
①標的は直径四・八三キロメートル（三マイル）以上の市街地であること。
②標的は爆風によるダメージが最大となる盆地状の場所であること。
③標的は来る八月まで空襲を受けたことがない無傷の場所であること。

スターンズ博士はこの前提条件に見あう五つの投下標的をリストアップし、空軍に対しては、何か特段の出来事が起きない限り、これら五つの都市を無傷のまま原爆投下のために残しておくことを勧告した。

★標的目標／その一……京都（標的優先度ランキングＡＡ）

京都は人口一〇〇万人の工業都市であり、かつ市中いたる所に小さな軍需工場が多数存在している。また、すでに爆撃された京都周辺都市の罹災工業設備と多数の避難民がこの地に流入している。京都は原爆の破壊力を正確に測定するための十分な広さを持っているので、この地に原爆を投下することにより、今後、アメリカにとって有益な調査結果が得られる。

京都はかつての日本の首都であり、日本の知的創造力の中心である。日本人の心を打ち砕くという心理的な観点からしても、この都市に原爆を投下し、その破壊力の効果を余すところなく誇示するのに最適である。よって、京都の優先度ランキングはＡＡとした。

★標的目標／その二……広島（標的優先度ランキングＡＡ）

広島は、市の中心部に重工業施設の大部分が存在する巨大な工業都市であり、かつ、この都市には大規模な陸軍貯蔵庫とそれら軍需品を積み出す宇品港という日本陸海軍の輸送船団集合地がある。また、この地には二万五〇〇〇の兵力を擁する第二総軍司令部があり、かつ、市の東側には鉄道操車場と陸軍補給廠が存在する。

広島は、市内に川が流れているため、これによって火の燃え広がりがストップするかも知れず、これが唯一の難点である。広島は盆地ではないが、岡が近くまで迫っているため、原爆の破壊力が拡散しない。そのため、激甚な爆風損害を市全体に与えるだろう。よって、広島の優先度ランキングはＡＡとした。

★標的目標／その三……横浜（標的優先度ランキングＡ）

横浜は今まで一度も爆撃されたことのない工業都市である。横浜には航空機製造工場、各種工作機械製造工場、電気機械製造工場、造船工場、精油化学工場が密集している。横浜は京都と同様、すでに爆撃された周辺都市の罹災工業設備と多数の避難民が横浜に流入している。

横浜は巨大な工業地帯を抱え、同じく巨大な港湾設備を抱える水域に面している。このため、横浜を失えば、日本に与える喪失感は大きい。日本はこのことを承知しているため、横浜には厳重な対空砲陣地が敷かれている。

京都あるいは広島を目指して出撃した原爆搭載機が、天候の急変によって投下目標を変更しなくてはならない場合の標的として横浜は都合のいい目標である。よって、横浜の標的優先度ランキングはAとした。

★標的目標／その四……小倉（標的優先度ランキングA）

小倉には七十六万二五〇〇平方メートル（縦一二五〇メートル、横六一〇メートル）という日本最大の造兵廠が存在する。この造兵廠は歩兵銃、高射砲、弾薬、橋頭堡構築用具などを供給し、周辺には鉄道操車場、機械工場、発電所が存在する。原爆を小倉造兵廠に向けて効果的に投下すれば、原爆の真下にある堅牢な建物が吹き飛ぶだけでなく、周辺にある脆弱構造の家屋も巨大な爆風をともなう原爆の破壊力で吹き飛ばすことができる。よって、小倉の標的優先度ランキングはAとした。

★標的目標／その五……新潟（標的優先度ランキングB）

新潟は本州北西部にある日本海側に面した重要な港湾都市である。本州にある他の港湾都市が爆撃された今、新潟は石油タンカーの終着港となっている。そして新潟は、日本工業が疎開分散を諮った移動先としてその重要性は増加している。新潟港周辺には工作機械生産工場、アルミニウム精錬工場、巨大鉄工所、精油工場があるほか、石油備蓄タンクが多数存在する。よって、新潟の標的優先度ランキングはBとした。

★標的目標／その六……皇居（留保）

スターンズ博士は皇居への原爆投下を議論の対象に上げた。合意に達したものは二つある。

①標的委員会は皇居への原爆投下を留保する。

②標的委員会は、皇居への原爆投下はハイレベルな軍事政策当局の専権事項として決定すべきものとする。ハイレベルの決定があった場合、標的委員会は皇居に原爆を投下するにあたり、有効破壊のため、皇居が目標物として適しているかどうか、さらに多くの情報を得なければならない。

上記検討をへて、標的委員会は《京都》《広島》《横浜》《小倉》を原爆投下候補地とし、《新潟》と《皇居》は候補から外した。さらに、スターンズ博士は以下五項目について同意した。

①原爆投下標的都市ランキングについての勧告書への記述はフィッシャー空軍大佐の書いたメモをベースに記載すること。

②標的都市ランキングの設定には前提条件が存在すること。

③標的都市の重要工業施設についてはより精確な位置を求めること。

④標的都市についてより多くの写真情報を獲得すること。

⑤標的都市の中にある建物の種類、建ぺい率、間取り、屋根の形状を測定すること。

これに加え、スターンズ博士はその時々刻々替わる情報を取り入れることに同意した。そして博士は、委員会メンバーが新たな原爆投下候補地を提起した場合も、充分に検討を加え、自身の見解を述べることに同意した。さらに博士は小規模の軍事的目標の検討、および、皇居についてのより精密な情報精査も引き続き検討することに同意した。

■選択した標的に原爆を投下した時の日本人に与える心理的要因
投下標的を選定する上で心理的な要因が非常に重要であると合意された。

原爆投下の心理的な側面には二つがある。
①日本人全員にこれ以上抵抗しても無駄だと思わせるよう圧倒的な心理的効果を与えること。
②原爆が世界で最初に使われた時、その報道が全世界に轟き渡るよう、視覚的、劇的な効果を考慮すること。

京都は心理的な二つの側面を完璧にかなえる願ってもない場所であり、原爆の破壊力を全世界に見せつける上でもこれ以上の場所は思いつかない。また、広島は大きからず小さからず、絶好の地形をなしている。広島の中心地に向かって岡が迫っているため爆風は効率よく破壊波となっていかなる堅牢な建物もこなごなに粉砕する。東京にある皇居は他の工業地帯のような軍事戦略上の価値はないが、それを上回る心理的な価値がある。

❖　❖　❖

五月三十日水曜日午前九時二十分、グローヴス少将の机上にある電話が鳴り、受話器の向こうからオリリー少佐（秘書）の少し緊張した声が聞こえた。

「スティムソン長官室へ今すぐ来るように、とのご命令です」

「今、命令と言ったかね、ミセス・オリリー」

「はい、命令と申しあげました。それと《今すぐ！》という言葉を繰り返し言っておられました。えッ？

……違います。秘書のかたではありません。電話をかけて来られたのは陸軍省筆頭顧問ミスター・バンディーです」

スティムソンは穏やかな紳士だったから、このようなうむを言わせぬ切迫した呼び出しは珍しい。

グローヴスがスティムソンの執務室に入ると、長官は開口一番、「将軍、君の標的委員会が作成した勧告書を見せてもらいたい。原爆投下作戦と投下候補都市リストが記載されている勧告書だよ」と言った。

――どこから、そういうことを聞きつけたのか？

一瞬、そう考えながら、グローヴスは「勧告書は軍事作戦に属する事項ですから、まずマーシャル参謀総長と検討した上で長官にご覧いただこうと思っております」と言った。

グローヴスは言葉遣いに注意し、否定語が入らないよう配慮したが、長官は「将軍、私はいま拝見させてもらいたいのだよ、その資料をね」と、明らかにいらだった様子だった。グローヴスはいくらか時間がかかるという口実で引き延ばしをはかり、見せずに済まそうとねばったが、これは下手な小細工だった。長官は腹立たしげに将軍を見据えると、「私は、午前中は暇だ。この部屋にずっといる。ついては将軍、目の前のこの電話を取り、ペンタゴンという同じ建屋の中にいる君の副官に勧告書を持参するよう命じてもらいたい。それとも副官への電話は私にかけさせるつもりかね」とたたみかけてきた。

勧告書が来た。書類からはジアゾ式のコピー機でたった今複写されたばかりだと言わんばかりの独特な臭いがただよって来る。長官はその強い刺激臭を気にも止めず、最初に勧告書を作成したメンバーを確認。そして十一項目の目次を読んだ後、ざっと各論部分に目を通している。ややあって長官は勧告書から目を上げ、きっぱりとした口調で次のように告げた。

「分かりやすい目次が並んでおり、なかなか興味深い。中身は後でじっくり読ませてもらう。それはそれとして、京都、広島、横浜、小倉という原爆の標的都市だが、私は、京都は承認しない」

「京都をＡＡという絶好の目標とした理由についての記述をご一読いただければ、お気持ちは変わると存じます」

「絶対に変わらない。ところで君は、この標的勧告書によれば、京都、広島、横浜、小倉に原爆を投下しようとしておるようだが、横浜はすでに大空襲を受けて、早くも原爆投下の条件から外れてしまったな。ともかく京都は承認しない。いかなる理由があろうとも絶対に私の心は変わらない。京都は日本のいにしえの首都であり、歴史的な由緒ある都市であり、日本人にとっては偉大な宗教的重要性を持つ心のふるさとである。それら無数の貴重な文化財を原爆の高熱で灰にし、爆風で吹っ飛ばしてしまうことはアメリカの戦後政策を考える上でマイナスである。そういうことを君は分かっているのかね？」

グローヴスは無表情を通した。せせら笑いが顔のおもてに出なかったのはウェストポイント教育の賜物だろう。しかし、いずれにせよ、グローヴスにはスティムソン長官の考えを分かろうとする気持ちはない。

――――長官はかつてフィリピン総督時代に京都を訪れたことがある。

そのとき長官は京都の典雅な文化に心を打たれ、それが尾を引いているだけのことだ。

このように考えたグローヴスは反撃に出た。

「長官、京都は雅な古都である前に、人口百万人以上の大都市です。その規模の日本の大都市は、たとえそこに工場がほとんど無いにしても、巨大な軍需品供給に寄与していると考えねばなりません。ご承知とは存じますが、日本経済は小規模な家内工業に大きく依存しており、これら小工場群は途方もない量の軍事物資を生産していますぞ！」

「私は、京都は承認しない。政策という観点から軍事作戦を眺めることができるマーシャル参謀総長も私と同じ考えを持つだろう」

「長官、京都は、はっきり分かっている工場地域だけで四・四平方キロメートルあり、それ以外の工業地域らしい不明瞭なエリアを含めると二十八平方キロメートルになります。京都の家内工業は軍需品生産に転換されており、工作機械、精密兵器、航空機部品、対空機銃用のレーダー射撃装置ならびに高射砲用の従動照準装置を生産中です」

「将軍、君の言う二十八平方キロメートルの中には御所、離宮、そして数々の寺社仏閣が含まれている。繰り返すが京都は承認しない！」

長官はそう言って会話を打ち切ると、即座に勧告書を持ち、グローヴスをうながしてペンタゴン内にある参謀総長の執務室に向かった。

猫背のスティムソンは見るからに年寄りだった。変形性膝関節症だった長官は杖にすがってよたよた歩いたが、マーシャルの執務室に入ると、秘書が案内しようとするのを押しとどめ、みずからドアをノックし、室内に入った。マーシャルは心もち何ごとかなという表情を浮かべたが、応接テーブルにうながすと、そのままスティムソンの言うことを黙って聞いていた。長官は参謀総長に「京都は承認しない」と述べ、次に、「標的はアメリカがこれからその席に着く歴史的な地位を考慮して決定されねばならないし、この地位を不利に導くような行為は極力さけるべきだ。京都には千数百年の長い歴史があり、数多くの価値ある日本の文化財が存在する。原爆を投下してこれらを破壊してしまうならば、戦後、我々は日本国民から解消不能の大きな反感をかうだろう」とやや早口に語った。

グローヴスは回想録でこのときの様子を次のように語っている。

「参謀総長は長官の意見に反対するでもなく、さりとて、別の意見を積極的に表明することもしなかった。総長はいきなり長官にやって来られ、唐突に『京都は駄目だ！』と言われたから、何か妙な問題に巻き込まれたかなと思っているようだったが、しかし、そのことについて不快感を覚えている様子はなかった。総長は原爆投下の目標について、大局的にはあまり重要な問題ではないと見ているようであり、また、投下そのものに興味が無いようだった。結局この日、マーシャル参謀総長はスティムソン長官の『京都に原爆はノー！』という意見を拝聴するだけでお開きにしてしまった」

❖　　❖　　❖

日本を屈伏させる上で原爆をどのように使用するべきか。

スティムソン長官を議長とする暫定委員会の仕事はこの問題への勧告書を作り出すことだったから、グローヴスの標的委員会は勇み足だと見られ、スティムソン長官に睨まれても不思議はない。

しかし、いかにスパイの注意を引かないためとは言え、《暫定》という会議のネーミングは、いかにも投げやりで、意味不明だったから拍子抜けの感は否めない。ともあれスティムソンは、五月九日、暫定委員会の初回会合を開き、かれこれ八回ほどの討議を消化した上で「五月三十一日と六月一日、二日間かけてこの問題を集中討議し、勧告書の完成版を作り上げる」と通達した。

そこで五月三十一日。

午前十時から始まったこの日の会議は重要な節目とあって、出席者はスティムソン長官を含む委員八名、オッペンハイマー所長を含む科学者顧問団四名、そしてマーシャル参謀総長を含む審議員四名というフルメンバーとなった。

会議冒頭、「私とマーシャル参謀総長は大統領に対しマンハッタン計画の成果について勧告責任を負っている」と始めたスティムソン演説は、日本本土への原爆投下を正当化するためかなり長く、そしてやたらと抽象的だった。ある人はこうと思ったら梃子(てこ)でも動かないスティムソンの一徹気質を指して、「疵(きず)がついたレコード盤の溝をなぞって何度も何度も同じメロディーを繰り返すレコード針のようだった」と評したが、それを裏書きするように、スティムソンは「原爆投下はアメリカ軍将兵の、そして日本人の、そして世界の人々の戦争による犠牲を最小限に押さえて平和を回復する措置だ」という虚しい神話作りに向かって精力的に動いている。

この日、スティムソン長官は次の言葉で冒頭演説を終えた。

「原子力はきたるべき世界の平和を担保するために厳しく管理されなければならない。さもなければ原子力は人類の文明を破壊する脅威になるだろう。従って暫定委員会は、①兵器としての将来像、②国際競争の将来像、③調査研究の将来像、④管理監督の将来像、⑤平和利用の将来像、という五点について深く議論して欲しい」

ところで最初の意見対立は《情報共有》で、これが俎上にあがったのは科学者顧問団の一人ローレンス教授がいとも軽やかに「アメリカの持つ原子力関連知識を世界中の科学者と共有したい」と述べたことがきっかけだった。するとスティムソン長官は情報共有と原子力の平和利用問題に話題を転じ、これに応ずる形でオッペンハイマー教授が思うところを述べた。

「マンハッタン計画は原子力という新しい未知の扉をほんの少し開いたに過ぎません。原子力についての基礎知識はすでに世界中に広まっており、少なくともこのレベルの知識を極秘扱いにする必要性はないのです。原子力開発におけるあらゆる努力の目的は人類の福祉向上にあるべきであり、原子力平和利用に関する情報の共有化をアメリカが率先して提唱するならば、アメリカの道徳的地位は極めて強化されるでしょう」

オッペンハイマーはこの会議で平和の大安売りをはじめた。他ならぬ自分が地上のあらゆるものを焼き尽くして、風に舞う灰にしようとしているのだという自覚はとっくの昔に吹っ飛んでいる。そういうところがオッペンハイマーらしいところだったが、実のところマンハッタン計画の秘密はスパイの手でごっそりクレムリンに持ち出されており、そんなことになっているとは思ってもいないスティムソン長官だったから、「平和利用に特化した情報共有にはどのような管理と査察が有効だと思いますか？　つまりソ連のような独裁国家と、どう折り合いをつけるかですが」と大まじめで訊いている。

この時、別の委員から「ソ連を相手に管理や査察なんてうまくいくはずがない。やつらは必ず嘘をついて出し抜こうとするだろう。情報共有なんて危険すぎる！」と言う声があがった。

この声に対しオッペンハイマーは熱弁をふるっている。

「ソ連が査察を含む協定締結に応ずるかどうかはわかりません。また、ソ連が核兵器開発にチャレンジしているのかいないのか。これもわかりません。しかしソ連が変なやつだと勝手に思い込むべきではない」

この瞬間、オッペンハイマーの理解者を任じていたグローヴスは著しく気分を害し、そっぽを向いてしまい、バーンズは軽蔑しきった顔で立ち上がり、洗面所へ行ってしまった。

「原爆を形成するウラン濃縮技術やプルトニウム生成技術、そして爆縮ノウハウ他の武器転用技術は伏せ、それ以外の平和利用に供すべき新発見のみを共有してはいかがでしょうか？　アメリカがこれから原子力平和利用のために大きな努力を払わねばならないとすれば、ソ連を含む全世界に対し、平和利用分野での情報共有を呼びかけてはいかがでしょうか？」

ここでオッペンハイマーは、次の通り、かなりひどいヘマをやった。

「私は科学者間の友好的な協調精神が管理査察問題を大きく前進させると思います。マンハッタン計画のような事業はそれほど長く秘密にしておけるものではないし、原爆の生産メカニズムはすぐにソ連の科学者に知れ渡るだろうと思っています。ソ連は科学面で常に友好的だから、むしろこちらから原爆の存在を伝え、これを友好関係強化のための交渉材料とする方が得策ではないでしょうか？」

これを聞いて大統領の黒幕バーンズは鋭い目つきになった。

「調子に乗ってもらっては困るな、先生。得策かどうかを考えるのは政治家の役目で、あんたの仕事ではないよ」と言った。すごんで見せる演技の完成度はプロの恐喝屋と五十歩百歩のバーンズだったから、その瞬間、オッペンハイマーは空気を抜かれた風船のようにしぼんでいる。

バーンズは引き続き荒々しい言葉でオッペンハイマーを難詰し、こうすることによって、スティムソンやマーシャルと言った宥和派を強烈に牽制したのだが、その根底にあるものは、原爆をアメリカ外交最大の武器に仕立て上げることだった。バーンズは原子力と名のつくいかなるものも公表を絶対反対し、ソ連に開示するなどもってのほかという流れを作り、最後に次の言葉をぶつけて原子力の国際管理という構想に引導を渡した。

「我々がスターリンを相手に情報共有を持ちかけたとしよう。それがどのようなほのめかし情報であっても、スターリンは、今度はほのめかしというスプーン一匙の情報では満足せず、本格的な関与を要求するだろう。それから諸君、忘れてならないのはイギリスとアメリカが締結したケベック条約だよ。あれが生きているかぎり、例えばソ連と原子力情報を共有することは出来ないよ。我々がやらなければならないことは、原子力についてアメリカが最先端の地位に留まり続け、他の国を見下し続けられるようあらゆる努力をすることだ」

委員会は午後一時十五分から午後二時十五分までランチ・タイムだった。

食事中、原爆を日本へ投下することに反対していたローレンス教授は「日本の速やかな降伏をうながすためとは言え、本当に原爆を日本人の頭上に落とさねばならないのだろうか」と問題を提起し、これについてグローヴスやオッペンハイマーと話を始めた。

当然ながらこの会話にスティムソン長官は耳をそばだてている。

「日本の捕虜に原爆実験を見せ、本国に送還して戦争継続を諦めさせるという方法はナンセンスだと言われたことがありますが、どう思います？」と、ローレンス。

「日本人捕虜が帰国して何をどう報告しようと無駄だね。日本人にとって捕虜は軽蔑の対象なのだよ」と、グローヴス。

「私は日本近海の無人島に原爆を落とせば、日本人はショックを受け、戦争継続を諦めるのではないかと考えましたが、これもまったく効果がないと論破されてしまいましたよ」と、コンプトン。

「そういうものを見せれば日本人は地下にもぐり、原爆をやり過ごし、徹底抗戦の道を歩むだろう。そう言ってやり込められたのでしょう？　沖縄でも硫黄島でもそうだったからね」と、グローヴス。

「投下場所に予告ビラをまいて、犠牲者を減らすという手はどうかな？」と、ローレンス。

ここでオッペンハイマーが割って入った。

「原爆投下に大抜擢されたティベッツ中佐の言ですが、……そう、B-29の機長です。あれほどの猛者がビラまきは絶対反対だと言ってましたよ」

原爆投下用に特別設計したシルバープレート型というB-29は、原爆という重い爆弾を運ぶため徹底的に装備品を削り、軽量化をはかった。だから迎撃用の機銃は機体最後尾の一門のみ。護衛戦闘機もつかず、編隊は組まず、唯一の強みは高高度飛行だけだ。したがって、ここに原爆を落とすぞとビラなどまけば、いくら兵力払底の日本でもゼロ戦をその空域に集め、死に物狂いで体当たりをかける。原爆投下は失敗し、シルバープレートB-29は日本人パイロットの道連れにされて終わるからだ。

こういう具合に次から次へと「ノー」の理由が出て、「原爆を落とす」という日本人への事前通告案は葬り去られ、「無警告の奇襲爆撃」となっている。

昼食後、会議開始と同時にスティムソン長官は、「原爆投下は日本人の戦闘意欲にいかなる影響を与えるか。首尾よく日本人の闘争本能を削ぐことができるか」について検討を要求した。それはアーネソン中尉が書いた五月三十一日付け議事録の《⑧項／原爆投下と日本人の戦意》にオッペンハイマーとバーンズの問答という形で検討結果が記載されている。

オッペンハイマー「通常爆弾と原爆の比較はこれから実施する爆発実験によって明らかになるでしょう。ともかく、視覚的効果は比較になりません。原爆が破裂すれば高度三千メートルから六千メートルに届く猛烈な閃光が起き、中性子による放射線殺傷力によって少なくとも直径三キロメートルから二キロメートル以内の生命は致命的な打撃をこうむります。これほど壮観で威嚇効果のある示威方法はありません」

「しかし、誰もそれを見たことがない」とバーンズ。

トルーマン大統領を操り人形にしている黒幕の腹の内は「何がなんでも日本人を原爆のモルモットにしなくてはならない」という点で一貫している。すなわち日本人を原爆投下という見せしめ刑とすることによってソ連を震え上がらせ、共産勢力の脅威を押さえ込む。これしかないとバーンズは考えていた。

「実験はいつになるのかね、グローヴス将軍。私は首尾よくそれが炸裂したという報告を聞かなければ安心できんね」と、バーンズ。

「七月から八月にかけて実施します」

「八月など論外だよ。七月上旬だ。それよりちょっとでも後になるようなら国益を大きく損なうことになる。二十億ドルの国費投入に対し帳尻は合わず、聴聞会で君は生きていたくないと思うほど不幸な目にあうのだよ、将軍」

バーンズが原爆の実証実験を急ぐ理由は開催七月十六日と決まったポツダム会談だった。ここで外交的にソ連を押し返しておくためには、何としても開催前日までに実験の成否をはっきりさせておく必要があったのだ。

「おまかせを。国益にかなう日までに原爆が破裂することを実証します」と、グローヴス。

実験日が早められ、この精神的重圧でオッペンハイマーは七月の声を聞いたとき水疱瘡を患い、身長一八〇センチの体重は五十三キロになった。
なお、この日の会議が終了した時、スティムソン長官はオッペンハイマー、ローレンス、フェルミ、コンプトンの科学顧問団に対し、もう一度じっくり腰を据え、奇襲爆撃以外の効果的なプランが考案できるか否か、原爆を日本人の頭上に落とさず戦争を終わらせられるような示威行動が取れるか否かの答申書を出せと要請した。これはランチ・タイムの席での科学者たちの雑談を聞き捨てにしなかった長官の慎重な姿勢によるもので、科学者四名は、六月十六日に《原子力兵器の即時使用に関する勧告書》という回答書を提出した。その内容は「私たち科学者顧問団は、戦争に終止符を打つ効果的な示威方法を提案することができません。私たちは無警告爆撃以外の代案を思いつくことができません」というもので、ここに日本本土への原爆投下に向かって科学者の無責任な一歩がしるされた。

❖　❖　❖

翌六月一日、暫定委員会の最終日は午前十一時から始まり、間にランチ・タイムをはさんで、午後三時三十分に終わった。この日、オッペンハイマーを含む四人の科学者顧問は欠席で、その代わり以下四人の財界人が招かれている。
・デュポン社／社長ウォルター・カーペンター
・ウェスチングハウス社／社長ジョージ・バッヒャー
・ユニオン・カーバイド社／副社長ジェームズ・ラフェルティー
・テネシー・イーストマン社／社長ジェームズ・ホワイト

この日のメインテーマは冒頭のスティムソン発言がよく示している。長官はマンハッタン計画の遂行にあたり代表四社に対し、その貢献を賞賛し、感謝した後、「他の国が原爆製造でアメリカに追いつくにはどれほどの時間がかかるだろうか」と問いかけた。

最初に応じたのはカーペンター社長である。

「デュポン社はハンフォード・サイトでの巨大原子炉プラントならびにプルトニウム生成プラントを軌道に乗せるまでに二年三カ月を必要としました。また、これに従事する単純労働者を除く専門家の数は一万人から一万五千人です。もしも同じことをロシアがやるとするなら、私は最短でも四年から五年かかると見ています。ロシアの最も大きな困難は専門家および生産設備の絶対的な不足でしょう。ロシアがシーメンス社あるいはＩＧ・ファルベンインドゥストリー社の持つ人材と工場設備を接収できなければ、ハンフォード・サイトで実現したようなプラントの安定稼働はむずかしく、アメリカに追いつく期間はさらに長期化するでしょう」

次に発言したのはテネシー・イーストマンのホワイト社長だった。

「オークリッジ・サイトのウラン分離濃縮を支える複合工業技術はアメリカが突出しており、ロシアが独自に開発してこれをやり遂げようとするなら、アメリカに追いつくのにどれほどの時間がかかるか想像もつきません。あのカルトロン電磁分離工場では五千人以上の熟練技術者が特殊装置の運用にたずさわっています。また単純作業についても就業訓練所を設立し、そこで徹底した疑似体験研修をほどこしました」

次はユニオン・カーバイドのラフェルティー副社長。

「ロシアの潜在力がどれほどのものであるか定かではありませんが、それぞれの分野の労働者レベルにはばらつきがあり、平均習熟度が低くなっていることは明らかで、アメリカとの致命的な格差になるものと思います」

ウェスチングハウスのバッヒャー社長は「ロシアは恐らくドイツの資源、科学者および専門家を徴発するでしょう。それが非常に順調に進めば、あるいは九カ月程度でロシアはウラニウム電磁分離プラントのテスト版を造り出すことができるかも知れません。しかし本格的な装置での運用ができるまでに合計三年はかかるでしょう。オークリッジ・サイトで、ウラニウムを九十パーセント以上のレベルにまで分離濃縮するには非常に複雑なプラントを合体させて完成の域に到達させたのです。これら試行錯誤によるロスタイムを勘案すると、本格的な生産段階に至るには、さらに十八カ月を要するでしょう。ロシアにはさまざまなアメリカ兵器のパクリがあるそうですが、ロシアにとっての難関は一つの工業製品を完成させるまでに支払った失敗体験がないことです。つまり工業プラントとは作り上げるまでの過程が重要であって、パクリでは永久に追いつかないのです」

このあと、話題は戦後の原子力産業に移った。カーペンター社長はデュポン社がこの分野から撤退すると述べ、産軍一体体制の必要性に言及し、政府は基礎研究に対する国費投入を惜しんではならないと語り、それが終わると四人の代表は退出した。

暫定委員会最終日（六月一日）の後半は、陸軍長官代理ハリソンの執務室で午後二時十五分から午後三時三〇分まで続けられ、この時、バーンズはスティムソンの背中を押し、原爆の使用についての勧告書（最終版）を書き上げ、確定させた。それは「最も望ましい原爆の標的は多数の労働者家族が住む居住区を包含した工業地帯である」というコナント総長（ハーバード大学）の発言を下敷きにする次の五点を骨子とした勧告書だった。

①原爆はできるだけ早く日本本土に投下する。
②原爆は労働者の家族が住む一般住宅に囲まれた軍需工場を標的とする。
③できるかぎり多数の住民に深甚な心理的効果を与える目標を選定する。

④日本に対して原爆投下の事前警告は与えない。
⑤投下標的の最終選定は太平洋戦略航空軍司令官カール・スパーツ大将に委ねられる。
これは六月六日（午前十時十五分から午前十時三十分）、スティムソン長官からトルーマン大統領へ上申されたが、そもそもバーンズが承認した勧告書だったから、上申自体とんだ茶番ということになる。事実、トルーマンは「ミスター・バーンズから詳しく聞いている。私はそれでＯＫだ」と長官に告げ、わずか十五分で原爆投下は決定した。原爆標的リストもこの時トルーマンに提出され、目標は広島、小倉、新潟に決定した。京都は原爆対象から外れたが、通常爆弾による空襲もこの時に禁止されている。

❖　❖　❖

六月十八日（午後三時三十分～午後四時三十分）、対日最終戦略会議が大統領執務室で開かれ、オリンピック作戦という九州進攻作戦が正式に承認されており、骨子は次の通りで、原爆についての言及は無い。
①日本本土強襲のための地上兵力は三十六個師団、一五三万二〇〇〇人。
②九州進攻開始期日は十一月一日とする。
③関東平野を含む日本中心部への侵攻は一九四六年三月一日を開始予定日とする。
この時の出席者は、トルーマン大統領、マーシャル参謀総長、フォレスタル海軍長官、スティムソン陸軍長官、キング提督、レイヒー提督、マクファーランド准将、マクロイ陸軍省次官補、エイカー空軍少将の九名。

一時間の討議の後、この会議の終了に際しトルーマンは次のように述べた。

「私は、十一月一日に開始する九州進攻計画を承認する。なお、具体的なアクション・プランについては後日決定としたい」

後日決定とは原爆投下と、それに先立つ降伏勧告に含みを持たせたもので、事実、この日、「原爆」という言葉はまったく出現していない。また、トルーマン発言を補足するスティムソン長官の発言も、この人らしい実に婉曲な言い回しだった。すなわち長官は、「私はオリンピック作戦に同意する。しかし、私は何か他の方法によって有終の美を収めたいと願っている」と述べた。有終の美とは原爆投下をせず、降伏勧告によって戦争終結を目指す方法である。

話は前後するが、ここで唐突にあらわれた《降伏勧告書》に触れておかなければならない。原爆については既に《暫定委員会の五項目の勧告》と《標的委員会の十一項目の勧告》という非常に重量級の資料ができあがっている。特に暫定委員会の第四項には「日本に対して原爆投下の事前警告は与えない」と明記しているのに、それを採択したスティムソンという暫定委員会の議長は、舌の根も乾かぬうちに「降伏勧告を行うべきだ」とまったく逆のことを言う。これは実に妙なものだが、これこそはスティムソンの限界を示すものであり、こういうことをするから、フロンティア出身のトルーマンとディープサウス出身のバーンズになめられたのだ。

それでは《降伏勧告書》とは何か？

原爆の実戦配備が間近に迫り、これを無警告のまま頭上に落とすというのは人道上いかがなものか。このままでは、いずれアメリカは野蛮人のレッテルが貼られるだろう。それから無条件降伏はまったく定義づけがされていないから、勝利者は無制限の残虐行為に浸り続け、恐ろしいモラル崩壊に襲われ、せっかくの勝利がまったくだいなしになってしまう。そこでドイツ無条件降伏直後の五月八日、トルーマン大統領はスティムソン陸軍長官、マクレイ陸軍省次官、フォレスタル海軍長官、グルー国務長官代理の献策をいれ、「日本に課している無条件降伏は、日本国民の滅亡や奴隷化を意味するものではない」と対日声明を発表した。そこで日本に対する降伏勧告書だが、トルーマンは再度スティムソン以下四人の献策をいれて降伏勧告書の草案作りをこの四人に依頼した。結局、トルーマンもふらふらと揺れていたのであり、血も涙もないという点で一貫していたのはバーンズ上院議員とグローヴス将軍ということになる。

さて、降伏勧告の草案作りがスタートしたのはオリンピック作戦が承認された翌日六月十九日で、これは二十六日までの五日間でまとめられた。なお、草案策定にあたり、日本の天皇制存続を最も熱心に主張したのはグルー国務長官代理である。ちなみに、グルーは十年間駐日大使を務め、東京にいる時、日米開戦となり、戦時交換船で帰国した。そのような体験をしたグルーに一つのエピソードが残っている。終戦の玉音放送直後、連合国最高司令官として日本の占領統治にあたることが決定したマッカーサー元帥はグルーに協力を要請した。グルーはこの時すでにトルーマンから解任を通知され、以後、リタイヤ生活をおくることが決まっていたから、元帥はグルーが喜んでこの要請に応ずるだろうと考えた。しかしグルーは、「私は十年もの間、日本で大使を務めた。私は日本の人々をよく知るものとして、いかなることがあろうと支配者として日本に帰るつもりはない」と答え、マッカーサーの要請に応じなかった。

降伏勧告の草稿に話を戻すと、それは次の八項から成っている。

①連合国が日本に行使できる武器の威力は多様、かつ、圧倒的であり、これを実際に行使したならば、日本は徹底的に破壊され、その国土の中で、人は生活が不可能となる。

②連合国は日本国民を瞞着して世界征服の挙に出るべく煽り立てた日本人指導者層の権力と影響力を除去する。

③連合国は日本の主権を本州、北海道、九州、四国および周辺小諸島に限定し、かつ、日本が再軍備できないよう無力化する。

④連合国は日本から軍国主義の影響が排除された時、日本が生存に必要な産業の保持を認める。た

だし、軍需産業に直結する産業は認めない。
⑤連合国は日本を滅亡に導くつもりは無く、日本民族の絶滅意志は持たない。
⑥連合国は、やがては日本との互恵的貿易関係の構築を認める。
⑦日本国民は天皇を立憲君主として存続させるか否かを決定する自由を持っている。よって連合国は現皇室の下での立憲君主制を否定しない。
⑧前記の目的が達成され、日本国民の多数を代表する平和的政権が成立すれば、連合軍はただちに日本から撤退する。

この八項目を基本とする十三項目の降伏勧告最終案が、七月二日、スティムソン長官から大統領に手渡された。大統領はこれを鞄に入れ、四日後の七月六日、重巡オーガスタに乗艦してポツダムに向かった。

5 原爆実験、暗号名は三位一体（トリニティー）

昭和二十年五月から八月に至る日本にとっての凄惨な三カ月。B-29爆撃機による日本本土三〇〇都市への無差別殺戮爆撃で一般住民は毎日大量に焼き殺されていた。そして六月六日水曜日、トルーマン大統領は暫定委員会の最終勧告書を承認し、原爆を《標的都市》に落とすことにGOサインを出していたから、《投下》のカウントダウンは自動的に動き出していたことになる。

ところでこの時、グローヴスとオッペンハイマーに絶対条件として課せられた原爆の実証実験成功は、米軍がオリンピック作戦という大消耗戦をやらずにすますことができるという担保証明であり、同時に、バーンズが思い描いた戦後構想を実現させるための最も重要なステップだった。なぜならバーンズはソ連が対日参戦する前に原爆を日本に落とし、全住民を見せしめの火刑にかけ、それによって共産勢力を抑え込もうとしていたからだ。さて、直径一メートル三十八センチの巨大サッカーボール（ファットマン本体）がロス・アラモス研究所準備棟に納品され、原爆実証実験の納期短縮を迫られた研究所の科学者と技術者は信号ケーブルの束と各種工具を持ってダニのようにこの球体に張り付き、全員血相を変えてローカルモードでのテストにとりかかった。

ところで、この原爆実験には《三位一体（トリニティー）》という非常に神秘的な印象の暗号コードが割り当てられた。名付け親はオッペンハイマー所長で、お気に入りのベートーベン弦楽四重奏嬰ハ短調をレコードで聞いていた時に《トリニティー》がひらめき、これをグローヴスに申請して公式登録された。だが、将軍がこのネーミングにOKを出した理由は単純で、ロス・アラモス研究所周辺には三位一体教会があちこちに建っており、こういうありふれた名前ならスパイ工作員の注意を引かないと極めて散文的に判断したからだ。

研究員や技術者の苦労とは別に、工兵隊の動きもあわただしさを増した。隊員はニューメキシコ州を中心に人跡未踏の荒野を物色し、ロス・アラモス研究所の南方三四〇キロの地にある《ホルナダ・デル・ムエルト》をトリニティー実験用地に定めている。これはアラモゴード爆撃訓練場の中に存在する幅二十九キロ、長さ三十九キロのだだっ広い荒野で、この単調な風景に変化を与えるものがあるとすれば、それは東の方角に連なるオスクラ山脈ぐらいのものだろう。ホルナダ・デル・ムエルト（Jornada del Muerto）というスペイン語を直訳すると《死出の旅路》となり、この縁起でもない名前は、大昔、この地に足を踏み入れたスペイン人があまりの酷暑と渇水に苦しんだあげく名付けたものだと言われている。だからこの地にはお馴染みのサボテンの他にメスキートという鋭い刺を持つ乾燥に強い低木が地を這うように広がっており、そこに住む動物はヒメコンドル、ロードランナー、羚羊（アンテロープ）、野ウサギ、野生の牛に馬、コヨーテといったところだったが、本当はガラガラ蛇、タランチュラ蜘蛛、さそり、ムカデというユニークな生き物の天国だったから、ブーツを脱いで就寝し、翌朝、それを逆さにすれば、必ず「ゲッ！」と声をあげたくなるような動物が落ちてきた。

用地買収が済んだあと、工兵隊は実験用の原爆が設置されるゼロ・ポイントの選定に入った。ホルナダ・デル・ムエルトの真ん中にはビャクシンやハマアカザといった植物が生い茂る水場があり、そこには、今は空き家になったデヴィッド・マクドナルド牧場の住居棟（ランチ・ハウス）があって、それに目をつけた工兵隊は平屋建てのランチ・ハウスから北西三キロの地点をゼロ・ポイントと定めた。ランチ・ハウスはトリニティー実験の準備小屋として使用され、その後、原爆が破裂した時、これがどのように吹っ飛ぶのかというサンプル材料を提供するだろう。そういう決定の後、工兵隊は十二万五千ドルを投じて、たった一度の実験にしか使わない四十キロにおよぶ資材搬送用のアスファルト道路を作り上げた。次に工兵隊はゼロ・ポイントのかたい地層に一辺が十一メートルの正四角形を描き、その四隅を六メートルほど掘り下げて鉄筋コンクリートの基礎を打ち込み、この基礎の上に高さ三十メートルのがっちりした鉄塔を組み上げ、この塔のてっぺんに波形トタン板で囲った簡単なテント小屋を置いた。実験二日前になれば、先住民の鳥葬台のようにも見えるこのテント小屋に球形の原爆本体（ガジェット）が据えつけられるのだ。

実験の準備が白熱の時期を迎えたのは七月十二日木曜日のことで、この日、午後三時、ロス・アラモス研究所の核物質貯蔵庫から頑丈な取っ手がついた一辺三十八センチの真四角なマグネシウム製キャリー・ボックス二つが運び出された。この中にはワシントン州ハンフォード・サイトから移送された三・〇八五キログラムのプルトニウム半球が一個ずつ納まっている。このとき核物質貯蔵庫の出入口には完全武装の護衛兵一個分隊を乗せたトラック。その後ろに燻したようなオリーブ色の軍用セダン。その後ろにはルイス・スローティン研究員やハリー・ダリアン研究員など核弾頭組立ての専門家をのせたトラック。そして最後尾にはガソリン運搬トレーラーを引っ張っているジープがいた。国費投入二十億ドルの結晶というべきプルトニウム半球が納まった二つのキャリー・ボックスは軍用セダンの後部座席中央に置かれ、その左右にE部門研究員フィリップ・モリソンと放射線監視員ポール・エバーソルドが座り、また、車を運転する下士官兵の隣にはE部門バッヒャー部長が座った。

このものものしい集団がマクドナルド牧場のランチ・ハウスに到着したのは十二日の夜もだいぶ更けたころで、このときバッヒャー部長は先着していた工兵隊ファレル准将に対し、プルトニウム引渡完了証書へのサインを求めている。

——また、かたいことを。

准将は軽く考えたが、バッヒャーは大まじめだった。ロス・アラモス研究所は、アメリカ陸軍と契約して原爆開発の仕事を請け負っていたが、研究所とそこに勤務する研究員は、公式にはカリフォルニア大学の所属であり、陸軍所属ではない。いっぽう、研究所の核物質貯蔵庫から持ちだした途方もない価値のプルトニウム半球二個は数日内に爆破実験の上、消滅する。そこで部長は引渡完了証書を陸軍から受け取り、一種のけじめをつけようとしたのだ。

「私が受領しようとしている核実験用のプルトニウムとは、いったいどういうものか見ておくことは出来ますか？」

ファレル准将がそう言うと、バッヒャー部長は作業机の上で消炭色（けしずみいろ）のキャリー・ボックスを開けた。あらわれたプルトニウム半球はグレープフルーツを二つに切り分けた程度の大きさである。

准将は手を伸ばしてニッケル・メッキが施された丸く滑らかなプルトニウム半球を触った。

「温かいですね！」

「アルファ線の放射熱ですよ」

准将が感じたものはプルトニウムがアルファ崩壊する時の放射線の温かみだった。

デュポン社と共にハンフォード・サイトでプルトニウムが誕生する過程を最初から見てきたレオーナ・ウッズ女史は、半年ほど前にプルトニウムの塊をじかにさわった。そのとき彼女は「生きた兎のような温かみ」と実に的確で素直な感想を述べたが、今、准将もそれとまったく同様の印象を抱きつつ、引渡完了証書にサインした。


夜はいよいよ更け、もうすぐ十三日の午前零時になろうとしている。この日の仕事は終わりだ。

「バッヒャー部長、私は昨日、朝起きたときにガラガラ蛇にお目にかかりましたよ。寝ている間にやって来て、放射線計測器の横でとぐろを巻いていたのです」

准将は部長と軽く一杯やるつもりで、ガラガラ蛇の話題を呼び水にしたのだが、不眠が身体にこたえる質(たち)のバッヒャーはそれに乗って来ず、「おやすみ」と言ってランチ・ハウスのベッドに向かった。

翌十三日金曜日午前九時、大量の計測器が所狭しと据えつけられたマクドナルド牧場のランチ・ハウスではマトリョーシカ人形を作るような感じでプルトニウム弾頭組立作業が始まった。組立てメンバー八名は全員白衣を着、その上にX線プロテクターをつけ、ゴーグルで目を守っている。このときリーダーのカナダ人研究員ルイス・スローティンのみは、外科医が執刀時に使うゴム手袋を着用していた。それは、この男がこれから大量被曝の危険を冒してプルトニウム半球を完全な球体に仕上げる作業に取りかかるからだ。

「最初に悪ガキ（アーチン）を組み立てる」

スローティンは自分の気持ちを落ち着かせるため、これから始める作業を指差し点呼するように口に出して言った。アーチンとは《悪がき》の意味を持つ英語で、これは中性子発生装置に付けられたニックネームであり、ライターの着火石のように中性子の火花を飛ばしプルトニウムに点火する役目を負っている。

作業机の上には直径二・五センチという梅の実サイズのベリリウム半球が二つ置かれている。半球には梅の種ほどのくぼみがきれいにえぐられている。これに類似したものは、少し大きいが、種を取り去って缶詰に納まった桃であろう。

スローティンは直径〇・五センチのポロニウム球を片方のベリリウム半球に装着し、この上にもう片方のベリリウム半球をかぶせた。

「ぴったり合った！　たいした製造技術だ。テフロン材は不要だぞ」

ポロニウム球をベリリウム半球で包み込む時、寸法ずれを起した場合にはやすりで削るかデュポン社製テフロンで隙間を埋めようとしていたのだが、両方ともやらずに済んだので、スローティンは少し興奮している。

「これからアーチンをプルトニウム半球に装着する」

スローティンは高さ五〇センチほどの放射線遮蔽壁の前に移り、その壁の向こう側に固定器を据えつけ、次にプルトニウム半球をしっかりと固定器にはさみ込み、その上で直径二・五センチの中性子発生装置を半球のくぼみに嵌め込んだ。

「これもぴったりだ。……今度はもう一つのプルトニウム半球を微動アジャスターに据えつける」

スローティンはくぼみを下側にした半球をアジャスターに挟み込み、中性子発生装置を嵌め込んだもう片方の半球の真上に持ってきた。

「ここまでは問題なしだ。お前は最高だぞ、ルイス！」

スローティンはさかんにひとり言を言って自分を鼓舞している。このカナダ人プロフェッショナルは、さらにアジャスターをじわじわと下げ降ろし、これをもう片方のプルトニウム半球にかぶせて球体にするのだが、実のところ、ここからが最も危険な作業だった。なぜなら肝心のプルトニウムは未だにナノ単位での臨界量が確定できていない。このためプルトニウムの半球同士をいきなりぴったりくっつけた場合、臨界反応が始まるおそれがある。だからスローティンは計器を凝視しながら少しずつゆっくりと二つの半球を近づけ、最適位置を手探りで確定し、その位置で二つの半球の隙間に金箔を装着し、球体にする作業を完了させなければならない。ほんの少し手がすべって二つの半球の距離が近づき過ぎてしまえば、スローティンは大量の中性子線を浴び、苦しみながらゆっくりと死ぬ。

このときオッペンハイマーが神経質そうに部屋の中に入って来た。落ちつかなげに両手をふらふらさせている。そしてフラミンゴが水中の餌をついばむように首をプルトニウムの前に突き出した。

「休憩！」

気が散ったスローティンは、そういうと、アジャスターを脇に動かし、二つのプルトニウム半球を別々の場所に置いた。

「我々がここに居ることで無用の緊張を強いるようですな。この仕事はスローティンたちに任せておきましょう」

バッヒャー部長は所長を促して部屋の外に出て行った。この時、オッペンハイマーはすべてをやり尽くした開演直前の舞台監督と同じで、することが何も無く、もはやあれこれ世話を焼く余地は無かったのだ。

一服したのち、作業を再開したスローティンは作業机の前で精神を集中し、アジャスターの半球をじわじわと下げ、最後にマイナス・ドライバーの先を使って二つの半球の距離を確定するという方法でプルトニウム球体を作り、危ない橋を渡り終えた。

昼食用に提供されたのはおなじみのCレーション軍用食だったが、スローティンは文句も言わずにこれを平らげると、プルトニウム球のまわりに天然ウラン製のぶあつい中性子反射板（タンパー）を取りつける作業に入り、十三日午後二時半までに仕事を終えた。完成品の形状はかなり大きめの西瓜ぐらいだった。

さて、ここで時計の針を十四時間半もどす。つまりバッヒャー部長がファレル准将からプルトニウム引渡完了証書をもらった十三日金曜日午前零時に戻るわけだが、この時、信号ケーブルと電源ケーブルで満艦飾状態になった大人の背丈ほどもある巨大サッカーボールをロス・アラモス研究所準備棟から搬送する作業が始まった。搬送責任者のX部門キスチャコフスキー部長は軍用セダンに乗り、その後ろにはガジェットとその備品を運ぶトラックが四台。そのあとにハーバート・レイア軍曹ほか原爆組立ての専門家を乗せたトラックの一団が続き、前後を大勢の工兵隊員がジープに乗って護衛についた。

「真夜中に原爆本体（ガジェット）を運び出したのは目立たないよう隠密裏に搬送するからだと聞いていたが、護衛の連中はサイレンをならし、赤灯を点滅させ、サンタフェ、アルバカーキほか眠りについている町を大騒ぎで通り抜けた。あれで気がつかない者がいるとすれば死んだ者ぐらいのものさ」とはレイア軍曹の弁である。

十三日金曜日午後三時、ゼロ・ポイントの特設テントにガジェットを運び込んだキスチャコフスキー部長はマクドナルド牧場のランチ・ハウスで待機中のバッヒャー部長に電話した。十八分後、バッヒャー部長は軍用セダンでゼロ・ポイントに到着。タンパーでおおわれたプルトニウム弾頭はスローティン研究員等の手によって、すぐに原爆本体の脇に運ばれたが、まもなくパニックが起きた。西瓜ほどの大きさの弾頭はすっぽりとガジェットに嵌め込まれ、ネジ止めされるはずだったが、ネジの位置があわない。ガジェットには爆縮レンズという三十二個の超精密部品がすでに装着されている。爆縮レンズの役目は、爆発して弾頭を高速で押し潰し、臨界反応を引き起こすというもので、それがここに来てネジ止めできないとなれば、作り直しで、スケジュールは大幅に狂う。

「心配ない。大丈夫」

あわてふためき、手をこまねいている研究メンバーに対し、そう言ったのはバッヒャー部長だった。

「犯人は砂漠熱だよ。このプルトニウム弾頭がさっきまで置かれていたランチ・ハウスはうんざりするほど暑かった。さらに灼熱地獄の中をゼロ・ポイントまで移送したことで、こいつは収縮したのだろう。エッ、膨張の間違いではないかって？　いいや、縮んだのさ。プルトニウムは相転移五回という変な金属だからね」

確かにビャクシンの木陰にある特設テントの中はひんやりしていたから、部長の言う通り、ガジェットと同じ環境に置いてしばらくするとプルトニウム弾頭は寸法通り、ぴたりと納まり、組立は十三日金曜日午後十時に終了した。

重さ三トンのガジェット（長崎のファットマンは追加部品があったので四・六七トン）を高さ三十メートルのてっぺんにあるトタン葺きバラック小屋へ電動ウィンチを使って吊り上げる作業は翌十四日土曜日午前八時から始まった。おそらく二時間はかかるだろうと予想されたこの作業が倍の四時間になったのは、吊り上げている最中に滑車の一つが外れ、三トンの塊が危うく落下しそうになったからだ。おそらく運も味方したのだろうが、大事に至らず、ガジェットはバラック小屋に据えつけられた。

ところで一週間ほどまえのことだが、気象予報官は「七月十五日の午後に天候は急変し、上空は雷雲だらけとなり、嵐が吹き荒れ、大雨になる」という予報を出した。この予報は的中しそうで、現に稲妻が荒野の彼方で盛大に光り、ゼロ・ポイント周辺では霧雨が降り始め、天候は目に見えて悪化しつつある。

実は二カ月前（五月十一日）、オッペンハイマーはグローヴスに「雨は絶対に回避しなければならないから、ホルナダ・デル・ムエルトのようなとびきりの乾燥地帯を実験場所に選んだことは正解だった」と書簡を送っている。たしかに雨はそこら中に張りめぐらされている複雑な電気配線の接合部をショートさせる可能性が高いので、実験の大敵だったが、それだけでは無い。オッペンハイマーがことさら嫌がったのは放射能雨だった。原爆の炸裂は放射性物質が大量付着した土砂や岩石の破片を空中高く舞い上げる。そのとき雨が降ればこの有害物質は地上に運ばれ、地中深くまで汚染されるだろう。これが放射能雨の恐怖で、広島と長崎の人々は《黒い雨》と、より視覚的に表現することになる。

「あと十二時間だ。もうこれ以上の実験遅延は許されない」

十五日午後四時、サンフランシスコから空路トリニティー実験場に到着したグローヴス将軍はまっすぐ気象連絡会議に出席し、開口一番、こう言った。将軍の真正面に着席しているのはジャック・ハバードという三十一歳の気象予報官で、この男はノルマンディー上陸作戦を成功に導いたイギリス空軍気象部長スタッグ卿の下で働いたキャリアを持っている。開口一番の「十二時間」とは十六日午前四時に予定されたゼロ・アワー（点火）までの残り時間であり、すでにこのゼロ・アワーは将軍が大統領に約束した日から一日遅れている。ポツダム会談で何が討議されるか良く理解していたグローヴスは「これ以上の遅延は許されない」と承知していたが、いっぽう「実験に際し、雨は絶対禁物」ということも知っている。

「将軍！　嵐がすぐそばまで来ています。二十四時間の実験延期をご検討ください」

ハバードの勧告は、気象知識が小学生程度のグローヴスにとって巫女の伝える神託のようなものだったから、「頭から信じるしかないのだが、将軍は「こっちにも事情がある。そう簡単に、はいそうですかとは言えんよ」と押し返した。しかし、ハバードが率いる気象班十四名はニューメキシコ州の過去五十年分の気象情報を俯瞰しつつ、数時間おきに観測気球を放ち、さらに小型飛行機を頻繁に飛ばし、緻密な予報体勢を敷いていたから、延期勧告には動かしがたい重みがある。

グローヴスは「ゼロ・アワー、つまり十六日の午前四時ジャストだが、そのとき風はどちらに向かって吹くのかね？」と質問した。うまい具合に強風が北東に向かって吹くならば、そこに町はなく、野生の生き物がいるだけだが、南東の風ならばソコロの町があり、北風ならラス・クルーセスとエルパソ、西風ならロズウェルがある。

「風向きは正確な予報がほとんど不可能です。至る所に逆転層がある。おかげで風向きが目まぐるしく変わっており、どっちに向かって吹くか数分先の予測もつかないのです」

「逆転層とは何かね。時間がない。簡単に言ってくれ」

「大気温度は普通ならば高度が上がれば低下します。しかし、逆に上昇することがある。これを逆転層と言います」

「なるほど」

　グローヴスは、こう説明されたところで逆転層という自然現象がどういう意味を持つのかよく理解できなかったが、次の通り強引な理由づけのもと、実験延期二十四時間案を潰した。

「そこらじゅう逆転層だらけと言ったな。されば雨も止み、嵐もおさまる可能性もあるということさ。二時間ごとに気象状況を報告してもらいたい。そして最後の気象連絡会議を十六日午前二時におこなう」

　ゼロ・ポイント上空は厚い雲に閉ざされ、霧雨は本降りに変わった。星はまったく見えない。漆黒の闇の中、風速は毎秒十三メートル（強風）。北西ソコロに向かって吹くかと思えば、十五分後には南東アラモゴード向きを変え、まったく無茶苦茶で、嵐はまちがい無く激しさを増すだろう。

十六日午前零時、落雷の頻度が上がり、かつ、光ってから雷鳴が轟くまでの間隔がみじかくなった。

「ゼロ・ポイントは土砂降りに稲妻と雷鳴で、鉄塔の上の実験原爆が雷に撃たれて爆発するのではないかと本当に恐かった」と書いたのはイシドール・ラビ教授だった。

　ラビが自然の猛威に怯えている最中、「原爆が破裂する場合、百万分の三という確率で大気圏が燃え上がり世界が破滅する可能性がある」とフェルミ教授が妙に穏やかな口調で言ったから、この悪趣味におそろしく腹を立てる者もいた。ひょっとするとフェルミはそういう話題で周囲の気持ちを和ませようとしたのかも知れない。というのはこれから実験する原爆の威力はどれほどのものになるか賭をしているからだ。

賭に乗ったのは次の五名。フェルミが参加していないのはやはり周囲を和ませようとした証だろう。そこで賭だが、テラー（TNT火薬四万五千トン相当）／ベーテ（同八千トン相当）／キスチャコフスキー（同千四百トン相当）／オッペンハイマー（同二万一千トン相当）／ラビ（同一万八千トン相当）だった。

十六日月曜日午前二時の気象連絡会議にハバードは八分遅れて来たからグローヴスはかんかんになって怒り、「遅刻とは許しがたい！　それからこの天気はいったい何だ！」と八つ当たりした。嵐はお前のせいだと言わんばかりの剣幕だ。

「実験できる時間を言え！」

「午前五時から午前六時までの間にやれます。夜明け前に嵐の勢いはおさまり、雲の切れ目から星が見えるでしょう」

「予報が当たれば遅刻の件は不問にする。当たることを祈れ。外れたら絞め殺す！」

グローヴスは気象予報報告書の余白にハバードのサインをさせながら、トリニティー実験のゼロ・アワーを午前四時から午前五時三十分に変更し、会議を終えた。

原爆実験の実施命令が出た直後、あちこちで「龍を起こせ！（Wake up Dragon!）」という声が飛び交い、工兵隊員はトラックに積んだ無数の広角照射投光器（フラッド・ライト）を点灯し、鉄塔の上では起爆回路がテスト用から本番用に切り換えられ、点検チェックの声が響く中、眠れる龍を起こす作業が始まった。この作業に全員が取りかかっている最中、グローヴスは午前二時半にニューメキシコ州知事を叩き起し、戒厳令を敷くことになるかも知れないと通告した。ゼロ・ポイントに最も近いソコロの町には四千人の住民がいたし、半径二〇〇キロ圏内にはラス・クルーセス、そして少し南には当時人口七万を有するエルパソがある。アメリカ陸軍はゼロ・ポイントの周辺二〇〇キロ圏に対し極秘裏に避難誘導の措置を取っていたが、ともあれ、トリニティー実験に際し、付近の住民は前代未聞の危険に晒されながら眠っていたのだ。

ゼロ・アワーが迫っている。午前四時になって雨は止み、ハバードはそれから四十五分後に「上空の風は弱く、高度一万二千メートルまでの風向は不安定。その上空は無風。徐々に雲は散りつつある。午前五時三十分のゼロ・ポイントの天候は高度五二〇〇メートルに逆転層があるため完全に理想的であるとは言えない」という最終報告を出した。

目撃者の一人、エミリオ・セグレ教授は嵐がおさまりつつあるこの時、不思議な光景に出くわし、次のように語っている。

「私はその夜、アンドレ・ジイドの『贋金作り』で気を紛らわし、その後、浅い眠りについた。嵐が去りつつある時、激しい雨音に代わってまったく得体の知れない異様な物音がした。物音は止む気配がないので、サミュエル・アリソンと私は懐中電灯を持って司令センターの外に出た。驚いたことに、そこら中に出来た大きな水たまりの中で、信じられない数のカエルの大群が交尾していたのだ」

ゼロ・ポイントから南へ九キロの司令センターと北西へ三十二キロの観測地点には多くの見学者が集まっていた。司令センター詰めのファレル准将は隣にいたオッペンハイマーの挙動について次のように語っている。

「教授は疲れ果て、ふらふらしており、のべつまくなしにタバコを吸った。私は教授が、神よ、これは心臓にこたえます、とつぶやくのを聞いた。教授は気息奄々、ようやく息をついていると言ったありさまで、体を支えていることができず、柱にもたれかかっていた」

午前五時十分、観測地点に取りつけられた拡声器から実験場全体にアリソンの声が鳴り響いた。

「これから秒読みを開始する。予定時刻二〇分前。五十九秒、五十八秒……」

アリソンの声が拡声器から流れだすと同時に思いも寄らぬ音が聞こえてきた。それはチャイコフスキーの弦楽セレナーデという甘美な楽の音で、ボイス・オブ・アメリカ地上波放送と同一周波数帯しかカウントダウンのために用意できなかったが故に、場違いな、第二楽章の軽快なワルツが混入したのだ。カエルの交尾の鳴き声とチャイコフスキーと秒読みの声。生命の誕生と終幕の風景が重なる不思議な光景が続いている。

「十分前、五十九秒、五十八秒……」

このとき見学者全員に溶接工が使う防護眼鏡が配られ、全員が爆発で発生する紫外線除けのため、日焼け止めクリームを顔にべたべた塗りたくった。

「一分前、五十九秒、五十八秒……」

秒読みを続けるアリソンの脳裏に、爆発は雷と同じだからマイクを握っていたのでは感電するのではないかという考えがよぎった。

「……三秒、二秒、一秒」

次の瞬間、アリソンはマイクを放り投げ、有らん限りの声で絶叫した。

「ゼロ！」

ファインマン博士はゼロ・アワーの瞬間を次のように書いている。

「……全員に黒眼鏡が配られていた。黒眼鏡とは驚いた！　三十二キロも離れて黒眼鏡越しでは何も見えるわけがない。いくらまぶしいからと言って明るい光が眼を害することはない。僕は実際に目を害するのは紫外線だけだろうと考え、トラックの窓ガラスの後ろから見ることにした。ガラスは紫外線を通さないから安全だし、問題のそいつが爆発するのをこの目で見られるというもんだ。

ついにそのときが来た。ものすごい閃光がひらめき、その眩しさに僕は思わず身を伏せてしまった。トラックの床に紫色のまだらが見えた。『これは残像だ！』、そう言って頭を上げると、白い光が黄色に変わって行き、ついにはオレンジ色になった。雲がもくもく湧いてはまた消えてゆく。衝撃波の圧縮と膨張によるものだ。そしてその真ん中から眩しい光をだす大きなオレンジ色の球がだんだん上昇を始め、少し拡がりながら周囲が黒くなってきた。そしてそのうち、巨大な黒い煙のかたまりに変わり、その煙の中で再びまばゆい光がひらめいて消えていった。

だがこのすべては、ほんの一分ほどのできごとだったのだ。すさまじい閃光から暗黒へとつながる一連のできごとだった。そして僕はそれをこの目で見たのだ！　トリニティー実験を肉眼で見たのはおそらく僕一人だろう。他の連中はみな黒眼鏡をかけていたし、九キロ地点にいた者は床に伏せろと言われていたから、結局何も見てはいなかった。おそらく人間の眼でじかにこの爆発実験を見た者は僕のほか誰一人いなかったと思う。

そして一分半もたった頃か、突然ドカーンという大音響が聞こえた。それから雷みたいなゴロゴロという地ひびきがしてきた。そしてこの音を聞いたとき、僕ははじめて納得がいったのだった。それまではみんな声をのんで見ていたが、この音で一同はほっと息をついた。ことにこの遠くからの音の確実さが、爆弾の成功を意味しただけに、僕の感じた解放感は大きかった。

『あれはいったい何です？』と僕の横に立っている男が言った。

『あれが原子爆弾だよ』と、僕は言った」

（R・P・ファインマン著、大貫昌子訳『ご冗談でしょう、ファインマンさん』岩波現代文庫より）

トリニティー実験は七月十六日月曜日午前五時二十九分四十五秒にゼロ・アワーを迎え、成功した。

フェルミは、爆風がこのイタリア人物理学者のところに到達しようとする時、破いた紙切れを握って頭上高く掲げ、それを紙吹雪のように散らした。無風だったので爆風が到達すると紙吹雪は二メートル半ほど吹き飛ばされ、フェルミは素早く頭の中の数表を照合し、静かに言った。

「今の爆発はＴＮＴ火薬一万トン以上に相当するね」

きのこ雲を見たラビ教授は一種の畏怖を抱いて次のように述懐した。

「……我々は実験成功の歓喜に酔っていた。その巨大な火の玉が目の前にある間、我々はそれを眺めた。それは回転運動をしつつ動き、やがては雲の中に拡散し、それから風に吹き払われた。我々は互いに向き合い、はじめの二、三分、祝福しあった。そして寒々とした冷えを感じた。朝の冷気ではなかった。……」

これに近い回想をファインマン博士が次のように書き残している。

「……とにかく原爆実験のあと、ロス・アラモスは沸きかえっていた。みんなパーティー、パーティーで、あっちこっち駆けずりまわった。僕などはジープのはしに座ってドラムを叩くという騒ぎだったが、ただ一人、ボブ・ウィルソンだけが座ってふさぎこんでいたのを覚えている。『何をふさぎこんでいるんだい？』と僕が訊くと、ボブは『僕らはとんでもないものを造っちまったんだ』と言った。……」

しかしユダヤ系ハンガリー人エドワード・テラー物理学博士が次の言葉を残したこともまた事実である。

「もっと大規模な爆発だと思った。拍子抜けだ。もう間に合わないけれども、爆弾が大音響を上げて落下するように作っておけば。日本人は全員何ごとかと思って見上げるだろう。閃光で失明させればもっと効果的だったろうに」

緊張の極にいたオッペンハイマーが実験成功を見て有頂天になったことは言うまでもない。手の舞い足の踏む所を知らずとはまさしくこのことだった。ゼロ・ポイントの鉄塔はみんな蒸発して消え失せており、気化されず残っていたものはコンクリート土台の中の鉄筋だけで、道路のアスファルト舗装は溶けて砂になり、所々に翡翠のような緑色の透明な粒が散乱していた。

めでたいことに、この実験でアメリカ人負傷者が出たという事件は起きていない。

ところで、トリニティー実験場にいたオッペンハイマーを含むすべての人間は、爆発で抉(えぐ)れたゼロ・ポイント周辺に何が存在したかをその目で見て知っている。科学者、技術者、財界人、軍人から成る実験立会人は、吹き飛ばされ、蒸発して空白状態になった爆心地へ向かう途中、なぎ倒され、焼け焦げたビャクシン、あるいはポプラ、あるいはサボテンなどの植物を眺め、それと同時に牛、馬、コヨーテ、野ウサギ、野ネズミ、ロードランナー、ヒメコンドル、そして交尾中のカエルとそれを捕食しようとやって来たガラガラ蛇が散乱しているのを目撃している。それら万余の動物たちは、ゼロ・ポイントに最も近い同心円の内側にいたものは消え、次の同心円で干からび、次に激しく焼けただれ、最も外側にいた動物は生焼けのまま死に切れず、ホルナダ・デル・ムエルトの焼けつく日射しに晒され、もがいていた。あるレポートでは内臓が飛び出して死んだ野ウサギの群れがゼロ・ポイントから一キロほど離れたところで見つかったと報告している。原爆の高熱で蒸発した動物は一瞬の内に消滅したが、爆心地から遠ざかれば遠ざかるほど、苦痛にうごめく動物たちの数は多くなり、空飛ぶコンドルであろうと、捕食中のガラガラ蛇であろうと、生まれて間もない子供のコヨーテであろうと、即死できず、皮膚がぐずぐずに溶けだし、二目と見られぬむごたらしい姿で苦しげにのたうっている。それが遠からぬ日の日本人の姿であることを実験に立ち合ったすべての人間は知っていたのだ。

❖　❖　❖

トリニティー実験に前後してアメリカ人がしなければならない仕事があった。それはロス・アラモス研究所から日本本土の南方二四〇〇キロの太平洋上に浮かぶテニアン島へウラニウム型原爆（リトルボーイ／ちび）とプルトニウム型原爆（ファットマン／でぶ）を搬送する仕事である。

大きな木箱と鉛で出来た円筒状容器に分解収納されたリトルボーイ（総重量四・三三六トン）の搬送は、

七月十四日土曜深夜、ロス・アラモス研究所核物質貯蔵庫の前に七台の幌をかけた軍用トラックがならぶことから始まった。その後、この爆弾はアルバカーキ・カートランド空軍基地に向かい、その地でダグラスDC-3輸送機に積み替えられ、一九〇〇キロ西のサンフランシスコ・ハミルトン基地に空輸された。原爆はトラックでそこから目と鼻の距離にあるハンターズポイント軍港に届けられ、七月十六日月曜日午前四時、重巡インディアナポリスに艀載されている。

これ以前、重巡の艦長マクヴェイは司令官パーネル中将から理由を問うことは許されないと釘を刺された上で、「最大戦速でテニアンに向かうこと」「日本の特攻で沈没が確実となった場合、人間よりも先に木箱と円筒を救命ボートに避難させること」「搬送物件をテニアン島に下ろした後、速やかにレイテ沖に達し、同海域の作戦に合流すること」という三つを厳命されていた。

重巡インディアナポリスは十六日午前八時ちょうどにハンターズポイント出港。十九日にパールハーバーで給油。そして七月二十六日木曜日早朝六時、テニアン島から八〇〇メートル沖合に投錨した。すぐさま小型汽艇が重巡に接舷。クレーンが木箱をおろす。そうする間、もう一隻の汽艇がインディアナポリスの艦尾に近づき、同じようにクレーンを使って鉛の円筒を汽艇の甲板に下ろした。

この様子を重巡の艦尾からじっと見ていたのは、ロス・アラモス研究所・兵装部門所属のフレデリック・アッシュワース海軍中佐だった。話は先走るが、中佐はプルトニウム型原爆（ファットマン／でぶ）の顛末をその目で確認するため、長崎に原爆を投下するB-29爆撃機ボックスカーに搭乗する。

さて、荷おろし作業に立ち合った中佐は身の毛もよだつ光景を目撃した。鉛の円筒をつり下げていたクレーンのロープがほどけ、落下し、汽艇の甲板に激突して大きな音を立てたのだ。中佐は恐怖で全身が凍りついたが、波の上下運動が落下衝撃を吸収し、幸運にも円筒の中のウラン弾頭はおとなしくしていた。

「ウラン弾頭はフル装備の半分だったから、重量は三十九キログラム。臨界条件を満たしていなかったから核爆発を起こすことはなかったが、それにしても、汽艇の底を突きやぶって海中に沈みでもしたら、はたして回収出来たかどうか。……その日はグローヴスの顔がちらついて寝つきが悪かった」

ちなみに、インディアナポリスは特殊な荷物を引き渡すと、七月二十六日午後一時、フィリピンのレイテ沖に向かったが、七月三十日月曜日午前零時十五分、伊58潜水艦に撃沈された。乗組員一一九九名中、生存者は三一六名だった。

ところで原爆にかかわる搬送は、これで終わりではない。

七月二十六日午前三時、総重量四・六七二トンのファットマン一式および積み残しのウラン弾頭（二十五キログラム）はロス・アラモス研究所を出発。一四〇キロ先にあるアルバカーキのカートランド基地に向かった。基地では五機のダグラスC-54輸送機が待っており、この搬送物件を乗せ、午前六時に離陸。サンフランシスコ・ハミルトン基地、オアフ島・ホノルル基地を経由して、七月二十八日にテニアン島に到着した。かくして七月三十一日にリトルボーイとファットマンは組立てが完了し、あとは標的都市上空の天候状態を見て、いつでも出撃できる状態になった。

第三章　ポツダム会談

1　米ソ亀裂の発端となったアメリカ兵捕虜

トルーマンが政界力学の結果、副大統領職に就いたのは一九四五年一月二十日で、その主な仕事は議会上院の議長をつとめることだった。議長は議会で自分の所信を述べてはならず、唯一、議決の賛否が同数になったときだけ投票権を持つ。そういう覇気のない仕事だったから、初代ワシントン政権時に副大統領職に就いたジョン・アダムズはその仕事内容に腹を立て、「人が考え出した最も無意味な役職」と悪態をついている。アダムズが生きた時代と比べれば、トルーマンが副大統領に就任した時の実務範囲はだいぶ拡大した。しかし、地味な役職であることに変わりはなく、四期目に入った大権力者ルーズベルトから見れば、副大統領などは壁の余白を埋める、有っても無くてもいい風景画のようなもので、事実、トルーマンはみごとほったらかしにされた。折しも、米英ソ三巨頭会談がヤルタで開かれていたが、国際政治については五里霧中というトルーマンだったから、新聞に書かれている以上のことなど知りえようはずもない。

何やら置いてきぼりを食わされたような漠とした疎外感を抱きながら、トルーマンは上院議長の職務を遂行している。しかし四月十二日、ルーズベルトの急死によってトルーマンは大統領に昇格し、生活環境は一変した。あきれるほどの平凡。これに化粧を施して大統領という名の非凡に作り直さねばならなかったから、ホワイトハウスは上を下への大騒ぎ。その結果、トルーマンからいっさいの勝手気ままが召し上げられた。

ところで、東西冷戦の火元は、四月二十三日にトルーマン大統領が訪米中のソ連外相モロトフにぶっけた口汚い罵詈雑言だったとされているが、それは違う。冷戦を引き起こす相互不信が目に見える形となって表われたのはルーズベルト大統領が死去する一カ月以上も前に起きた出来事で、それは三人のアメリカ兵捕虜の駆け込み訴えを重く見た駐ソ大使ハリマンにその源をたどることができる。

ソ連の対日参戦をうながすヤルタ密約の作成に深く関与したウィリアム・アヴェレル・ハリマンがモスクワ駐在アメリカ大使に指名され、クレムリンの西二キロほどにある大使公邸（スパソ・ハウス）の住人になったのは一九四三年一月二十四日のことだから、時、まさにスターリングラードの市街戦が終わろうとしている頃だった。大使が切れ者であることは誰もが認めざるを得まい。颯爽とした風貌で、ポロの名手でもあった大使は当時五十二歳。一七九五年にイギリスから移民したユダヤ系アメリカ人の家系であり、その父親は鉄道王と言われたエドワード・ハリマンである。ちなみに、この父親は日露戦争直後、満鉄の共同経営者になろうと明治政府へ働きかけたが、果たせなかった。

さて、スターリングラードでドイツの敗北が決まりすると、潮目は急速に変わり、一九四五年二月十一日、米英ソ三大国はヤルタ会談を終え、国連安保理という戦後統治システムの大枠に合意した。しかしハリマンは徹底してスターリンを疑っており、対日参戦密約とは別の、ルーズベルト大統領によって対ソ宥和一色に染め上げられたヤルタ協定ですら、独裁者スターリンがこれを誠実に履行するとは思っていない。一つ譲れば、次に要求を二つ出し、次には三つと際限はなく、クレムリンの政治局メンバーはすでに合意済みのヤルタ協定を何のかんのと言って差し戻し、同じ馬を二度買わせる式の交渉戦術に出ている。

ハリマン駐ソ大使

「居すわり、のさばり、侵し、掠め取る。これがコミュニスト達の正体だ。ゆえに、その頂点に君臨するスターリンは、このさき何をするか知れたものではない」

さて、ハリマンが懸念したのはポーランド各地にあるドイツ軍収容所だった。そこには各地で捕虜になったアメリカ兵が計三万人近くおり、こういう収容所に野蛮な赤軍がなだれ込んだなら、アメリカ兵、ドイツ兵を問わず、見境なく引っくくり、強制労働キャンプ（ラーゲリ）に叩き込むだろう。たとえ事故であっても、アメリカ人捕虜がシベリアの奥地に消えてしまうようなことが起これぱアメリカ国内は騒然となり、日本に付け入る隙を与えてしまう。

ハリマンがやきもきしている矢先、はたして事件は起きた。

米ソ両国先遣隊最初の接触は、四月二十五日、エルベ河畔トルガウの町とされているが、それは《エルベの誓い》をもって戦意高揚を狙った第一回国連総会開催用の宣伝であり、本当は二月下旬に接触している。そして、この接触はポーランド各地にあったドイツ軍捕虜収容所でのことだったから、ハリマン大使が危惧した通りのことが起きた。

事件はポーランドのルブリン飛行場に拠点を置いた米軍連絡将校のキャンプ地に、乞食同然という哀れな姿のアメリカ兵三人が転がり込んだことで大騒ぎになった。三人はバルジの戦いでドイツ軍の捕虜となり、五百名を下らぬ仲間とともにポーランド内陸部のドイツ軍収容所へ分散移送されたが、じき、めでたく赤軍に解放された。しかしその後の様子が少しおかしい。アメリカ人捕虜は時計、外套、食料、その他もろもろの私物をソ連兵に没収され、次に敵だったドイツ兵と一緒に行進させられた。食事は大麦が主体のどろどろしたカーシャ（粥）と黒パン一切れ。これが日に二回出る。便所は自分たちで掘った。当然ながらシャワーもトイレもいっさい無い。行進を始めて数日後、鉄道の支線に出、そこから十日ばかり列車であっちこっちに引っ張り回され、最後にルブリン駅南東にあるガス室設置のマイダネク強制収容所の引込線上で下ろされた。目を疑うほど陰惨な収容所に放り出されて三人は本格的におかしいと感じ、ソ連兵の監視の目をかすめて脱出。周辺住民の協力で運良く米軍キャンプにたどり着いたのだと言う。ついでながら、この三人はソ連兵の驚くべき実態を随所で目撃し、次のように語っている。

「ロシアの連中はドイツ人全員を殺したいと心底思っており、相手がドイツ難民の女なら年齢に関係なく、手当たり次第に強姦し、その後に撃ち殺した。また、地雷除去のために先陣を切る懲罰大隊の移動も見たし、その後方に退却する味方を射殺する督戦大隊がぴったりはりついているのも見た」

かくしてこれを機に、ルブリン駐在のウィルメス中佐から大量の米軍捕虜情報がハリマンのもとに届き、由々しき問題の数々が浮上した。報告によれば「現在把握できている捕虜の数は四千人から五千人で、これ以外はいまだ不明。ソ連当局による捕虜の扱いは非常にぞんざい」とあり、これに続けて「我々はアメリカ人捕虜がドイツ軍捕虜の群れに巻き込まれて消息を絶ってしまうことを恐れ、そこでソ連当局に空輸送還を掛け合ったが、冷笑されて終わった。アメリカ人は小さな石炭ストーブが一個置かれた有蓋貨車に積み込まれ、一六〇〇キロ先のオデッサ（ウクライナ）に行き、そこでアメリカ海軍に引き渡される」という内容だった。

有蓋貨車と聞いてアメリカ兵がシベリア送りの目にあっていると早合点したハリマン大使はのけ反るほど驚いた。即刻、モロトフ外相にアメリカ空軍機による送還を要求したけれど、外相は「アメリカ兵の移送に貨車など使うわけが無い。思い過ごしです。普通の客車に決まっておる」の一言を返して来た。その後、互いに噛み合わない水掛け論となり、ハリマンは見事にはぐらかされ、空輸拒否となって談判は決裂。気を悪くした大使は陰鬱な顔でクレムリンを後にした。

――アカの奴らめ！

喜怒哀楽の感情をおもてに出すことは卑しむべきものと躾けられたハリマンだったが、この時は珍しく激昂。その勢いのまま、ルーズベルト大統領にモロトフとの顛末を電送し、このままではアメリカ国民から突き上げられ、大統領支持率は下落すると警告した。病的な対ソ宥和でヤルタ会談を乗り切った大統領も、捕虜をめぐる弱腰外交で全アメリカ国民からバッシングを食わされては元も子もない。そう承知しているので、三月四日、次なる厳しい内容の親電をソ連の独裁者スターリンに送った。

「親愛なるスターリン元帥、私は赤軍によってドイツ軍収容所から解放され、現在ソ連当局の管理下にある米軍捕虜と米軍傷病兵の扱いについて、信頼すべき筋から芳しくない情報を提供されました。本来であれば、米軍捕虜および傷病兵は解放された後、速やかに必要物資を補給され、紳士的な扱いのもと、原隊へ送還されるべきものであるにもかかわらず、ソ連当局の足止めにあい、友軍としての扱いをされておらぬどころか、虐待に近いことも起こっているとのこと。ただちにこれを是正いただきたく要請いたします。そして今ひとつ。アメリカ空軍機の使用が認められているウクライナのポルタヴァ飛行場からC-87輸送機を飛ばし、米軍捕虜の空輸措置を取らせていただきたく、ご配慮をお願い申し上げます。衣服、医薬品、食料など必要物資を速やかに供給し、またポルタヴァにあるアメリカ軍野戦病院に傷病兵を移送するには、空輸に頼るほかはありません。これらの措置はヤルタ議定書で取り決めた内容の範疇にあり、何らの問題はないものと存じます。私の持つ大統領権限を米軍捕虜の救済に充てることは単なる人道上の措置だけでなく、公共福祉という最も重要なアメリカの社会的義務に対する措置でもあるのです。速やかにご対処方、よろしくお願い申し上げます。

署名／F・D・ルーズベルト」

このルーズベルト親電に対するスターリンからの返電は翌日三月五日のことで、それは末端の出来事がクレムリン中枢まで達している意外な証拠とはなったが、肝心な点で、まったく期待外れだった。この独裁者はルーズベルト電文に書かれた人道問題や公共福祉がアメリカにおいてどれほど重い意味を持っているのか理解できていない。だから、たかが戦時捕虜ごときで何を大騒ぎしているのかと思っている。

いっぽうハリマン大使は、任地惚れを起こす外交官とは正反対の性格だったから、転送されて来たスターリン電文を読んで、ソ連そのものにますます不信と疑惑を募らせた。

――嘘をついている！

大使は、いまいましそうに呟いた。ともかくソ連当局は何ひとつやってない。ついこのあいだ合意されたヤルタ議定書には七つものソ連による履行義務事項がある。しかし、どれもこれもやる気配はない。せいぜいポルタヴァとルブリンに米軍連絡将校用キャンプをチマチマと作ってお茶を濁している。

大使は、この時、ふと、声を出さずに笑うモロトフ外相の癖を思い出した。慇懃無礼のはぐらかし名人モロトフはぐずぐずと時を稼ぎ、そらとぼけ、再交渉に持ち込み、ヤルタ議定書の修正を画策するだろう。

――図々しいにもほどがある。

ともかくソ連をこれ以上つけあがらせないためにも捕虜問題については言い逃れができない現行犯現場を押さえ、黒白をはっきりつけておく必要がある。

そこで大使は要求を次の二つに絞った。

①アメリカ軍特命将官をポーランド地区に派遣し、赤軍将校同行の上、米軍捕虜の実態調査をおこなうこと。

②ポーランドにいる米軍傷病兵の移送と緊急医療機材空輸のためのアメリカ空軍機の投入をおこなうこと。

この二点を中心にした対ソ要求をルーズベルトに勧告し、その線で大使はモロトフに切り込んだ。だがこの時、タイミングを見計らったようにドイツＣ軍集団（全兵力一〇〇万余）の降伏交渉がソ連抜きで始まったから、この動向にモロトフは強い危機感を覚え、三月十二日、ハリマンを呼びつけて、大クレームをぶつけて来た。しかしハリマンは頑として動ぜず、「ソ連はポーランド地区に米軍当局の査察が入ることを受け入れない。そこで何が起こっているか開示しない。捕虜問題については非協力的である。従ってソ連当局がドイツC軍集団問題に参加する資格はない」と言って、モロトフにノーを突きつけた。

モロトフは「我々は捕虜の扱いについて愚直に条約を守っている。C軍集団問題からのソ連締め出しを認めるわけには行かない。ソ連政治局の代表がその会合に参加できないとなれば、重大な緊張を招く」と切り返している。

押し問答が続き、十日後の三月二十二日、再びモロトフはハリマンを呼びつけ、「我が国の目が届かない場所でこそこそとやっているドイツとの会議について我が国の態度を通知しておく。ソ連政府はアメリカ兵捕虜の実状調査を拒否する。また、ソ連政府は米英両国が我が国抜きでドイツ相手に行っている会議を絶対に許しがたい行為だと考え、相応の措置をとる」と言い渡した。

モロトフ外相

かくしてスターリンは駐米大使グロムイコに命じ、「ソビエト連邦最高会議が四月二十五日に開催される。最高会議はサンフランシスコで開催される国際機構についての連合国会議と時期的に重なるためモロトフ外相はこの連合国会議に出席しない」という書簡をワシントンの国務省に届けさせ、アメリカの意向ボイコットという相応の措置を取った。こういう挙に出られるとアメリカの威信は地に落ちるから、ホワイトハウスは気の毒なほど狼狽し、米軍捕虜の問題はうやむやになった。

2　モロトフ外相に放ったトルーマンのワンツーパンチ

スターリンはこの時六十六歳。ヒトラーと双璧をなす怪人物の本名はヨシフ・ヴィッサリオノヴィチ・ジュガシヴィリ。出生地グルジアのゴリにあるウスペンスキー寺院にはスターリンが一八七八年十二月十七日に洗礼儀式を受けたという戸籍簿が保存されている。

農奴出身の靴職人ジュガシヴィリの息子ヨシフには、悪党としての抜きんでた素質があった。酒乱の父親がふるう家庭内暴力と治安の悪いゴリの荒んだ環境が相乗効果を生み、ヨシフは冷酷でふてぶてしく、乱暴で強情でどうにも手におえない奇怪な生き物になり、これが子供のすることかと疑うようないじめの首謀者になった。敬虔な正教徒の母親は、これではならじと息子が十歳の時、なけなしの貯えを総動員して神学校初等科に入れたのだが、ヨシフは十九歳のとき神学校から退学処分にあい、放逐された。

神学生ジュガシヴィリから職業革命家スターリンになったこの男は、その道では知られた危険人物になり、逮捕、流刑、懲罰、逃亡を八度繰り返し、かくして警察の調書にはスターリンの写真の横に次のような人相書きが記載された。すなわち、背丈は小柄、顔一面の物凄い天然痘のあばた、目は茶色、右眉の上にホクロ、左肘は伸びず曲がったまま萎縮、左足の指は癒着して奇形を成す、うんぬん。この職業革命家は貴族、聖職者、富裕市民に対するテロ組織の頭目として半生を送り、およそ人が考えつく悪事で手を染めなかったものはなく、スターリンというこの男の名前から連想する言葉をならべて見ろと言われれば、執念深い蛇、無慈悲、残虐、裏切り、嘘つき、人殺し、強盗といったところだが、それとは別に、寡黙、慎重、計画的など、まともな属性も現われる。

レーニン亡き後、足元から恐怖の瘴気（しょうき）を噴き上げ、国家秘密警察（ＮＫＶＤ）、ルビヤンカ刑務所、強制労働キャンプという三つの弾圧手段を振りかざして登場したスターリンは、以後死ぬまでの二十九年間、ソ連の絶対的な支配者となった。で、その風貌はと言えば、ふくろうと人間の中間のような感じと評された浅黒い顔。鼻筋はとおり、オールバックにしたごま塩頭とごわごわした特徴的なスターリンひげは一度見たら忘れられるものではない。そして茶色の目。これは激怒すると黄色い光を放ってぎらぎら燃えたとある通り、この目がどうにも穏当を欠いている。

もう一つ、全盛時代のスターリンと面談したバルカン半島モンテネグロ出身のユーゴスラビア共産党幹部ミロヴァン・ジラスによる寸評がある。いわく、「スターリンは非常に小柄で、不恰好な体形だった。胴体はやけに短く、幅が小さいわりに、かなりの布袋腹だ。それにひきかえ、手足はやたらに長く、もてあましている感じがする。左側の腕と肩はこわばって硬直。意外なことに、髪の毛は薄く、有名なスターリン髭もスカスカだ。血色は良く、内側に向かって生えた乱杭歯はタバコのやにで真っ黒。そして黄色い目は底の知れない暗黒を思わせ、悪意に満ち、人を困惑させる」とある。

父親は靴職人、母親は洗濯婦という極貧家庭に育ち、赤い皇帝と呼ばれるに至ったスターリンの性格の中で最も異様なものは猜疑心だった。想像を絶する大粛清の原動力となったこの男の猜疑心は生まれついてのものではあるが、晩年、それを狂気のレベルにまで昂進させたものはアテロームという脳動脈の内側に付着した粥状の沈殿物である。この独裁者は長い年月の間に、おびただしい量のアテロームを脳血管にへばりつかせたおかげで動脈内腔が狭小化し、その結果、異常な猜疑心に取りつかれ、アテローム血栓性脳梗塞で死んだ。主治医ミヤスニコフ博士は、はるか後年、「私はスターリンを治療した」という手記をモスクワスキー・コムソモーレツという新聞に公表し、その中で「スターリンの直接の死因は血栓性脳梗塞であるが、猜疑心を異常なまでに増幅させたものはアテロームだった」と述べ、「ソ連という国家は、脳の左半分がアテロームにべっとりと埋めつくされ、そのために途方もない猜疑心に取りつかれた偏執狂の病人によって運営されていたのだ」と続けている。余談ながら、この独裁者は即死せず、昏倒後五日間生きており、博士は臨終の瞬間を看取った主治医として検死解剖に立ち合った。

ともあれ、ルーズベルト（享年六十三）とスターリン（享年七十五）は、双方ともに脳血管の異状で死んだ。大統領は高血圧が原因で隠れ脳梗塞を頻発させ、脳血管性認知症を発症して不安定な日々を送る中、一九四五年四月十二日に脳内出血で死去。そしてソ連の独裁者はアテロームを脳血管の中でヘドロのようにはびこらせ、猜疑心に取りつかれ、一九五三年三月五日に血栓性脳梗塞で死んだ。双方に共通しているのは医師団の忠告をまったく聞きいれず、医者が敵であるような扱いをした点で、特に大のユダヤ人嫌いだったスターリンはユダヤ人医師が自分の暗殺を企てているという妄想に取りつかれ、クレムリンに勤務するユダヤ人医療関係者全員をルビヤンカ刑務所に叩き込んだ。

時計の針を三月二十二日に戻そう。この日、スターリンは《米軍捕虜の実状調査拒否》と《サンフランシスコでの連合国会議ボイコット》という二つの外交カードをルーズベルトにぶつけたが、アテロームはまだそれほど深刻な状態になっていないから、この行為は病的に肥大した猜疑心の産物ではない。しかし、生得の疑り深さは健在だったから、ヤルタ会談終了直後、スターリンはジューコフほかの元帥から前線報告を聴取して、おかしいと感じている。それは、ここへ来て赤軍に対するドイツ軍の抵抗が狂気と思えるほど激しくなっていたからだ。特にオーデル川付近のドイツ兵は日本の神風特攻のような熱意でソ連兵の前進をはばみ、おかげで兵の損失は毎日千名を越えている。いっぽう、ドイツ西部戦線でのアメリカ兵の損失は一日たった六十名だ。またソ連兵に対しドイツ兵は、投降するぐらいなら相手を道連れにしてやろうという具合だったが、アメリカ兵に対しては嬉々として投降し、その数は軽く万を越えている。だからアメリカ軍はレマーゲン市にあるルーデンドルフ橋をまたたく間に制圧しライン川を突破。それから二週間でフランクフルトを奪取し、ほとんど無抵抗でドイツ中央部に到達。その後も超快進撃を続けている。

——何かある！

と、スターリンが思った矢先、昨日までなりふり構わぬ宥和姿勢を取っていたルーズベルトが手の平を返し、言いがかりもどきの捕虜問題を突きつけて来た。その直後に飛び込んできたものはドイツC軍集団の投降交渉だった。しかもソ連の同席は遠慮しろと言っている。瞬間、スターリンは米英がドイツと結託していると思考を飛躍させた。西部戦線で投降したドイツ兵はそのまま東部戦線に投入される。東部戦線のドイツ兵は西部からの援軍を待っている。だからオーデル川のドイツ兵はあれだけ頑強なのだ。

——米英は我々を裏切るつもりだ！

スターリンがそういう結論を得るのにさほど時間はかからなかった。

❖　❖　❖

「モロトフ外相はサンフランシスコの連合国会議に出席しない」

この会議は会期中に国連憲章を起草し、署名することが予定された事実上の国連総会だったから、アメリカはクレムリンから届いたボイコットを突きつけられ、梯子を外されてパニックに陥った。そして、その三日後（三月二十五日）、ルーズベルト大統領はスターリンに親電を送り翻意を促したが、返って来た電文には「モロトフの代理としてグロムイコ駐米大使を出席させる」とあり、ソ連を除け者にした件は絶対に許さないの一点張りで、取りつく島もない。判断力の確かなスターリンから鋭いお突きを噛まされたルーズベルトが、これ以降、クレムリンの独裁者に発した親電は計六通。いずれもリーヒー提督が原稿を作り、大統領は隠れ脳梗塞を抱え込んだ人によくある押し潰されたような署名を繰り返した。しかしスターリンはボイコットを取り下げず、しかもこの騒動と相前後してルブリン共産党政府とソ連の間で相互援助条約が締結されるという許しがたいニュースが飛び込んで来たから、ルーズベルトは焦れ、「ＵＪ（ユージェー）は駄目だ。話にならない」とユダヤ系大物政治家バーナード・バルークに訴えている。だがすぐに、「ＵＪほど頼りになる奴はいない」と言い出すなど、情動失禁の兆候を頻繁に見せ、不安定きわまりない。ちなみに《ＵＪ》とはスターリンの綽名で、ヨシフというファースト・ネームを英語読みに直してジョーとし、ここからアンクル・ジョー（ジョー小父さん）なる隠語が作られた。

繰り返しになるが、ルーズベルトは隠れ脳梗塞を頻発させ、極度にやせ細り、脳血管性認知症を引き起こしていたから、考えは一貫せず、いかにも不安定だった。かくして大統領は、後をすべて取り巻きに任せて三月三十日金曜日からジョージア州ワームスプリングスの別荘で長期休暇に入った。この間、大統領はルーシー・ラザフォードという情婦をこの別荘に呼び寄せている。

ところでルーズベルト夫人エレノアは大統領の気質について次のように語った。

「夫は何か気に入らないことが起きると、以後、それについて知ろうとせず、一方的に無視し、話題にすることを絶対にしませんでした。そうです。夫は『気に入らないけれど、どうにも手がつけられないことは徹底して放置し、完全に無視する。そうしていると自然に片がつく』と思っており、これが夫の強固な信念となっていました」

事実、大統領は自分に不都合な問題が出現すると、公の場であれ私的な場であれ、そういうものが存在しないふりをした。辛辣な元副大統領のウォーレスに言わせると、これは危機に遭遇したダチョウが首だけを砂の中に突っ込むのと同じで、ルーズベルトが使う常套手段だったと言っている。

この常套手段に出ようとする気持ちは、ルーズベルトが死去する前々日の四月十日、ワームスプリングスからチャーチル首相とスターリン元帥に宛てた親電にも色濃く現われている。ちなみに、文脈が不安定で、あやふやな箇所があるこの電文の作成はルーズベルト最後の仕事になった。

「親愛なるチャーチル首相へ／私はソ連との間で発生する諸問題全般を、できるだけ小さな問題として取り扱うよう提案したい。なぜならこうした問題は次から次へと毎日起こっており、ドイツC軍集団をめぐる問題も、他の問題と同様に清算されるからです。しかしながら、私たちは毅然とした態度を取らねばならず、これまで、私たちの取ってきた道は正しいのです」

「親愛なるスターリン元帥へ／ドイツ軍との会議について貴国ソ連がいかなる視点に立っているか、あなたから率直な意見表明を頂戴しありがたく思っています。C軍集団に関する問題は、なるほど目の前に黒い影を落としてはいますが、いかなる有益な目的を達成することもなく過去へと消え去っていく運命です。いずれにしても、我々の間にはいかなる相互不信もあるべきではありません。将来に渡ってこのような問題に対する些細な誤解は起こるべきではありません。私は連合国の軍隊がドイツで邂逅（かいこう）し、そして完全に隊列を組み終えて攻勢に出る時、ナチス・ドイツの軍隊は瓦解するのだと、心の底から感じています」

　このスターリン宛電文はチャーチル宛電文と同時（四月十日午前十時十四分）に発信されたが、これをクレムリンに持参するハリマン大使は電文中にある「些細な誤解」という部分が気に入らず、ここから《些細な》を取るよう主張したが、それは却下された。このやりとりで時間を食ったため、ルーズベルト最後のスターリン宛電文がクレムリンに届けられたのは大統領死去の翌日（四月十三日）になった。

　大使はスターリンとの劇的な面談の顛末を次のように語っている。

「私が大統領急死の知らせと、最後となった親電を持ってクレムリンに着いたのは十三日午後八時です。私を出迎えたスターリン元帥は深く動揺していました。元帥は黙って私の前に立ち、私に席を勧めるまでの三十秒間、私の手を掴んで放さず、じっと私の顔を見つめ、明らかにうろたえており、その時の身悶えするような様子はギョッとするほどのものでした。しかし私は次の瞬間、元帥の心のありようがわかりました。この人には大統領の死を哀悼する気持ちが無いのです。それよりもこの人の顔には気前の良いパトロンを失った者が見せるおびえの表情が貼りついていました」

スターリンは新しい大統領のことをまったく知らなかった。だからお悔やみの言葉を早々に切り上げ、トルーマンについて非常に多くの質問を発している。そこで大使は新しい大統領の略歴を簡単に説明した後、次のように続けた。

「トルーマン大統領はスターリン元帥が好ましいと思うような人物です。すなわち言葉ではなく行動の人なのです」

「ルーズベルト大統領は逝去されたが、その理念は生き続けなければなりません。我々はトルーマン大統領を全力、全霊をもって支えるでしょう」とスターリン。

「元帥閣下。トルーマン新大統領を支え、ルーズベルト大統領の理念を継続させるため、今、求められていることはモロトフ外相の連合国会議出席です。ワシントンでトルーマン大統領と面談し、それからサンフランシスコでの連合国会議に向かうにあたり、私は喜んで飛行機を用立てましょう。この飛行機はルーズベルト大統領がヤルタへ向かった時に使用した最高の乗り心地を保証するC-54です」

スターリンはハリマンに気合い負けし、ソ連ナンバー・ツーの米国行きにOKを出したが、条件を一つつけている。

「せっかくの申し出であるからC-54はありがたく使わせてもらいましょう。ただし飛行ルートはシベリア経由とさせてもらう」

大使は、ALSIB（Alasuka-Siberia）というシベリア空路をなぜスターリンが選択したかすぐわかった。大西洋ルートの場合、交戦地域の上空近くを飛ばなければならないが、シベリア空路ならソ連とアメリカはベーリング海峡をはさんで国境を接しており、危険を最小限に押さえられるからだ。

「承知しました。それではすぐ準備に取りかかりましょう」

こういう経緯があり、大使は次の電報を本国に送った。

「モロトフ外相は四月十七日早朝、ワシントンに向かう。私も急ぎ帰国する」

予定通り外相はモスクワを発ち、シベリアを横断し、海峡を越えてアメリカ大陸に至り、アラスカ州ノームで給油。さらにモンタナ州グレートフォールズ空軍基地に飛び、そこで一泊したから、ワシントン到着は四月二十二日日曜日午後五時四十六分となった。

いっぽうハリマンはC-54をモロトフに提供し、自分はポルタヴァ飛行場からC-87Aをモスクワに来させ、四月十六日月曜日午後十時四十分に出発した。飛行経路はモスクワからテヘランに飛び、そこから西に転じ、ダマスカス上空をかすめてイタリア半島のかかと付近に位置するバーリに出、さらに北アフリカのカサブランカを経てアゾレス諸島上空に至り、さらにノバスコシア（カナダ）を経て、四月十九日木曜日午前零時、ワシントンに到着した。所要時間は四十九時間と二十分。大使はこの時間差を利用して、ソ連の動きをトルーマンの目を見ながら直接説明し、モロトフとの面談時に何を言わねばならないかを叩き込もうとしている。

ところで、世界情勢はルーズベルト大統領の急死と同時に東西冷戦に向かって大方向転換したことは紛れもない事実であるが、なぜルーズベルトという政権トップが死去した途端、アメリカは対ソ宥和をかなぐり捨てたのかとなると百家争鳴、そこにはさまざまな説があり、中でも《ユダヤ人陰謀論》などは、あくまで憶測の域にあるものの、何かの拍子で間歇的に議論の表舞台に飛び出して来る。

なぜユダヤ人か？　おそらくそれは次の事柄をつなぎ合わせて紡（つむ）ぎ出した結果なのだろう。
①大統領ルーズベルト自身、家系数代前にさかのぼるとクラース・ヴァン・ルーズベルトなるユダヤ系オランダ人にたどり着く。
②ルーズベルトを大統領に引き上げ、長期政権を握らせたのはユダヤ系アメリカ人の頂点にいた長老政治家バーナード・バルークだった。

③バルークは第一次大戦から第二次大戦に至る間、軍需産業に関わる大統領顧問として巨大な権力を握った。この男はアメリカ国内のあらゆる軍需産業をコントロールしただけでなく、原爆開発に対し莫大な資金提供をおこなっている。そして、ロス・アラモス原爆研究所をはじめ、これら原爆開発に携わったユダヤ系頭脳の何と多いことか。

④ルーズベルト政権周辺には多数のソ連工作員（ユダヤ系コミンテルン）が暗躍していたが、それ以外に、ハリマン大使ほか膨大な数のユダヤ系アメリカ人がこの政権を支えており、これら二つの要素が大統領を対ソ宥和、反ナチズムへと導いた。

⑤バルークは、特に第二次大戦以降、アメリカにおける中心的な経済活動としての軍産複合体政策を積極支援し、死の商人として途方もない富を吸い上げた。ついでながら、バルークは《冷戦》という言葉を発明した男である。

⑥軍産複合体というメカニズムがうまく回転するためには、世界の至る所で紛争が起こらねばならない。そのためには対ソ宥和路線が邪魔になる。ルーズベルトの急死を奇貨とみなしたバルークは、一挙に冷戦構造をつくるため、ユダヤ人特権階級をその方向へ駆り立てた。

これが「なぜユダヤ人なのか？」についての答えであり、この陰謀論（憶測）に軸足を置くなら、以下に述べるようなハリマン大使のみの思惑によって東西冷戦となったのではなく、死の商人バルークの意図が関係している可能性は高い。

モロトフよりも三日ほど早くワシントンに到着したハリマン大使は、四月二十日金曜日正午、トルーマン大統領、ステティニアス国務長官、グルー国務長官代理、ボーレン国務省ソ連部長が待つ大統領執務室に入り、タイプ用紙一枚の資料を配布した後、クレムリン状勢を語り始めた。このとき大使はトルーマンと初対面の挨拶を交わし、どうも大統領としてサマになってないと少し不安になった。ところで大使は、この日の会議時間がわずか三十分だったから、米軍捕虜とドイツC軍集団にまつわるソ連の怒りは割愛し、焦点をソ連によるヤルタ協定破りの問題一本に絞っている。

「私が急いでワシントンに帰ってきたのは、ソ連のヤルタ協定破りをじかにお伝えするためです。ヤルタ協定の前提となっているポーランド・マターは、資料に記載した次の四項目、すなわち

①ポーランドとソ連の新しい国境線はカーゾン線とする。

②ポーランドとドイツの新しい国境線はオーデル・ナイセ線とする。

③米英ソ三国によって直ちに承認されるポーランド暫定政府は総選挙を準備し、正式なポーランド政府機構を作る。

④暫定政府にはルブリン政府メンバーに加え、何名かのロンドン在ポーランド亡命政府メンバーを参加させる。

これが前提となっています」

トルーマンはすでにボーレン部長、マシューズ補佐官、アルジャー・ヒス特別政治問題研究所長の書いたヤルタ会談の備忘録を目の奥がきしむほど熟読していたから、ルブリン政府やカーゾン線のことは知っていた。しかし、ポーランドがドミノ倒しの最初の駒で、この駒を東西どちらの陣営が獲得するかによって、戦後ヨーロッパの勢力地図がまったく変わってしまうという点が今ひとつピンと来ていない。大使はトルーマンの理解不足にすぐ気付いたが、委細かまわず先を続けている。

「ヤルタ合意についてスターリンが真面目に取り組んでいるのは対日参戦だけです。さよう、参戦の第一布石は、去年十一月六日、革命記念日前夜祭で日本は侵略国であると実に明瞭な対日批判をしてのけたことであり、第二の布石は、ルーズベルト大統領が亡くなる一週間前の四月五日、クレムリンに日本の佐藤

大使を呼び、日ソ中立条約の破棄を予告する覚書を提出したことです。スターリンは、この二つはやりました。しかし、それ以外はヤルタで合意したいかなる条項も履行を遅らせ、横着を決め込み、その隙に共産圏拡大の手を次々と打っています。ソ連がポーランドのルブリン共産党政府と相互援助条約を締結したのは、ルーズベルト大統領が死去する三日前のことでしたが、この条約はポーランドの事実上の共産化が目前に迫っていることを示しており、こうなるとポーランド新政府にロンドン亡命政権のメンバーが参加できる余地はありません」

「ハリマン大使。となるとあんたが配布した資料の四項目目は反故にされるというわけかね？」

「大統領。スターリンは様子をうかがっているのですよ」

ソ連は迷っている。戦禍に荒廃した国土の復興にあたりソ連にとってアメリカの援助は欠かせない。幸いルーズベルトは独ソ戦が始まって以来、武器弾薬、車輛、航空機、食料、医薬品など膨大な軍事物資をソ連に提供し、その後のテヘラン、ヤルタ両会談でも対ソ寛容路線を貫いている。そういうルーズベルトの一種常軌を逸する宥和的姿勢を注意深く観察してきたスターリンは、ソ連がポーランドを取り込んでアメリカを刺激したとしても、結局は譲歩し、ソ連の戦後復興支援もそのまま継続するだろうと見切った。

「厚かましくも破廉恥な見切りですが、スターリンの読みは当たりでした。現にルーズベルト大統領は死の直前、『ソ連との間で発生する諸問題全般についてソ連を刺激するな』と言っています。国連の事実上のボイコットも、相互援助条約を結んでポーランドを取り込む動きも『些細なことだから大目に見ろ』と言っているのです」

聞いてトルーマンは鳩が豆鉄砲を喰らったように目をぱちくりさせた。ルーズベルトという指導者がソ連にとって《役に立つ馬鹿者》だったとは冗談が過ぎる。しかし今、この執務室で自分を見つめる四人の政府高官の目には『それは冗談ではなく本当のことだ』という色が滲み出ている。

「当然、ソ連は敗北ドイツと東欧諸国の赤色化に乗り出すでしょう。居すわり、のさばり、はびこり、支配圏を広げるという古来変わることなく続いてきた蛮族の手ですよ。片方の手でアメリカの支援はちゃっかりと受け取り、もう片方の手で新領土からあこぎに上納金を搾り取るのです」

ハリマン大使は、今、この瞬間がルーズベルトの対ソ宥和路線を抜本的に変更する絶好のチャンスだと見ている。

「ところでアメリカ財界にはソ連を敵視するなという意見があります」と、ハリマン。

ソ連とギクシャクすれば、ソ連という大市場を失うことになるから、今まで通り宥和路線で行くべきだという主張だが、大使はこの意見を潰すため、ソ連が勢力を広げるということは、民主主義が封殺され、秘密警察万能の抑圧国家が増殖することを意味し、アメリカは共産圏拡大を阻止しなければならないと述べた。

「大統領、我々は蛮族によるヨーロッパ侵入という事態に直面しているのです。モロトフ外相と面談するこの機会をとらえ、ピシャリと横っ面を張るぐらいの気持ちで楔（くさび）を打たなければ、スターリンは本気で全ヨーロッパの赤色支配に舵を切りますよ」

次にハリマンは、ソ連の外相が振りまく友好的な雰囲気は完璧な見せかけで、あれは煮ても焼いても食えない男だと前置きし、少しくだけた口調でモロトフの横顔を語り始めた。

ずんぐりした、もっさり髭のモロトフは五十五歳。スラブ系によくある平べったい顔には鼻眼鏡が貼りつき、メガネの奥の眼窩には意識して表情を消した青い両眼が居すわっている。額は並の三倍はあろうかという広さで、しかも盛大に飛び出しているから、ロシア語でハンマーという意味の《モロトフ》という変名を考えついたのはこの額のせいだろう。

「モロトフとはどういう男か?」と人に問えば、即座に慎重、緻密、頑固、冷酷、陰険、無愛想という答えが返って来る。慇懃無礼という回答もあるけれど、それは形を変えた偏屈に過ぎない。また、モロトフは部下が気を失うまで叱り続け、本当に失神すると冷水をかける。そういう異常な粘着気質があった。そしていつも頭に鍵をかけて、何を考えているか分からないようにしており、それかあらぬか声を立てずに笑う。どもり癖があり、そのため非常に口が重い。本名はスクリャービン。スターリンとタッグを組んだのはモロトフがプラウダ紙の論説委員会書記だった一九一二年以来のことだ。比類なき実務家モロトフはスターリンの意図するところを驚くほど正確に把握し、そつなくナンバー・ツーの役割を果たした。しかし、だからと言って単なるイエスマンではない証拠にこの暴君をたしなめることもある。酒はスターリンよりも強い。乾杯の言葉は極端に短く、あとで効果を生む計算ずくのスピーチを得意とした。あまり知られていないことだが、モロトフはロシア革命前後、居酒屋と映画館でマンドリン（メンバー不在の時にはバイオリン）を弾いて小遣いを稼いだ。妻はユダヤ人（仕立屋）の娘で、モロトフが手紙に残した異常なほどの愛妻家ぶりはこの男の隠れた一面である。

「大統領、ともあれ問題はポーランドですよ。ヤルタ合意を厳粛に守れ。取引は無しだ。そういう強い態度でロシア人に当たらなければ、あの連中を押し戻すことはできません。曖昧な言葉でヤルタの約束を守ってくれと婉曲に言ったら、日本にはちゃんと宣戦布告する。約束は守っていると言って交ぜっ返されるだけです。はっきりポーランドと言って釘を刺さねばなりません」

「ハリマン大使、私は断固とした態度をとるつもりだ。今日はここで切り上げよう」

トルーマンはそう言って散会した。

二日後、四月二十二日日曜日夕刻、モロトフはペンシルバニア通りを挟んでホワイトハウス北側にあるブレアハウス迎賓館に入った。

トルーマンとモロトフ外相の正式会談は翌日四月二十三日午後五時三十分に設定されていたけれども、

大統領は午後八時三十分、非公式の会談をセットさせ、ステティニアス長官と通訳のボーレン部長をともない、ブレアハウスのレセプション・ルームにやって来た。てきぱきした感じでモロトフに歩み寄った大統領の服装はファッション雑誌から抜き取って来たようにダンディーで、特に靴下とネクタイと上着胸ポケットのハンカチをコーディネイトする習慣は紳士用服飾店を経営していたころの名残であり、この日はベージュ色のダブルスーツ、水玉模様のボータイに同じ柄のハンカチ、足元は茶色靴の上に白いスパッツだった。いっぽうモロトフは、サイズが合ってないコートを平気で着るような服装無頓着男で、上着と来たらまったく同じデザインのダークグレイスーツ一本槍。せいぜいのお洒落はホンブルグ・ハットぐらいのものだったから、トルーマンの出で立ちを見て、ほんの一瞬、いわく言いがたい顔つきをした。言うまでもないが、モロトフの背後に控えたパブロフ通訳は、もはや職業病となった無表情をピクリとも崩していない。

この夜、大統領とモロトフの会談は、ついにかみ合わずに終わっている。

無理もない。モロトフはクレムリンのナンバー・ツー政治局員として内務畑を歩き、第二次大戦勃発直前、外相に就任すると、ヒトラー、チャーチル、ルーズベルトほかこの時代の多彩な各国指導者と渡り合う中で天性の外交的センスに磨きをかけ、ハイレベルの政治感覚を駆使し、ソ連に勝利を呼び込んだ外交官である。下世話な言葉で言うなら、モロトフはしたたかな、すれっからしの外交官だったから、トルーマンのような畑の中のじゃが芋とはわけが違う。かくして素人のトルーマンはいいようにあしらわれたのだ。

翌日二十三日午後二時、ホワイトハウス・地図の間（マップルーム）でトルーマンを議長とする会議が始まった。出席者はスティムソン陸軍長官、マーシャル参謀総長、モスクワ駐在武官ディーン将軍に加えてフォレスタル海軍長官、リーヒー提督、キング提督、ステティニアス国務長官、ダン国務次官、ボーレン部長、ハリマン大使となっている。

もともとこの会議は三日前に開始された沖縄戦のために準備されていたのだが、急に内容変更となって、昨晩、実施された米英ソ三国外相会談の顛末を聞こうとなり、ステティニアス長官が参加した。だが、長官の口を突いて出た言葉は、モロトフの強硬姿勢に辟易する嘆き節だったから、大統領は愕然とした。昨晩九時からと本日午前十時半からの二回、計四時間をかけたポーランド暫定政府問題は大統領がモロトフに注文をつけたにもかかわらず、ソ連には妥協のかけらもないというのだ。

「完全な行き詰まりです。また、暗礁に乗り上げたのは、それだけではありません。国連問題から賠償金・領土問題まで、このままではソ連に与えるのみの一方通行になります。行動対行動の原則（quid pro quo）など完全にどこかへ行ってしまった。アメリカに残されたものは損失ばかりです」

ルーズベルト大統領の死によって、これまでルーズベルトが放置し、知ろうとせず、話題にすることすら回避してきた不都合なことがいきなり目の前に押し寄せたものだから、トルーマン後継政権の要人は今更ながらに狼狽した。興ざめも甚だしい厄介事の一つは国連である。死んでしまった大統領はサンフランシスコで事実上初の国連総会を開催し、恒久平和の業績を誇示するという《名》を取るため、アメリカを対ソ宥和の一字で塗り固め、スターリンという危険に何ひとつ手を打ってこなかったのだ。帰するところ、ヤルタでの合意とは、実にいい加減なルーズベルト式世界秩序の夢であり、夢のツケを払う役にまわったのがトルーマン政権ということなる。

「モロトフ氏が言うには、『ヤルタ協定締結後の二カ月間にドイツC軍集団問題でソ連を出し抜くという不誠実の挙に出たのは米英である。事情を変えてしまったのは英米であり、そうとなったからには、ヤルタ協定通りには行かない。ポーランド暫定政府についての米英の要求は呑めない』とあり、事情変更の原則（Clausula rebus sic stantibus）を適用すると言うのです」

そう述べてステティニアス長官がいったん話を終えると、地図の間には、束の間、沈黙が流れた。

「昨晩、私はあの男に『ポーランド問題はポーランド移民を多数抱えているアメリカ国内において国際問題の非常に大きな関心事になっている』と言ったら、あの男は『心得ております。おまかせを』と言ったぞ。その答えが事情変更の原則かね？　そうまでして、ポーランドを赤化し、国連をボイコットするなら、奴らは地獄行きだ！」

　明らかに気分を害したトルーマン大統領は、跳び上がって怒りをぶちまけるわけにもいかず、居心地が悪そうに身じろぎし、「諸君、どうすべきか順番に意見を聞かせてもらいたい」と言った。

　最初に見解を述べたのは大統領の左隣にいたスティムソン長官で、「ソ連に対しては気を静めてじっくり説き伏せる方法を取りたい。我々はルーズベルト急逝後のソ連の思惑について研究不足だ。間違ったメッセージを発する可能性の高い早まった考えはよろしくない」と言って発言を終えた。謹厳公正な賢人として鳴らしたこの陸軍長官は、さきの国務長官コーデル・ハル同様、必ずしも波長がルーズベルト大統領と合っていた訳ではなかったし、共和党員でもあったから、トルーマンは少し踏み込んだ違う視点での意見をスティムソンに期待したのだが、その意見は二律背反とも思えるどっちつかずの態度を表面化させただけに終わった。次にマーシャル参謀総長が「私は政治的局面におけるポーランド問題には精通していないが」と前置きし、その上で軍事的側面からの意見を述べた。

「ソ連が対日参戦することを望んだのはアメリカであり、事実、ソ連は日本を屈伏させる上で必要不可欠な役割を担っている。スターリンは、我々がポーランド暫定政府について強硬意見を主張すれば、八月十五日をもって満州に攻め込む約束を反故にすることができるし、そこまで行かずとも、何のかんのと理由をつけて赤軍投入を遅らせることができる。聞くところによれば、モロトフ氏は佐藤大使に『日ソ中立条約を破棄するとは言っても来年だから、来年の四月二十五日まで、この中立条約は効力がある』と告げたそうだ。そのことをわざわざアメリカに囁（ささや）いて来た腹の内は、『気に入らない要求をアメリカが出すなら、対日参戦は少し考えさせてもらうぞ』というメッセージであるように私には思える」

総長の意見は、ソ連との良好な関係をこわすべきでない、という点でスティムソン長官と一致していたが、いっぽう、残り八名は、程度の差はあれ、いずれも強い言葉で一発噛ませろ式の強硬論を展開している。ちなみにこの場にいる人間で、原爆の完成が近いと知っていたのは、スティムソン、マーシャル、ステティニアス、ボーレンの四名で、他七名、特にトルーマン大統領は原爆の存在自体さえ知らされていない。大統領が原爆の秘密をスティムソン長官から明かされたのは、この日から二日後の二十五日水曜日である。

さて、強硬論者八名中、トルーマンに最も強い印象を残したのは外相会議に参加していたハリマン大使だった。大使は虫歯をこじらせたように憂鬱で冴えない顔をしており、やつれが甚だしく、右の目尻にピクピク病が出ていたけれど、気持ちのたかぶりは押さえられない様子だったから、次のように話をはじめている。

「ヤルタの合意は空中分解しますよ。スターリンはポーランドの地に赤色傀儡政府を置こうと決意しており、そのゆえに、はぐらかしの天才モロトフは昨日と今日の会議で徹底した論点のすりかえを企て、ヤルタ協定の大幅変更を迫るという《同じ馬を二度買う交渉》を仕掛けて来ました。我々はこの不毛な会議にうんざりしています」

ポーランドをめぐる米ソの食い違いは、その根底にユーゴスラビアがある。

ドイツ軍撤退後、バルカン半島ではギリシャとユーゴスラビアが解放され、ギリシャの共産勢力排除に努めたチャーチル首相は、この国に亡命政府を中心とする保守政権を樹立させて目的を達したが、ユーゴスラビアの場合、対ソ宥和のルーズベルトがスターリンに肩入れしたので、ユーゴスラビアは共産党の実効支配となった。ソ連はポーランドもユーゴスラビア方式で米英の了解が取りつけられると確信しており、これがハリマンの言う《同じ馬を二度買う交渉》を指していた。

トルーマンは父親が馬喰（ばくろう）だったので、同じ馬を二度買うという業界用語の意味を知っており、聞いて思わず目を剥いた。それは正式契約を済ませ、家畜の引き渡しが終わり、代金を支払う段になって、もう一度値引き交渉を持ちかけるタチのよくない取引相手のやり口だったからだ。

次いで大使は、故ルーズベルト大統領がスターリンに丸め込まれていたという歴史の暗部にふれた。それはスターリンとルーズベルトの奇妙な関係である。最初、スターリンは様々な贈物攻勢をして来るアメリカのトップを見て、何かよからぬことを企んでいると思い、非常に用心していた。しばらく付かず離れず、黙って見ていたが、罠を仕掛けようとしている気配はない。おそろしく気前がよく、自分が出す要求は実に機嫌よくＯＫする。独裁者は怪訝な気持ちでいたが、テヘランで初めて直接面談した時、大統領は本気で自分にすり寄り、媚びようとしているのではないかと感じ、それはヤルタで確信に変わった。

――あれは脳の病気だ！

自分の手の内にはルーズベルト大統領という最強のカードが転がり込んできたのだ。あの男の病気はソ連にとって想像も及ばぬ幸運を運んで来る。まさに瓢箪から駒。労せずしてアメリカの大統領をからめ捕ることに成功したスターリンは、ヨーロッパを傀儡政権で埋めつくすための第一歩としてヤルタ協定に明記された条項の一つ、すなわち《ポーランド暫定政府は何名かのロンドン亡命政府メンバーを参加させる》という条項を抹消させようとはかり、事実、その目論見はうまくいきそうだった。

「しかし、その前に大統領は急死しました。予期せぬ出来事に遭遇したスターリンが、今、トルーマン大統領に期待していることは、ルーズベルト精神を、忠実に、細大漏らさず継承することで、それによってスターリンはヨーロッパを真っ赤に染め上げるつもりです」

「ふざけたことを！」

「私もそう思います。おかげで、頭に血がのぼり、こんなピクピク病までもらってしまった。しかし、それはさておき、大統領。ソ連のような独裁国家は脅しの材料を豊富に持っています。我々のような民主主義国家は選挙という制約があるため、スターリンのように無茶ができない。アメリカはカネと優秀な武器を豊富に所有していますが、それを発動することは簡単ではない。だからこそ、今、ここでモロトフを脅しつけ、相手を抑止する必要があるのです。本日夕刻に予定された会談の席で、もっと強烈に直截的に言葉をぶつけ、激しく断固たる姿勢を取るべきであり、ヤルタ協定の完全な履行を要求すると強烈に噛ましておく必要があります」

そう言ってハリマンは発言を終えた。

その後、トルーマン大統領はステティニアス長官、ハリマン大使、ボーレン部長に残ってくれるよう依頼してマップルームでの会議を終えて皆が退出すると、次に、残った三人に向かい、自分は多数派の意見に従うと言った。そして大統領は、「私は喧嘩っ早いという評判が立っているが、モロトフとはその評判を裏切らぬ態度で面談する」と述べ、「それに関連することだが、スターリンへの親書を用意してもらいたい。モロトフにはその親書の内容を私流に味付けして、ご賞味いただく」と言った。

二十三日、午後五時三十分、トルーマンはホワイトハウスの大統領執務室（オーバルオフィス）でモロトフ外相と会談を始め、それは二十四分後の五時五十四分に終わった。同席者はステティニアス長官、ハリマン大使、リーヒー提督、ボーレン通訳、グロムイコ大使、パブロフ通訳である。

通訳が介在するため正味十二分という会談の中でトルーマンは何を語ったのか？

ボーレン通訳が残した会談備忘録によれば、大統領はモロトフ外相と短い挨拶を交わすや否や、「ポーランド問題が少しも前進していないと聞く。実に遺憾だ」と切り出しており、話し合いは大統領の剣呑な第一声で始まっていることが見て取れる。しかしそれ以降のボーレン備忘録は淡々としており、二人が激しく口論した様子は無い。当然と言えば当然で、この時大統領は、実際に口を突いてはき出された言葉がどれほど粗悪品だったかは別として、三十分前にハリマン大使から渡されたスターリン宛て親書の中身を忠実になぞっていただけだったからだ。

そこで親書だが、それは次のようになっている。

「親愛なるスターリン元帥／アメリカ合衆国政府は米英ソ三カ国が合意したヤルタ協定中のポーランド暫定政府を次のように理解しています。

①この暫定政府は、ルブリン政府指導者、ロンドン亡命政府指導者、その他ポーランド民主団体指導者によって構成される。

②この暫定政府の目的は、ポーランドにおける新しい挙国一致政府を立ち上げるための国政選挙を速やかに準備し、これを確実に実施することである。

ここで再度、ヤルタ協定についての米英側理解を申し述べると、その理解は次の四項目に集約されます。

①ポーランド暫定政府は八名の閣僚で構成され、当該八名は五名のポーランド本国人指導者と三名のロンドン亡命政府指導者から成るものと考える。

②モスクワで開催されるポーランド暫定政府諮問会議には次の十一名のメンバーが招請され、その中から八名が閣僚として選出されるものと考える。

・ビエルト氏、オスプカ・モラウスキ氏、ロラ・ジミェルスキ氏（以上、ルブリン政府指導者）

・ミコワイチク氏、グラブスキ氏、スタンチク氏（以上、ロンドン亡命政府指導者）

・サピエハ司教、ヴィトス氏、ズラウスキ氏、カチンスキ氏、ヤシウコヴッツ氏（以上、その他ポーランド民主団体指導者）

③右にリストアップされたポーランド人はすべての主要政党グループの代表者であり、その人々は自

分の属するグループの意見を代弁するため諮問会議に派遣されるものと考える。また、この諮問会議にはルブリン政府指導者だけが招請されるのではなく、すべてのポーランド指導者代表が招請され、かくあるべきポーランドの姿が討議されるものと考える。

④我々米英は、諮問会議終了後、ここにリストアップされたポーランド人指導者が採択した共同声明を読み、かつ、これを了解するまでは、ポーランドを国連の加盟国と認めない。我々米英はすでに国連加盟国と認められたユーゴスラビアの先例をポーランドに適用しない。

アメリカ合衆国政府はソ連政府がこの四項目を受け入れるよう切に希望し、また、モロトフ外相がステティニアス国務長官ならびにイーデン外相とポーランド問題を協議する際、この四項目を会話のベースとするよう切に希望します。そして、この期に及んでポーランドに関するヤルタ協定の履行をソ連政府が放棄するならば、それは米英ソ三カ国政府の結束と、将来に渡る連携継続の信頼性を著しく損なうことに繋がります。

署名／ハリー・S・トルーマン」

父親の遺伝子を濃厚に引き継いだトルーマンは驚くほど喧嘩っ早く、「タマぁ引っこ抜くぞ、この野郎！（去勢してやるの意味）」など、ご立派なボキャブラリーのストックがあった。こういう男がモロトフを激しくどやしつけてやるつもりでいたから、会見は予想通りの展開となり、同席したリーヒー提督はトルーマン・モロトフ会談後に用意されたプレスリリース用の事なかれ原稿を読んだ時、「これでは事実の半分も書かれていない」と言って苦笑した。しかしこの日の公式記録はボーレン部長の備忘録だけであり、両者の生々しいやり取りは憶測自由の領域にあったから、図々しいジャーナリストは平気で次のような記事を書いている。

「諮問会議には我々の要求したポーランド人がいない。けしからん！」と、トルーマン。

「大統領が要求したメンバーとは、赤軍に自動小銃の弾を浴びせて来るポーランド人です。こういう連中を我々が招かないのは当然のことです。とやかくいわれる筋合いはない」

　モロトフはそう言って切り返した。

「サピエハ司教やミコワイチク氏みたいな人が銃を持ち歩くわけがない。愚劣極まる与太話だ。私が聞きたいことはロシア人がヤルタでの約束を守る気があるかどうかだよ。さもないとポーランドは国連から締め出しを喰うぞ」と、トルーマン。

「締め出し？　ポーランドを敗戦国扱いにするだって？　暴論だ！」と、モロトフ。

「もう一度同じことを言う。ロシア人にはヤルタ協定を履行してもらわねばならん」

「大統領、アメリカはポーランドと国境を接していない。しかしソ連は違う。ソ連人民がポーランドにユーゴスラビア方式を望むのは……」

　ここで大統領はテーブルをバンと叩いて相手の発言を止めた。すでに大統領は、鼻にかかった甲高いミズーリ訛りで「ちょっと黙ってろ」を連発し、立て続けに外相の話を途中でさえぎっていたが、このときモロトフ外相がユーゴスラビアに言及したから、大統領はものすごい形相で「黙れ！」と言った。瞬間、モロトフの顔から血の気が引いて灰のようになり、「私の人生でこのように言われたことはない」と吐き捨てた。

「協定を実行しろ！　誠実にな。そうすれば君はそんな風に言われることはない」

　会見はとげとげしい雰囲気の中で終わり、モロトフは宿所に帰った。

「ガツンと言ってやったよ。遠慮なしだ。あごにワンツーパンチを入れてやった感じだな」

　大統領は取り巻きに向かって満足げだ。繰り返すが、この時点で大統領は原爆の存在を知らない。だから、モロトフを相手の威勢のよさは原爆とは無関係である。

　いっぽうモロトフはけろっとしており、死んだルーズベルトとは似ても似つかぬトルーマンのごろつき会見を振り返って、「自分が上だと見せつけるために、笑えるほど必死な様子だった」と語った。それを物語るように、会談翌日、スターリンから次の親電がトルーマンに送られている。

「親愛なるトルーマン大統領／私はモロトフ外相から電信でポーランドに関する四項目が書かれた貴親書を四月二十四日に落手いたしました。これを拝読したところ、ポーランド暫定政府はルブリン政府メンバー以外に、ロンドン亡命政府指導者ほかポーランド在野有識者を招請する形で組織されねばならないとあり、そしてまた、これはあくまで《暫定》であり、一過性のものであるから、速やかに国民投票を実施し、正式な挙国一致政府を作れ、とある。そのように私には読み取れます。

そこで私も自分の意見を以下四項目にまとめました。ご一読ください。

①私は暫定政府を一過性のものとは見なしていない。暫定政府は永続的存在としてポーランドの中心に置かれ、じっくりと時間をかけてこの国を牽引する力を身につけ、結果として挙国一致新政府の理想像に到達するものと考えている。これが私の意見であり、トルーマン大統領と見解の相違があるとすればこの点であろう。率直に申し上げるが、私のこの意見に歩み寄ってもらわなければ米英ソ三カ国の足並みを一致させるのは難しいと思う。

②ソ連は、ナチス・ドイツから解放されたギリシャとベルギーにいかなる政府を樹立させるかという問題については米英に一任し、米英のやることに横から口をはさむことを慎んできた。私は、なぜ米英はポーランド問題にいちいち介入するのか理解できない。思い出していただきたい。ポーランドをナチス・ドイツから解放した功績は赤軍兵士にある。ポーランドの解放は赤軍将兵の膨大な流血によって贖われたものだ。犠牲となった赤軍将兵の数は、ベルギーとギリシャを解放するために犠牲となった米英軍将兵の数を遥かに上回り、比較にもならない。

③ポーランドはソ連の安全保障上の鍵を握っている。ポーランドと陸続きで国境を接しているソ連は、

海という自然国境で隔てられている米英とは違う。ソ連が自己の安全保障を考える時、ポーランドこそは最も敏感な土地である。にもかかわらず、ポーランドについての米英の要求は異常だ。この要求は米英ソ三カ国の合意形成にとって大きな障害になっている。

④私は大統領の要求に応ずる用意がある。私は全力をあげて合意形成に突き進む用意がある。しかしソ連の安全保障について丸腰になれと要求する大統領の主張は堪えがたい。はっきり申し上げるなら、あなたは私に多くを要求し過ぎだ。私は思う。米英ソ三カ国の合意形成に至る唯一の方策はユーゴスラビアの先例をポーランドに適用することだ。

署名／J・V・スターリン」

この親電をトルーマンが読んだのは四月二十四日午前中であり、そしてこれに前後し、三つの方面軍から成る赤軍はベルリンに突入した。

結局、トルーマンがモロトフに噛ましたワンツーパンチは何の効果も無かったが、そのかわり、四月二十五日に予定されたサンフランシスコの連合国会議にモロトフは出席し、《エルベの誓い》というおまけ付きで、つつがなく幕を開けた。

3　ドイツ無条件降伏

大戦末期、ドイツは計五回のさみだれ式大規模投降の末、国家としての終戦を迎えた。なお、ドイツ無条件降伏後に起きた《プラハの戦い》を加えれば計六回となる。

最初の大規模投降は中立国スイスのドイツ総領事フォン・ノイラートがアメリカ大使館当局に接触してきたことから幕が開く。この時、アメリカ側窓口となったのは日本との縁あさからぬジョン・フォスター

・ダレスの弟、OSSベルン支局長アレン・ダレスだった。なお、OSS（Office of Strategic Services）はCIA（Central Intelligence Agency）の前身である。アレン・ダレスは、ケッセルリンク元帥麾下ドイツC軍集団（全兵力一〇〇万余）の投降意図を密かに打診され、即座に「三月三日、ルガーノ市でドイツと初会合。その後、ベルン市に場所を移し、当分は米英当局とドイツ当局の間で話し合いを続ける」という暗号電文をワシントンに打った。このときドイツは、無条件降伏ではなく、「ソ連には降伏しない、米英に降伏する」という条件を出したから、ソ連の代表者をこの場に同席させたのでは物別れになる。それを危惧したダレスはソ連の同席を拒否し、これをソ連が外交交渉の攻撃用カードにしたことは、すでに触れた。

サンライズ作戦というコードネームが振られた通称《ベルン会議》という降伏交渉に際し、最終的にダレスは、バチカンを介して武装親衛隊カール・ヴォルフ大将との間でこの交渉を四月二十九日に成立させ、五月二日、ドイツ南西方面軍・C軍集団一〇〇万余の武装解除を実現した。後のゲーレン機関としてCIAの一翼をになうラインハルト・ゲーレン少将の米国密入国もこの会議の置き土産だったが、それは後の話である。

この時、C軍集団の降伏調印は四月二十九日日曜日午後二時にイギリス地中海方面軍司令部が置かれていたナポリ北方二十五キロの場所にあるカゼルタ宮殿で行なわれており、降伏文書のボリュームは第一次大戦・休戦条約の倍、すなわち主文六項目、付随条項六十四項目だが、要点は次の三つに絞られる。

①ドイツ南西方面軍・C軍集団総司令官フォン・フィーティングホフ上級大将は麾下陸海空部隊と共に連合国・地中海方面軍・最高司令官ハロルド・アレキサンダー元帥に無条件降伏する。

②C軍集団に属するすべての陸海空部隊は一九四五年五月二日正午（グリニッチ時間）をもって敵対行動を停止する。これにともない、C軍集団総司令官は武装解除の規律ある行動を保証する。

③命令不服従、あるいはそれに類する怠慢ないし妨害が生じた場合、連合国・地中海方面軍はこれを無条件降伏に対する違反、裏切りとみなし、戦時国際法および戦時国際慣行に従って処罰する。

この時、ドイツ側の署名者は二名。その一人はフォン・フィーティングホフ上級大将の付託を受けたシュヴァイニッツ中佐（C軍集団参謀）であり、もう一人は武装親衛隊ヴォルフ大将の付託を受けたヴェンナー少佐（武装親衛隊）だった。いっぽう、イギリス側の署名者はアレクサンダー元帥の付託を受けたモーガン中将のみであり、立ち合い人として赤軍アレクセイ・キスレンコ少将がこれを見届けた。

この署名は《ドイツ軍百万人の降伏》という表題でブリティッシュ・パテ・ニュース映画社のフィルムに記録されており、その映像を見ると、ドイツ側署名者は二人とも軍服ではなくビジネス・スーツを着ている。なぜこういう服装だったのかはっきりしていないが、この降伏は、ヒトラー総統およびその他政府要人が知らないうちに進められおり、明らかに反逆罪に相当していたので、二人のドイツ人は露顕を恐れ、軍服を着用しなかったものと思われる。いずれにしても、署名された降伏文書にはハーグ条約、ジュネーヴ条約の遵守という一文が記載されていたから、このおかげでC軍集団将兵は紳士的に扱われており、何よりもドイツ兵にとっての僥倖（ぎょうこう）は赤軍の捕虜とならずに済んだことだ。

❖　❖　❖

晴れ渡った空。風薫る季節。陽光燦々と降り注ぐベルリンの日付けは四月三十日月曜日。

この日、午後三時三十分、ヒトラーは日の光りがまったく遮断された湿度の高い不衛生な地下壕奥で自殺した。

ウィルヘルム街に面する総統官邸の中庭には、十五メートルの深さを持つ地下壕という名のヒトラーの城があり、部屋数は三十余。天井掩蔽の厚さ四メートル、壁の厚さ二メートル。高張力鋼材と圧縮コンクリートを無制限に使った頑丈きわまりないこの地下建造物は、戦後、何度も取り壊そうと試みられたが、あまりにも堅牢だったため破壊できず、その後、大規模宅地開発のためもう一度掘り起こされたが、結局駄目で埋め戻され、現在はこのヒトラーの遺物の上に多くの集合住宅が建っている。

ところで、この地下壕には欠点があった。それは換気システムである。赤軍の熾烈を究めた砲撃が換気口を破壊。すると膨大な量の乾燥途上にあるコンクリートのじめじめした空気が、糞尿と人間の体臭、カビ、そして硝煙の臭いに入り混じって地下に滞留してしまったから、壕内は堪えがたいものとなった。また、あたりを照らす明かりは、これも砲撃で電源供給設備が影響を受けたため、薄暗く、はかなげで、そういう場所でヒトラーは、C軍集団の降伏を最後まで知らぬまま、シアン化水素カプセルをかみ砕くと同時にワルサー拳銃弾を右のこめかみに撃ち込み、その後、赤軍の砲弾が炸裂する総統官邸の中庭に運ばれ、一八〇リットルという大量ガソリンを使って焼却された。

ヒトラーの背中を自殺に向かって強く押したものはムッソリーニだった。四月三十日午前十時三十分、総統地下壕の通信室は「二日前にムッソリーニが処刑され、ミラノのドゥオモから北東三キロの場所にあるロレート広場のガソリンスタンドにその死体が逆さ吊りにされ、民衆はこれを殴打し、投石し、遺体を汚した」という短波ラジオ放送をキャッチした。屠殺された家畜のように逆さ吊りにされたムッソリーニの最期を聞いてヒトラーは非常にショックを受け、これが自殺動機のかなりの部分を占めることになったという。

自殺したヒトラーは遺言書を残し、その中でデーニッツ提督を大統領に、ゲッベルスを首相に、ボルマンをナチス党総裁に指名した。ちなみに全権委任法によって誕生した総統（Führer）という称号はこの遺言によってヒトラー一代限りとなった。

ヒトラーが中庭で焼却処理されている最中、首相に指名されたゲッベルスはロシア語が母国語ほど堪能な参謀総長クレープスに赤軍との休戦交渉を命じた。幸い赤軍の攻撃はゲッベルスのいる総統地下壕から北へ一キロ離れた国会議事堂（ライヒスターク）に集中している。この間隙を縫って通信兵は電話ケーブルを巻き付けた軍用滑車を地下壕からさらに南へ五〇〇メートルほど行ったツィンマー通りに引っ張り込み、赤軍の野戦電話に取りつけるという荒技をしてのけた。かくして第八親衛軍司令官ワシーリー・チュイコフ大将と通話を果したクレープスは五月一日午前二時に地下壕を出発。午前三時五十分、ベルリン・テンペルホーフ空港正面ゲイトの真西に位置するドゥーデン通りシューレンブルクリンク二番地に設けられたチュイコフ将軍の司令部を訪れている。

クレープスはチュイコフに自分が停戦交渉の全権委任されていることを告げ、「ヒトラー総統が自殺したため、後継政府の準備に必要な停戦を要求する」というゲッベルス首相のメッセージを読み上げた。ヒトラーの自殺に驚いたチュイコフは、上官のジューコフ元帥に電話してその死を報告すると、それは即座にスターリンに伝えられ大騒ぎになった。ここからクレープスは延々と待たされ、午後二時、スターリンの直接命令となる次のそっけない五カ条が示された。

①ベルリン防衛軍は無条件降伏せよ。
②降伏したものは全員武装解除される。
③すべての兵士および将校の生命は保証される。
④負傷者は救護される。
⑤無線通信による連合国との交渉が可能となるよう措置を講ずる。

クレープス将軍は赤軍のジープでティーアガルテン通りに近い、停戦緩衝エリアで降ろされるとそこから徒歩で総統官邸にむかった。公園の木々を見れば、モーツァルトの歌曲通り、若葉が柔らかな日ざしに

ゲッベルスと妻と六人の子供（右端は友人）

映えている。地上にぶちまけられた瓦礫と停戦交渉のための一時的な静寂が悪趣味な冗談のようだ。みじめなクレープスは、爆撃で穴だらけになった総統官邸に戻り、徹底的に打ちのめされた気分に襲われながら、死神の冷たい吐息が感じられる地下壕へ降りて行った。

午後三時、ゲッベルスはソ連側の有無を言わせぬ回答を聞いて激怒し、「自分に残された数時間を降伏文書に署名するために使う気はない」と言って無条件降伏を拒絶。その十五分後、ゲッベルスはデーニッツ提督にヒトラー総統の《戦死》と、その遺言により提督が大統領に指名されたことを伝え、そして大統領デーニッツの名のもとに《総統の死》の公表を委任するという主旨の電報を送った。

午後五時。ゲッベルスの妻マグダは六人の子供達を寝かしつけるため、地下壕の南東にある子供部屋に向かった。この時期、ベルリンは午後七時半にようやく日没を迎えるから、外はまだ輝かしい陽光に満ちているけれども、地下壕の中はほこりをかぶった壁面灯の薄明かりしかなく、その微光の中で子供たちは騒がしく跳ね回っている。寝る時間までには、まだずいぶん間があったからだ。そこで夫人についてきたストゥンプフェッガー博士が少量のモルヒネを注射して眠らせ、その瞬間にシアン化水素カプセルを口に含ませて歯でかみ切らせた。ハイデ（五女／四歳）、ヘッダ（四女／六歳）、ホルデ（三女／八歳）、ヘルムート（長男／十歳）、ヒルデ（次女／十一歳）と続き、子供たちは静かになったが、長女のヘルガ（十二歳）だけは抵抗し、もがき、逃れようとしたため、力ずくでカプセルを含ませてかみ砕かせ、毒殺は終わった。

午後六時、停戦時間が切れ、子供たちの死が合図だったかのように、赤軍のカチューシャ砲が耳障りな大音響を上げ、懲罰大隊の兵士と思われる集団が国会議事堂に向けて危険な迫撃砲の水平射撃を始めた。

午後七時、ゲッベルスは最後の会議を終えて自室に戻った。そこには血の気を失い死人のような顔のマグダ夫人がおり、ゲッベルスをみとめると、かすれたような声で「済みました」とつぶやいた。夫人はペーシェンスというトランプの一人遊びを始め、そのうち静かにむせび泣いた。

午後八時三十分、まだ充分に力強い残照の中、かろうじて闇の気配が混じり始めるころ、ゲッベルスは夫人と共に地上に出た。そこには、まさに鼓膜を引きちぎる猛烈な破壊音に混じって、今やベルリン制圧を確信した赤軍兵のウラーという大喊声が満ちており、ゲッベルスはこれを耳にしつつ、夫人がカプセルをかみ砕いて絶命するのを見届けると、拳銃で自殺した。そして午後九時三十分、クレープスはブルクドルフ将軍と共に地下壕の倉庫で手当たり次第に栓を抜いて口をつけた酒瓶に囲まれながらこれも拳銃自殺した。

翌五月二日水曜日、ベルリンは無条件降伏の瞬間を迎える。この日、午前零時から午前一時にかけ、ワイトリング大将は無線で五回、暗号ではなく平文で次の通り、赤軍に降伏打診した。

「こちらはベルリン防衛軍第五十六ドイツ装甲軍団。我々は降伏する。我々は砲撃の中止を要請する。我々は軍使をベルリン州立図書館南方一〇〇メートルにあるポツダム橋に派遣する。目印は赤灯の前に掲げた白旗。回答を乞う。我々は待機する」

午前六時ちょうど、ラントヴェーア運河にかかる約束の地ポツダム橋に白旗が上がり、ベルリン防衛軍司令官ワイトリング大将の副官フォン・ダフヴィング大佐が赤軍の前線にやって来て手順が取り決められると、すぐにワイトリング大将がチュイコフ大将を訪れ、降伏を申し入れた。

「貴官はベルリン守備隊の指揮官か？　ゲッベルスは何をしているのか？　クレープス将軍はどうした？」

ワイトリングは矢つぎ早に質問を受けた後、次の声明文に署名しろと命じられている。

「降伏命令／ベルリン防衛軍司令官・ワイトリング／ヒトラー総統は自殺し、総統に忠誠を誓ったドイツ国民を見捨ててしまった。総統の命令によれば、ドイツ軍兵士はベルリンを死守しなければならないとあるが、我々の武器弾薬は尽きている。これ以上の抵抗は無意味であり、これらの状況に鑑み、私・ワイトリング大将は戦闘の即時停止を命ずる」

ワイトリングはこれに署名し、チュイコフとの面談は午前八時二十三分に終わった。この降伏命令は即刻、拡声器とビラで布告され、各守備隊は同日午後三時に銃を置き、例外的な抵抗を除いてベルリンは無条件降伏した。そしてここからヘルガ・ゲッベルスの悲劇がかすんでしまうほど凄絶な赤軍の掠奪、殺戮、放火、加えて、後々、恐怖のロシア人という根深いトラウマとなってドイツ人の心に刻み込まれる大強姦が始まった。ベルリンが無条件降伏した時、そこには一四〇万人の女性がいて、このうち六十五パーセント（九十一万人）が強姦の被害に遭遇した。これ以外に東方から強制追放されたドイツ人は一二〇〇万人。この内、二〇〇万人が逃避行中に死亡し、当然、強姦被害もベルリン同様の状態になった。強姦は、考えうるすべての場所で、子供や家族が居ようと居なかろうと、まったくお構いなしに、公然と行なわれている。

❖　❖　❖

大統領デーニッツはヒトラー後継内閣の閣僚をフレンスブルクに召集し、新政権を立ち上げた。ハンブルクの北方一五〇キロにあるデンマーク国境に面した都市フレンスブルクには一九一〇年に設立されたミュルヴィック海軍兵学校が建っている。大統領はこの兵学校を新政府の拠点とし、喫緊課題の休戦条約締結を急いだ。中でも重要な休戦上の要点は、ポーランドほか東欧地域からのドイツ難民をエルベ左岸に渡河させ、掠奪・殺戮・強姦など赤軍による狂気の蛮行から守ることだったから、そのため大統領は米英相手に交渉を絞り、ソ連外しを強力に進めようとしている。

五月一日火曜日午後十時十五分、デーニッツは北ドイツ放送局のラジオ演説でヒトラーの死を告げ、同時に戦争継続の意志表明をした。次いで、五月三日木曜日、大統領はドイツ海軍軍令部長のフォン・フリーデベルク提督ほか四名の交渉団を、すでにハンブルグ南方四十キロの線に進出し、この地に司令部を置いているイギリス軍モントゴメリー元帥のもとに送った。

「我々はドイツ北西方面軍の無条件降伏をモントゴメリー元帥に申し出る」

フリーデベルク提督はこのように言って、ソ連外しの線で交渉を始めたが、元帥は「米英ソに対する無条件降伏でなければ受け付けない。部分的な降伏は認めないし、降伏する相手を選ぶことも認めない」と、この申し出をきっぱり拒絶して、交渉を中断した。だが、その直後、チャーチルと連絡をとった元帥は軟化し、降伏文書をソ連外しの色合いが濃い内容に変えている。すなわち、降伏文書の正本は英語とドイツ語の二カ国語となっており、ロシア語の正本は存在しない。そして、何よりも降伏する相手がモントゴメリー元帥一人だった。こういう変化があってのことだろう。翌五月四日午後六時、降伏文書に署名するため、リューネブルガーハイデの荒野にある元帥の司令部にやって来た提督は非常にさばさばした顔でニュース映画にうつっている。

この時の降伏文書は全七項目だが、重要部分は次に列記した三項目である。

①ドイツ国防軍総司令部は以下の事柄に同意する。すなわち、ドイツ国防軍総司令部はフリースラント諸島、ヘリゴラント諸島ほかすべての島嶼とシュレスヴィッヒ・ホルシュタインを含むドイツ北西部、およびオランダとデンマークに展開中の全ドイツ軍に対し、イギリス第二十一軍集団司令官モントゴメリー元帥への無条件降伏と武装解除を命ずる。

②上記領域におけるドイツ陸海空軍は一九四五年五月五日土曜日午前八時までにすべての敵対行動を停止する。
③命令不服従、あるいはそれに類する怠慢ないし狼藉は無条件降伏に対する違反、裏切りとみなされ、容認された戦時法および戦時慣行に従い、連合軍によって処罰される。

署名者は六名。
・ドイツ海軍軍令部長フォン・フリーデベルク提督
・ドイツ陸軍北西方面軍参謀長キンツェル大将
・ドイツ海軍軍令部ワグナー少将
・ドイツ陸軍最高司令部付ポレック大佐
・ドイツ陸軍キンツェル大将付副官フリーデル少佐
・イギリス陸軍二十一軍集団司令官バーナード・モントゴメリー元帥

降伏手続きは午後六時三十分に完了した。

❖　❖　❖

ドイツのさみだれ式降伏は次のランスで四回目となる。

五月五日土曜日、デーニッツ大統領は閣僚の一人だったヨードル上級大将（ドイツ国防軍最高司令部総長）をアイゼンハワー元帥（米英連合国遠征軍最高司令官）の司令部があるランスに派遣し、休戦交渉をゆだねた。

ヨードルは副官オクセニアス少佐ほかを伴って、爆撃で廃墟同然のフレンスブルク飛行場を午前六時三十分に出発。一行を乗せたつぎはぎだらけのユンカース輸送機（Ju-52）が聖女ジャンヌ・ダルクゆかりの地ランスに着くと、その地でフォン・フリーデベルク提督と合流。一兵卒が乗るジープでアイゼンハワーが総司令部に借り受けている、赤煉瓦、三階建てのランス現代工芸技術学校の門をくぐった。

ヨードルは、リューネブルガーハイデの降伏においてかなりドイツに好意的な措置がとられたことを知っている。繰り返すけれども、デーニッツ大統領は東方から強制追放の目に遭ったドイツ難民同様、ソ連外しによって、ドイツ軍将兵がシベリア送りにならぬよう心を砕いており、今回、ランスでの交渉にフリーデベルク提督を同伴させたのも、提督が成立させたドイツに好意的な無条件降伏があったからだ。

——今度もその線で進むだろう。

しかし、ヨードルが期待したその思惑はすぐに裏切られた。

ランスでの交渉は五月五日午後四時三十分から始まったが、アイゼンハワー元帥は最初から最後まで顔を見せず、代わりにスミス中将とブル少将という元帥の二人の補佐官が応対したから、ヨードルは興ざめした。特に交渉の取りまとめ役をつとめたスミス中将は無愛想な男で、事実、中将はかつてパットン将軍の更迭など、血も涙もない人事を強行したことから、《アイゼンハワーの殺し屋》とあだ名されており、このとき中将はまさしく殺し屋としてヨードルの前に立ちはだかった。

そういうことに無知なヨードルは次のようにスミスに向かって第一声を放っている。

「我々は無条件降伏をアイゼンハワー元帥に申し入れる。我々は西側諸国に対し降伏を申し入れるのであって、ソ連は想定していない。ドイツ軍将兵は米英連合国遠征軍最高司令官アイゼンハワー元帥の下で武装解除に応じたい」

スミスは軍人というよりも冷血体質の軍法執行者だったからヨードルの主張をまったく相手にしなかった。交渉はやたらに長引き、三十時間を越え、最初にしびれを切らしたのは奥に引っ込んで、イギリス空軍大将アーサー・テダー卿（司令官代理）と一緒にことの成り行きを見ていたアイゼンハワーだった。ヨードルの煮え切らないグズグズした態度に苛立った元帥はスミス中将を通じて「すぐさまこちらが提示した無条件降伏文書に調印しないならば、西部戦線を閉鎖し、エルベ川を渡河するドイツ人に銃弾を浴びせるぞ」と通告させた。

こと、ここに至ってヨードルは断念し、三十四時間と五分を要した交渉は、五月七日月曜日午前二時三十五分に結着した。五項目から成る降伏文書には「米英連合国遠征軍最高司令官ならびにソ連赤軍最高司令部によって降伏文書調印以降に発行されるいかなる命令も執行することを保証する」と記されており、これこそは紛れもない無条件降伏そのものだった。

さて、調印となるにおよび、この文書のドイツ側署名者はヨードル上級大将のみで、フォン・フリーデベルク提督とオクセニアス少佐はこの儀式の目撃者として陪席するだけ。そしてもう一つ。アイゼンハワー元帥はこの文書に署名しておらず、ヨードルから見れば明らかに格下のスミス中将が署名者になった。

降伏文書への署名は壁面が地図だらけというアイゼンハワー司令部の作戦室で行なわれている。本日、この瞬間をもってヨーロッパから砲撃の音が消えるという歴史的な出来事を目のあたりにするとなって、周囲はにわかに慌ただしくなり、中でも目立って騒がしかったのは、作戦室になだれ込んだ特派員、カメラマン、放送局アナウンサーの面々で、しばしプレス関係者の涙ぐましい陣取り合戦が続いた。そして、スタンバイＯＫとなった時、一方の扉が開いて、インクブルーの布がかけられた長テーブルにアメリカ陸軍スミス中将、ソ連赤軍スースロパーロフ少将、フランス陸軍スヴェ大将の三名が着席。その後には長テーブルの回りを取り囲んで陪席者の一群が立ち、そこにはアメリカ空軍スパーツ大将、イギリス海軍ビューロー提督、イギリス陸軍モーガン中将、イギリス空軍ロブ元帥がおり、これに加え、もののはずみで紛れ込んでしまったようなロシア側通訳ツェンコヴィッチ中佐と同チェルミアエフ中尉がいる。

全員が所定の位置につくと、反対側の扉が開き、三名のドイツ人が入室した。ＭＰによってスミス中将の向かい側の席に着くよう促された三名が着席すると、スミス中将はヨードルの前に四通の降伏文書を広げ、四つすべてに署名するよう命じた。

署名／一九四五年五月七日午前二時四十一分／フランス国ランスにて
・ドイツ国防軍最高司令部総長アルフレート・ヨードル
・連合国遠征軍最高司令部官代理・中将ウォルター・ベデル・スミス
・ソ連赤軍最高司令官代理・少将イワン・スースロパーロフ
・立会人／フランス陸軍・大将フランソワ・スヴェ

全員の署名が終わったとき、失意と屈辱を懸命に堪えて平静を維持したヨードルは、立ち上がってスミス中将に向き合い、「ひとこと申し添えたい」と言った。

「このたびの無条件降伏によってドイツ人とドイツ軍将兵は、良かれ悪しかれ勝利者の占領下に入る。あしかけ六年に渡るこの戦争中、ドイツ人とドイツ軍将兵は世界中のどの人民よりも多くをなし遂げ、そして大きく苦しんだ。この無条件降伏にあたって、自分の思うところは、この先、勝利者がドイツ人とドイツ軍将兵を寛大に扱って欲しいということの一言である」

ヨードルはこれを言う間、手が震え、涙ぐんでいた。

スミス中将は、かすかにうなずいたようではあったが、それ以外の人は全員、ヨードルの発言にまったく無関心を通し、また、ヨードル一行がこの場を退出する時も、誰一人、会釈せず、ひたすらドイツ人たちが視界から消えるのを待っていた。

次に三人のドイツ人が連れて行かれたのは米英連合国遠征軍最高司令官室で、このときヨードルは初めて生のアイゼンハワーを見た。元帥の横にはイギリス空軍大将アーサー・テダー卿がいる。ちょっとした気まずい一瞬の後、元帥は自分がアイゼンハワーだと名乗った。そして元帥は、隣にいるテダー卿を紹介する訳でもなく、とりたてて挨拶する訳でもなく、気をつけの姿勢で立っているヨードルほか二名のドイツ人を、いとも冷たい眼差しで見た。

「私はドイツ無条件降伏文書を受理しました。ヨードル将軍、あなたは、その約定を厳格に履行する準備ができていますか？」と、アイゼンハワー。

「おまかせを」

そう言って、ヨードルはドイツ軍人らしくブーツの踵をかちりと打ち合わせ、軽く頭を下げた。面談はそれで終わった。ヨードルは午後五時八分にランスの飛行場を発ち、午後七時四十五分、フレンスブルクに戻った。

❖　❖　❖

ドイツの無条件降伏から数えて十六日後の五月二十三日、デーニッツ以下政府要人が逮捕され、フレンスブルク政府は消滅した。そしてこの日から一九四九年五月二十三日までのまる四年間、ドイツには中央政府が無く、主権も無く、ヤルタ協定の通り、米英ソ仏四カ国によって分割統治されている。

連合国としてはドイツの無条件降伏が成ったわけであるから、実にめでたい瞬間を迎えたことになるのだが、ここに一人、べそをかいている軍人がいた。それは赤軍のススロパーロフ少将で、このアイゼンハワー司令部詰めソ連代表はヨードルがやって来て、休戦交渉を開始して以来、気もそぞろになり、額にはじっとり油汗を浮かべている。もっともな話で、このままランスの司令部で全ドイツが無条件降伏に調印しようものなら、ソ連は脇役にまわってしまう。いっぽう、スターリンは何がなんでも苦労して手に入れたベルリンで華々しく無条件降伏の署名式典をやろうとしていた。しかしアイゼンハワー司令部でことが終わってしまえば、スターリンは出番を失い、鬼の形相で激怒するだろう。スースロパーロフ少将は自分の運の悪さを呪った。

少将はヨードルとスミスの交渉が始まるとすぐ、無条件降伏文書の草稿を入手して本国に送り、自分がこれに署名をしていいものかどうかお伺いを立てているが、なぜか返信がない。ランスで降伏調印が決まった時、進退窮まった少将は「この私に明日は無い」といってアイゼンハワーに直訴し、降伏文書に「ソ連が個別に無条件降伏の式典を実施することを認める」という追加条項を入れてくれと泣いた。この泣きに同情したアイゼンハワーはスミス中将に命じ、次の文言が入った第四項を差し込ませている。それは「米英連合国遠征軍最高司令官はソ連赤軍最高司令部にドイツ軍の無条件降伏を押し付けない。同時に、ドイツ軍の無条件降伏について、米英連合国遠征軍最高司令官が作成した無条件降伏文書に代わり、ソ連赤軍最高司令部が作成したドイツ人とドイツ軍全体に相応しい無条件降伏文書に置き換えられることを妨げない」というもので、この文脈が異常に思わせ振りな表現になっているのは、スミス中将の明らかな嫌がらせである。

ドイツ降伏文書に署名するスースロパーロフ少将

それにしても、調印に自分が署名していいのか否か、あれから何度も本国に連絡を入れたが、結局なしのつぶてで、かくして少将は自分の名前をキリル文字ではなくラテン文字で書くというじましい方法を取った。

しかしスースロパーロフ少将の骨折りはここで終わっていない。この時、少将を悩ませたものは降伏文書の第二項に書かれた文言で、そこには「ドイツ軍は停戦し、一九四五年五月八日二十三時一分をもって連合国の占領下に入る」と記されている。つまりスターリンを気持ち良くさせておくためには五月八日二十三時一分までにもう一度ソ連主催の式典をしなければならず、こうなると残された時間は一日と二十時間ほどしかない。この短い時間の中で準備しなければならないことが四つもある。すなわち、降伏儀式の場所選定、ソ連側出席者の選定と出席約束の取得、外国人招待者の選定と出席約束の取得、ドイツ側の降伏調印者の選定で、考えてみればスターリンのＯＫを取らなければならないものばかりだったが、少将は何とかやりとげている。

スターリンの肝入りで実施された降伏儀式はたまたま無傷で残っていたベルリン東部地区にあるカールスホルスト陸軍工兵学校の学生食堂で実施された。

五月八日午後十時五十分、カイテル元帥ほか五名の代表団が調印会場に到着。

ドイツ人たちは学校の正面階段を上がって一階の控室に通され、かなり待たされた後、カイテル元帥一行は再び広い廊下に出て、観音開きの大扉を抜け、天井の高い学生食堂に入った。扉の右、すなわち食堂の南側壁面には五人掛け長テーブルが用意され、そこには奥から手前に、ヴィシンスキー副首相（ソ連）、アーサー・テダー大将（イギリス）、ジューコフ元帥（ソ連）、ド・タシニー大将（フランス）、カール・スパーツ大将（アメリカ）が座っている。西側壁面を背にする三人掛けのテーブルはドイツ側署名者のために用意されたもので、カイテルは軍帽を左手に持ち、右手に持った元帥仗を顔のあたりまで上げて大仰に会釈し、真ん中の席に座った。そして右隣にシュトゥムプフ大将、左隣にフリーデベルク大将が座ると、さっそくジューコフが立ち、「無条件降伏文書はすでに一読されている筈であるから、さっそく署名を要求する」と言って着座した。

ジューコフの言葉には何一つ列席者やマスコミを意識したものは無い。

署名／一九四五年五月八日／ベルリン・カールスホルストにて

・ドイツ陸軍・元帥カイテル
・ドイツ海軍・軍令部長フォン・フリーデベルク大将
・ドイツ空軍・大将シュトゥムプフ
・ソ連赤軍・元帥ゲオルギー・ジューコフ
・イギリス空軍・大将アーサー・テダー
・立会人／フランス第一軍・大将ド・ラットル・タシニー
・立会人／アメリカ空軍・大将カール・スパーツ

結局、署名は五月九日午前零時三十五分に終わったから、スースロパーロフ少将が必死に追いつこうとした五月八日二十三時一分までには終わらず、予定を一時間と三十四分オーバーしてしまった。かくしてヨーロッパ戦勝記念日は五月八日（西欧版）と五月九日（ロシア版）という二つが生ずることになる。

さて、幸運にもスターリンはこの事態を意に介さなかったから、関係者はおとがめ無しで済んだ。とは言え、スターリンはスースロパーロフ少将がランスで署名したことに不満で、「このスースロ何とかいうのは誰だ？　まさかソ連の人間ではあるまい」と言っておかんむりだったようだが、しかし少将は我が身に起こった災難をうまくやり過ごした。少将は戦後、軍事外交専門アカデミーで教鞭をとった。このポジションが左遷だったのかどうかは分からないが、恐怖のシベリア送りと比べれば天国だろう。少将は七十七歳の長寿をまっとうし、モスクワのヴヴェデンスコエ墓地に埋葬された。墓標には「教師イワン・アレクセヴィッチ・スースロパーロフ／一八九七年十月十九日誕生／一九七四年十二月十六日死去」とある。

4　ツェツィーリエンホーフ宮

五月二十五日金曜日午前五時、ホプキンス特使夫妻、ハリマン大使、ボーレン部長ほか多数の随員を乗せたC-87A輸送機はパリ・オルリー空港を離陸し、モスクワを目指した。二日前にワシントンを発った特使一行の任務は、スターリンと会見し、《米英ソ三カ国首脳会談の開催了解をとりつけること》が目的となっている。

この日、ドイツ上空は厚い雲に覆われて視界が悪く、かつ、航空士（ナビゲーター）が己の飛行位置を見失ったため、機長は飛行高度を三〇〇メートルまで落とし、有視界飛行に切り換えた。眼下には新緑に衣替えした広大な森があり、そのうちヒトラーの巨大遺産となったアウトバーンが見え、その直後、荒廃し、瓦礫の山と化した都市が見えた。

「ベルリンだ！」

随員の誰かがそう言った。そしてすぐに、戦前、この地を訪れたことのある何人かが砲弾で穴だらけになったウンターデンリンデン大通りと、たまたま破壊からまぬがれはしたものの、ひどい姿に変わり果てたブランデンブルク門を上空から見つけ、もの憂いため息をついた。

「まさにカルタゴだな」

そう言ったのはホプキンス特使だった。ローマはカルタゴを攻め滅ぼしただけでなく、バール神殿ほかの建造物を徹底的に破壊し、よみがえりを許さぬという呪いを込めてその跡地に大量の塩をまいた。特使はその姿をベルリンに重ね合わせたのだ。

米英ソ三カ国首脳会談はチャーチル首相がトルーマンに開催を強く促し、これを受け、大統領は「会計年度の終わる六月三十日以降ならワシントンを留守にできる」と返電。その後、大統領はルーズベルトの特別顧問として米ソ蜜月時代を演出したホプキンスを呼び出し、スターリンと会見の上、首脳会談をお膳立てするよう依頼した。

ホプキンスが初めてスターリンに接触したのは一九四一年七月、すなわちアメリカが真珠湾攻撃を受ける前のことで、このときルーズベルトの密使としてモスクワに飛んだホプキンスは国際法違反となる対ソ戦時物資供給協定を締結し、アメリカの対ソ宥和政策の立役者となった。これに加え、ヤルタ会談ではルーズベルト唯一無二の補佐役としてスターリンに向き合い、対ソ宥和を貫いたから、ホプキンスとスターリンの関係は国際外交という枠を超え、一種心情的に通じ合う昵懇のレベルにあった。

ところでホプキンスは二年前に胃ガン摘出手術をしており、その時の輸血が災いし、ヘモクロマトーシスという体内の鉄分が異常に増加して諸臓器に過剰沈着するという奇病を背負い込んだ。これでホプキンスは肝臓がやられ、周期的激痛に襲われて消耗し、馬のようだと言われた長い顔はやつれ果て、立ち腐れたうらなり糸瓜のごとき面相になった。今回ホプキンスが、外交官夫人としては使い物にならない連れ合いのルイーズをモスクワに同伴したのは、彼女が看護師の有資格者だったからだ。話は先走るが、特使としてスターリンとポツダム会談の調整を済ませて帰国したホプキンスは、「まるで死神が歩いているようだ」と噂された通り、すぐに入院となった。そして衰弱はさらに進み、間断なく押し寄せる激痛を押さえるため、モルヒネのお世話になり、一九四六年一月二十九日に他界した。

ホプキンス特使

ともあれ、ギクシャク気味のトルーマン対ソ外交を立て直すため、ホプキンスはスターリンとの十二日間にわたる会議に臨んだが、その間の出席者は、ホプキンス、ハリマン、ボーレン通訳、スターリン、モロトフ、パブロフ通訳という六名で行なわれており、それ以外の人間はいっさい加わっていない。

初会合は五月二十六日土曜日午後八時。クレムリンの一室で行なわれたこの会合は、気心の知れた旧友の再会という雰囲気の中で始まり、特使は贈り物の交換のあと、すかさずモロトフに向かってサンフランシスコでの連合国会議出席をねぎらった。そしてスターリンに向き合うと、ルーズベルトの死および故大統領の懐旧談を語っている。

「確かにルーズベルト大統領の体調は万全ではありませんでした。しかし静養先のワームスプリングスで急死するとは誰も考えていなかったのです。事実、大統領の主治医だったマッキンタイヤ海軍中将は静養先に行っていません。それほど安定していたのですよ。大統領は脳内出血の後、意識が回復しなかったので、少しの苦痛もなく旅立たれました。エレノア夫人は植物人間になるよりも速やかな死のほうが望ましいと述べておられます。ともあれ大統領は大戦の勝利を確信して他界されたのです」

「レーニン同志は最初の発作で手が麻痺し、続く発作で重篤の脳内出血を起し、それで不帰の客になった」と、スターリン。

次にホプキンスはヤルタ会談に話題を転じ、「ルーズベルト大統領は会談の成果を誇り、同時に、スターリン元帥に対する尊敬と賞賛を頻繁に語っていました。ドイツが無条件降伏した後、ベルリンでの再会をどれほど楽しみにしていたことか」と、詠嘆まじりに語った。するとスターリンは「ベルリンで米英ソ三カ国首脳会議を開き、勝利を祝い、同時にルーズベルト大統領を偲びたい。大戦はまだ終わってないが、トルーマン大統領があなたをモスクワに派遣したことは非常に喜ばしい」と応じており、この一言でホプキンスの使命は半分終わったようなものとなった。だからだろう。ボーレン部長が作成した議事録を閲覧すると、これ以降、ホプキンスの態度はスターリンの聞き役に徹しており、時折り顔を出す特使のするどい切り返しも絶妙な相槌のように見える。

この日、二人は懸案事項をそれとなく確認するなど、腹の探り合いと言った体で終わりにし、次回会談は明日、同じくクレムリンで午後八時から始めようということになった。ところで別れ際、スターリンはパイプに火をつけるためらうつむき、そのままの姿勢で、ぼそりと一言、「ヒトラーは死んでいない」とつぶやいた。驚いたのはアメリカ人一行だったが、スターリンはすくい上げるような眼つきでホプキンスを眺め、何か言い出しそうな特使の先手を打って、「これについては相談したいこともある。明日にしよう」と、そのままお開きにした。

二十七日日曜日午後八時、ホプキンス特使は《ドイツの賠償金》《アメリカによる戦時物資供給》《ドイツの軍艦と商船の処分》《ポーランド》という四つのテーマを取り上げ、かなり微妙な部分に触れつつも、無難にこなし、四番目のポーランドに差し掛かった。すると、スターリンは何の前触れもなく、いきなりアルゼンチンに言及し、相手の動揺を誘っている。

「アメリカ政府はあまり気にしていないようだが、なぜドイツ寄りの中立国アルゼンチンを国連加盟国にするのかね？」

特使は、アルゼンチンは連合国の一員としてドイツと日本に宣戦布告した。それで加盟国と認めたのだと応じたが、スターリンは「それならあのイタリアも日本に宣戦布告したぞ。まさかイタリアを友好国と認め、国連加盟国に招じ入れるつもりではあるまいな」と追及の手を緩めていない。

結局、アルゼンチンはスターリンのめくらましで、独裁者はポーランドを確実に国連加盟国に取り立て、ソ連の外交戦略を有利に運ぼうとしたのだ。ところで、そのポーランドについて討議が佳境となった時、スターリンはまたしても唐突に、ヒトラーの生存について語り出した。

「あれはどこかに隠れている。ジューコフの特別調査隊はゲッベルスとその家族、そしてクレープスとブルクドルフという二人の将軍の死体を特定したと言っているが、これとて偽者かも知れない。ともかくヒトラーは見つかっていない。奴の死体が見つかったという知らせがあったけれど、すぐに間違いだとわかった。その死体の主はヒトラーの運転手だったのさ」

この驚嘆情報にアメリカ人たちは完全に引き込まれ、かたずを呑んでいる。

「ああいうものを生かしておけば、必ず我が国に害をなす。草の根わけても探し出さねばならん。ドイツ人は巨大潜水艦を持っているが、これが一隻も見つかっていない。おそらくヒトラーはボルマンほか取り巻きと共に潜水艦に乗って逃亡したのだ。スイス銀行の暗黙の了解のもとに巨額の金塊を持ち出し、潜水艦に積み込んで日本に亡命したに相違ない」

この時、ホプキンスほかのアメリカ人はヒトラー生存説がポーランドをソ連の衛星国にするための布石だとは感づいていない。なお日本が降伏し、そこにヒトラーが居ないと判明してかなり時が過ぎた後も、スターリンは次のように主張している。

「ヒトラーは生きており、西側陣営のどこかにかくまわれている。そして、時いたらば北大西洋条約機構軍（NATO軍）の先頭に立ってソ連になだれ込む。その時には必ずポーランドを通過する。だからポーランドはソ連の衛星国にしておかねばならない」

こういう調子だったからスターリンは死ぬまでヒトラーの生存に執着し、そして最晩年になるとアテローム障害による病的な猜疑心に取り憑かれ、まさしく狂気の日々を送っていたから、誰かがヒトラーはこの世にはいないなどと口走ろうものなら、たちまちその誰かはルビヤンカ刑務所で始末された。

会談三回目、すなわち二十八日月曜日午後六時のテーマは日本だったから、ホプキンスは次のように話を切り出している。

「私はマーシャル参謀総長とキング提督から是非にと要望されたことがあります。それは赤軍がいつ日本を攻撃するか。その正確な日程をもう一度スターリン元帥の口から聞いて来てもらいたい。そう申し付かりました」

　するとスターリンはかなり長い発言で応じた。

「日本攻撃の期日は、ヤルタ会談の際明言した通り、ドイツ無条件降伏から三カ月後としている。もっと具体的にいえば、赤軍主力の満州国境展開が、不完全ながら、ある程度のところまで行き着くのは八月八日だろう。しかし、私が本当に対日参戦を命ずるか否かは、その見返りが確実に担保されるか否かにかかっている。おわかりだろうが、ソ連が対日参戦に踏み切るためにはソ連人民が納得する動機づけが要る。その動機づけの中には中華民国政府が受け容れねばならない旅順大連の租借と南満洲鉄道の権益、そして外モンゴルの独立承認がある。それらが完全に担保されなければ対日参戦は御破算だ」

　するとホプキンスは次のように応じた。

「トルーマン大統領もヤルタ密約を堅持する方針に変化はありません。我々はソ連の対日参戦について合意確認が出来たものと考えます」

　これにスターリンは同意し、急に「八月に満洲国境で発生する霧は攻撃の妨げになる」と言った。なぜスターリンがそんな話をしたのかわからない。それを見て怪訝な顔をしたホプキンスは、ほんの少し間を置いた後、こちらも唐突に、スターリン元帥は日本に対し、ドイツ同様、無条件降伏の原則を踏襲すべきだと考えているのか、と訊いた。

「私は踏襲するほうが良いと思う。ご存知かな？　イギリスと日本は天皇制維持という条件付き降伏について話し合うためスイスで接触したという噂がある。ドイツ人に比べ、日本人の取扱いに幾分手心を加えようという考え方は、日本人を油断させようという策ならば悪くはない。ともあれ日本の占領政策を考える場合、重要なことは産業構造を含め、日本の全軍事能力を徹底的に破壊することだ」

　これを聞いたハリマン大使は心の内で笑った。スターリンの言うようなことがあれば、日本は大喜びでイギリスとの秘密会合に馳せ参ずるだろう。しかしイギリスが、今、そういうことをするはずもなく、これはスターリンが駄目元で噛まして来たミエミエの米英離反策だったからだ。

「スターリン元帥、あなたが日本に無条件降伏を突きつけるべきだというご意見は理解しました。ところで天皇についてはいかなる見解をお持ちですか？　裕仁天皇は日本軍の最高統帥者として戦争指導を行なったのですよ」と、ハリマン大使。

「私は、裕仁天皇は軍事指導者ではなく、船首像（figurehead）だと思っている。だから私は裕仁天皇個人を危険視してはいない」

そういうとスターリンは紙巻きタバコをやめて、ポケットから使い古したパイプを取り出して火をつけ、盛大に煙を吐き出すと、持論を続けた。

「私は裕仁天皇個人を裁判に引っ張り出すとか、処刑するとかいうのは賛成しない。そういう荒っぽいことをせずに、天皇制を廃止するほうがいいと思っている。ハリマン大使、アメリカ人の考えは知るよしもないが、天皇は最も強力な日本人団結の要(かなめ)だぞ。天皇の位自体を消してしまうことができれば、日本人は魂の拠りどころを失ってばらばらになり、弱体化する。だから私は天皇制を潰してしまうべきだと言っているのだよ」

「ソ連がロシアから宗教と貴族階級を追放した成功体験を日本に輸出するのですね。日本をドイツのように分割統治することになれば、あなたはそうするつもりですか？」と、ハリマン大使。

「そういうことになれば、ドイツと同じように占領統治諮問委員会が置かれるだろう。天皇制を消してしまうかどうかという件は諮問委員会での討議事項となる。この場合、イギリスは天皇制存続に一票入れるだろうと私は見ている」

スターリンはパイプをやめ、もう一度紙巻きタバコに戻り、そして自説を続けた。

「ともかく日本人が降伏したなら、意識朦朧、思考停止しているうちに、《無条件降伏》という万能の切り札を使って、日本から天皇制という芯柱を引っこ抜き、日本人をからっぽにした上で徹底的に洗脳し、決して軍隊を持とうと思わないように仕向けねばならん」

――ふん、語るに落ちたわ。それを共産化というのだよ。

ハリマンは再び心の内で大笑いし、そして次のように少し棘のある言葉で応じた。

「なるほど食用豚の幸せを与えようというご主旨ですな。民主主義の一形態かも知れませんね、そういうのも。ところで話は変わりますが、大戦が終われば、中国は産業を興し、急速に近代国家へ成長すると思われますか？」

「中国が工業国に脱皮できるなんてありえない。中国人には工業国となるために必要な長い経験の蓄積がない。また工業人口は皆無と来ており、これが致命的だ。アメリカは中国支援のため、これから大きな役割を演じることになるだろう。なぜなら、ソ連は国内の戦後復興に専念しなければならないし、イギリスも同じことだ」

「アメリカは門戸開放・機会均等ですよ。ところで中国の混沌状態をどうご覧になりますか？」

「この混沌状態は非常に深刻な問題だと考えている。中国のせいで連合国の足並みが崩れ、日本に無条件降伏を突きつける場合、困った問題が起きるからだ。ともあれ私は蒋介石が稀に見る良質の指導者だと思っている。一度も会ったことは無いがね。統一中国にあたって、中国共産党の指導者なんてまったく考えられない。これも会ったことは無いが適性の点で無理だ」

今日のスターリンは、うつむいてぼそぼそ言う回数も少なく、頻繁に鼻の頭に皺を寄せて笑うなど、すこぶる上機嫌だった。

ハリマン大使「赤軍が満洲に進攻した時、元帥は蒋介石に民政管理を委託するつもりですか？」

スターリン「満洲であろうとどこであろうと、赤軍が進攻する土地の民政は蔣介石の率いる中国国民党の代表に一任したいと思っている」

ここでホプキンスが割り込んだ。

「極東について言えば、朝鮮の扱いについて問題が残っています。朝鮮の扱いは確かにヤルタで話題にのぼり、それは立ち話程度の非公式なものでしたが、米英ソ中四カ国による信託統治が望ましい形だと言うものでした」

「それは私も記憶している。信託統治の期間は確定されていなかったが、ヤルタで語られた期間は二十年から三十年だった。あるいは五年から十年という短期間ですむかも知れないとルーズベルト大統領が言ったように記憶している。我々ソ連は朝鮮を米英ソ中四カ国で信託統治する案には全面的に賛成する」

ここでホプキンスは話題を切り替えた。

「ドイツについては、やがて起こりそうないくつかの潜在的な難問があります。私からは《①ドイツ軍捕虜の扱い》《②戦争犯罪人の逮捕および裁判》《③参謀将校をすべて戦犯と扱うか否か》という三点につき問題を提起しておきます。アメリカ政府は親衛隊（ＳＳ＝**Schutzstaffel**）、親衛隊保安部（ＳＤ＝**Sicherheitsdienst**）、秘密国家警察（ゲシュタポ／**Gestapo**）そして参謀将校を逮捕し留置するよう命じました。しかしここで参謀将校についてよく考えると、彼等がすべて戦犯か否か疑問が残る」と、ホプキンス。

するとスターリンは「ドイツの参謀将校には二種類ある。一つは連絡係のようなもので、これは取るに足りない。しかし、その数五十万人という正真正銘の参謀将校たちはドイツ軍の邪悪な伝統そのものだ。我々はこの邪悪な伝統を根絶やしにしなければならない。ともかく将校と名の付くドイツ人は十年ほど収容所にぶち込み、戦争犯罪者として厳しく処罰せねばならない」と言って、少し興奮している。これを聞いてアメリカ人たちは驚いた。なぜかというと、二年前、テヘラン会談に出席したスターリンが「戦争が終わったら、ドイツ人将校を五十万人ぶっ殺す！」と言って大騒ぎしたことがあったからで、その上で今日のスターリン発言を聞いたものだから、ホプキンスたちは「五十万人処刑は本気も本気、大まじめだったのか」と、あっけにとられた。

「アメリカはゲシュタポと親衛隊の構成員を戦犯として裁くことに異議はありませんが、参謀将校についてはもう少し話し合わねばなりませんね」

「それではソ連人民は納得しない。よってこの問題は首脳会談のテーマにしたい。ところでアイゼンハワー将軍は多数のドイツ人捕虜を放免したそうだが、本当かね？」

「放免理由は春の作付けをさせるため農民に限り釈放したのです」と言って、ホプキンスは相手がどう出るか身構えたが、意外にもこの独裁者は人道的なことを言い出した。

「ドイツが自給自足できるためには農業の再生が第一だ。それと衣服、靴、日用品を供給する軽工業の復興支援をしなければなるまい。何度も繰り返し言うが、ドイツ人に重工業を持たせてはならない。が、鉄道、地下鉄、上下水道を修理するための部品工場ぐらいは認めることになろう。それから、伝染病の脅威を防ぎ、住民の健康維持に必要とされる医薬品工場の設営は認めることになろう」

しかしスターリンは、言うこととやることが違う男である。ドイツは敗戦によって北海道と九州の面積を足したほどの領土（約十二万平方キロメートル）を失ってしまったが、この中にはチュートン騎士団の故地だった東プロイセンや七年戦争でフリードリヒ大王が獲得したシュレージエン地方があり、これらの土地から着のみ着のままで強制追放されたドイツ難民は一二〇〇万人。ほとんどが婦女子と老人から成る難民はたちまち食糧難と石炭エネルギー枯渇状態に陥った。これを承知していながらスターリンは放置している。だからスターリンの人道は《まったくあてにならないもの》の代名詞となっていた。

この日、ホプキンスはそういう難民の惨状には触れず、ドイツを何分割してしまうべきかというテーマをスターリンと討議して散会としたが、この日最大の収穫はスターリンが米英ソ三カ国首脳会談の日程と場所を提案したことで、これは「日程は七月十五日から／会談場所はベルリン」という電文となってその日のうちにトルーマン大統領へ伝えられた。ただし、このスケジュールで首脳会談がスタートする場合、イギリス総選挙の結果が出る七月二十六日に、チャーチル首相は本国に一時帰国しなければならず、事実会談は中断している。

六月十二日火曜日、ホプキンスはワシントンに帰って来たが、「会談場所＝ベルリン」は六月二十一日になって変更された。少し前、アメリカは赤軍の占領下にあるベルリンに先遣隊を送り込みたいと要望しており、その内訳は将校五十名、下士官および兵卒一七五名、ジープ、トラックなどの車輛五十台、輸送機五機としていたが、その回答をソ連当局が返して来た時、「ベルリン市街地は徹底的に破壊されているため、首脳会談に使用できるものは無い。よって場所をベルリン郊外ポツダムに変更し、会場はドイツ皇太子が所有していたツェツィーリエンホーフ宮殿にしたい」という通知を付加していた。このため先遣隊の駐留地はベルリン市内からバーベルスベルグに変更。駐機場はベルリン西部地区シュパンダウにあるガトウ飛行場となった。

❖　❖　❖

七月十五日に予定された三カ国首脳会談はソ連の都合で十六日になり、身勝手なソ連の振る舞いを見てほとんどの者は仏頂面をした。喜んだのは、まる一日余裕ができた原爆責任者グローヴス少将ぐらいだろう。かかる次第で、トルーマン大統領がポツダム会談出席のためホワイトハウスをあとにしたのは七月六日金曜日午後九時四十分となり、副報道官イーブン・エアーズは次の通りこのときの感想を日記に書き残している。

「大統領が会議に出席することは賢明なことなのかどうか？　私にはまだ納得がいかない。悪い結果になるかも知れない。私はどうしても第一次大戦後、ウッドロー・ウィルソン大統領がパリ講和会議に出かけて行って、背負い込んできた不幸を思い起こしてしまう。トルーマン大統領は三カ国首脳会談に臨むべきではあろう。が、いかんせん、大統領は国際会議や外交交渉の経験がなく、チャーチルとスターリンは大ベテランの猛者と来ている。大統領に対し、主に助言するのはバーンズ国務長官になるだろう。確かに長官はヤルタ会談に出席したが、それをもって経験充分だとは言いがたい。私はこの首脳会談が大統領の外交経験の無さを露呈する出来事にならないよう切に願っている。

これとは別に、私が心配しているもう一つの点は、今回のポツダム行きが計画性を欠いているように思えることだ。計画は、ロス（報道官）がささやいた情報を聞く限り、ひどくお寒い状態であり、それにロスは計画全体を把握してないだけでなく、あきれたことに、何をどのように準備しておけばいいのかまるで無頓着と来ている」

エアーズは「大統領のおつむの程度は取り巻きのミズーリ・ギャングを見ればすぐにわかる」とでも言いたげだ。

ミズーリ・ギャングとは何か？　これには少し説明が要る。

ミズーリ州出身のトルーマンが大統領に昇格するや否や、そのおこぼれに与かろうと様々な人がホワイトハウスに押し寄せ、中には本物の渡世人かと思うような者までいたから、これを見た政府高官は眉を顰め、これら面会人たちを指してミズーリ・ギャングと言った。事実、アメリカ政府人事における猟官制の名残りはトルーマンのスタッフ連中に顕著で、チャールズ・ロスという報道官はまさしくミズーリ・ギャングの一人だったからエアーズの評価も辛辣になる。ちなみに、つい最近まで事務用品のセールスで食べていたハリー・ヴォーンを陸軍担当秘書官に起用したトルーマンの臆面もない縁故人事はそうざらにあるものではない。准将服をまとった宮廷道化師と陰口を叩かれたヴォーン将軍の主たる仕事はトルーマンのポーカーの相手を務めることだったから、将軍はポケットに必ず一組のトランプを突っ込んでいた。

ポツダムに旅立つトルーマンが率いた随行員の数は三日前に国務長官に就任したバーンズから大統領従者プレッティーマンまで入れると軽く三〇〇人を越えたが、これらの内、ロスとヴォーンだけが大統領車にちゃっかり便乗し、がさつな冗談を交わしつつ、ホワイトハウスから車で五分という距離のワシントン・ユニオン駅に向かい、午後九時五十分、二番線プラットホームから特別列車に乗り込んだ。

列車は五十三名の補佐官、顧問、新聞記者からなる大統領一行を乗せて、午後十一時ジャストに出発し、リッチモンド、フレデリックスバーグという南北戦争の激戦地を経、そこからポトマック鉄道経由でバージニア州ノーフォークのニューポート・ニューズ軍港六号埠頭に到着。ここから陸海空三軍による送迎儀式が始まった。大統領はプロムナード・ハンチングという、目を剥くほどユニークな帽子をかぶり、紳士服のカタログから抜け出したような格好をしている。エアーズは「大統領は靴下とネクタイと上着の胸ポケットのハンカチを常にコーディネートしている。洋服屋をしていたころの習慣なのだろう」と多少含むところがあるような感想を述べているが、この日、大統領は茶と白のツートンカラーの靴の上にスパッツを着け、トレードマークとなった水玉模様のボウタイをしめ、お気に入りのダブルのスーツ、そして突飛な帽子という姿で鼻息も荒く式典に臨んだ。

七月七日土曜日午前七時ジャスト、大統領が乗船した重巡洋艦オーガスタは出港。

午前八時十五分、護衛の軽巡フィラデルフィアに合流し外洋に出ると一路ベルギー・アントワープ港を目指した。軽空母まで従えていたヤルタ会談時とは異なり、このときUボートの脅威が無くなった大西洋を進むオーガスタには軽巡一隻以外の護衛は無い。

ニューポート・ニューズ出港後八日目、すなわち七月十五日日曜日午前十時四分、重巡オーガスタはアントワープ港に接岸。ここで大統領はアイゼンハワー元帥とベルギー大使ソーヤー夫妻ほかの出迎えをうけ、すぐさま車列を組み、午後十二時三十分、エヴェール飛行場に到着。ここから大統領専用機C-54セイクリッド・カウ（聖牛号）に搭乗し、午後一時ジャストに離陸。午後四時十三分、ベルリン・ガトウ空港に到着し、先着組のスティムソン陸軍長官、ポーレイ大使夫妻、ハリマン大使、キング提督、グーセフ駐英ソ連大使、グロムイコ駐米ソ連大使といった人々の握手攻めにあい、午後四時三十分、ガトウ空港を出発し、午後五時、十六キロ先にあるバーベルスベルクで旅装を解いた。

奇跡的に爆撃を免れたバーベルスベルクはこのあたりでは名の知れたサマーリゾートであり、そして近くにはハリウッドのような映画村があったから、富裕なプロデューサーやスター俳優の贅沢な別荘にはこと欠かない。しかし大統領一行に提供された屋敷、すなわちカイザー・シュトラッセ二番地（現在はカール・マルクス・シュトラッセ二番地）にあるベージュ色を基調とした化粧漆喰三階建ての瀟洒な屋敷は出版社オーナー、ミュラー・グロート氏のもので映画産業とは無縁である。

トルーマン大統領の宿所となったこの屋敷をアメリカ人はリトル・ホワイトハウスと呼んでおり、バスルームの給湯設備以外は良好というこの屋敷で、大統領は二階のバルコニー付きスイートを使い、バーンズ長官は一階のスイートを使った。それ以外、リーヒー提督、ボーレン部長、マシューーズ部長、ロス報道官、ヴォーン将軍、ヴァーダマン大佐、シークレットサービス護衛官キャンフィルもここで一部屋提供されている。バーベルスベルクは今が年間を通して一番すごしやすい季節だ。大統領はしたたる緑に囲まれた美しい湖畔の宿に着き、何やらずいぶん蚊が多いとは感じたものの、ここが大いに気に入っている。知らぬが仏とはこのことで、大統領はこの屋敷の元の所有者（ミュラー・グロート氏）が今はロシアのどこかで労働大隊に押し込まれ、抑留生活を送っているとは思いもしなかったし、樅の木としだれ柳に囲まれた庭園の先にある川のような形状のグリープニッツ湖が、つい先ごろまで戦死したドイツ兵の大量処分場になっていたことも承知していない。

ちなみにトルーマン大統領が他界して約三十八年後の二〇一〇年七月二十五日、リトル・ホワイトハウスの目の前にある三角形をした角地には原爆被災者慰霊広場として《ヒロシマ・ナガサキ広場》が作られ、「記念地落成、除幕」というセレモニーが実施された。なお、大統領はバーベルスベルクのリトル・ホワイトハウスで広島と長崎への原爆投下を命じたとされているが、そういう命令文書は存在しない。すでに大統領は六月六日、暫定委員会の勧告を受け、ワシントンのホワイトハウスにおいて広島ほかの候補地に対する原爆投下を承認し、原爆投下の歯車は、この時すでに動き出している。大統領は、あるいは、バーベルスベルクの地で原爆投下の中止命令を発することができたかも知れない。その鍵がポツダム宣言であり、これが正確な史実表現になるだろう。

❖　❖　❖

九十一歳の天寿を全うし、暗殺されたケネディー大統領よりも長生きしたチャーチル首相はポツダム会談のとき七十一歳。意外なことにイギリスへ勝利をもたらした首相は国内問題と格闘していた。首相は、日本が降伏すると予測した十月まで、このまま挙国一致内閣を維持させるつもりだったが、連立を組んでいた労働党がノーを突きつけたから、不本意ながら解散総選挙を閣議決定した。首相に精神疲労の兆候が明らかになったのはこの時である。

精神疲労と言えば、おやっと思うようなおかしなことがあった。それは記念すべき五月八日のヨーロッパ勝利宣言に際し、ＢＢＣのマイクを前にしたチャーチルの演説だった。この演説は簡潔で、淡々と事実を語り、厚かましい粉飾も、大げさな栄光の押し売りもなく、実に好ましいものだったが、最後の「前進せよ大英帝国、永遠なれ自由の大義、国王万歳」という結びのワンフレーズがまったく投げやりで、覇気がなく、これがイギリス国民を奮い立たせた同じチャーチルかと思うほど空虚なものだったから、主治医はすぐに首相の鬱病を心配した。

さて、解散総選挙をめぐる戦いが開始されるとチャーチルの名声だけが頼りといった保守党は押され気味となり、戦後復興の基軸に《社会福祉》を取り上げたアトリー率いる労働党の健闘ぶりが目立った。これは「チャーチルに庶民の気持ちが分かるはずはない」という労働党のイメージ戦略が効いている。確かに、バトル・オブ・ブリテンという航空戦をからくも凌いだ後、チャーチルが議会で演説した「人類の歴史の中で、かくも少ない人が、かくも多数の人を守ったことはない」という言葉はドイツとのきびしい戦いに向けてイギリス国民をかたく結束させた。しかし戦争はやっと終わり、大衆は「一致団結し、復興に邁進しよう」という戦時中を思い出させる首相の語り口にうんざりしている。だから、いざ総選挙となって、「揺りかごから墓場まで」という労働党の繰り出したキャッチ・コピーと同じような社会福祉の言葉がチャーチル首相の口から出てくるとどこかそらぞらしい。はっきり言えば有権者の心に響かないのだ。

これについては、なるほどそうか、とうなずいてしまうチャーチル夫人クレメンタインの言葉が残っている。

「ウィンストンは庶民の生活については何も知りません。バスには生まれて一度も乗ったことがありません。地下鉄はゼネストがあったとき一度だけ乗りました。南ケンジントン駅で乗せてあげたまでは良かったのですが、下車駅がわからずにぐるぐる回っており、最後には捜索隊の手をわずらわせることになりました」

選挙戦中、チャーチルが愕然とした一コマがある。それは自分の演説の途中に立ち去っていく有権者の

チャーチル首相

姿を認めた時のことで、これこそは首相が、自分と大衆の間に溝ができつつあると直感した瞬間だった。そのうち「まるでなってない。チャーチルは社会主義者をくさしているだけだ。住みよい世界を建設しようとする労働党のヴィジョンと同じには語れない」という有権者の声が首相の耳に届きだし、演説途中で立ち去る人々の数が日増しに多くなって来ると、首相は耐えがたい苦痛を味わった。

自分の名声が泥にまみれて行くと悟った首相は、選挙終盤戦になるとすっかりふさぎの虫に取りつかれ、ついには《黒い犬》があらわれようとしているのを感じ、これを主治医のモラン卿に告げた。

チャーチルの黒い犬と鬱病（うつびょう）については説明が要る。

躁鬱病（そううつびょう）はマールバラ公チャーチルの一族にしばしば表れ、首相本人も受け継いでしまった宿痾で、二十一世紀になった今、首相にあらわれた症状は《双極性Ⅱ型障害》と再定義されている。Ⅱ型というのは、普段は軽度の躁状態で、何かの拍子に重度の鬱状態になるという病気だった。つまり日常生活は《好戦的言動》《活力異常》《抑制力欠如》《浪費》《大言壮語》《文書多産》《大量飲酒》という軽躁の日々を送る。首相は軽躁とは言え、話す内容は整然としており、軽躁を指導力の源泉としつつ、国民を断固たる不退転演説で奮いたたせ、国民の心を一つにさせた。が、鬱になると首相の異常活力は嘘のように消え、ただただ静まり返り、ねっとりと淀んだ沼さながらになってしまうのだ。首相の述懐によれば、鬱になると黒い犬が身体の中に棲みつき、あたりが暗くなり、色彩というものがなくなり、そして、耐えがたい拷問にあっているような具合になると告白している。ついでながら、首相は心臓冠動脈異常という臓器不全も抱えていた。

総選挙ですっかりペースを乱したチャーチルは鬱病という底なし沼のふちをさまよい始めていたから、

主治医は肝をつぶし、静養を取り、首相にとって鬱病回避の特効薬となっている風景画制作に専念することを勧めた。かくして首相は七月五日に投票を済ませると、七日からポツダム会談に出席する十五日まで、ビスケー湾に面する南フランスの景勝地アンダイエで静養している。このとき首相はボルダベリー城のバルコニーにイーゼルを据えつけ、ビダス川の崖の上に建つ屋敷をメインモチーフにした風景画の作成に取り組んだ。

ミス・ジョーン・ブライトという諜報部門所属のスタッフが書いたポツダム関連詳細レポートがチャーチル首相のもとに届いたのは、首相がおのれの技の拙さにブツブツ文句を言いながら不出来な風景画の手直しに入った時である。ヤルタ会談を含め、過去六回ほど国際会議の先乗り調査書を仕上げた実績があるミス・ブライトだが、彼女は００７シリーズの原作者となったイアン・フレミングの仲間として働いたことがあり、この映画に必ず登場する上司Ｍの秘書ミス・マネーペニーのキャラクターはミス・ブライトが下敷きになっている。

余談はさておき、ミス・ブライトは今回も、ポツダムに関し、次の通り張り切って調査書を提出した。

「三カ国首脳会談にあたり、派遣メンバー二六〇人というイギリス代表団の宿所はポツダム市バーベルスベルクという赤軍占領地帯のど真ん中に指定されている。ベルリン南西十五キロにあるバーベルスベルクは奇跡的に戦禍を免れており、このため宿所としてイギリス代表団に提供される五十戸の屋敷は良好な状態にある。この地にはドイツの国策映画会社ウーファー（ＵＦＡ）があり、このためイギリス代表団に提供される屋敷はプロデューサー、監督、あるいは有名俳優たちの夏の別荘だったものが多く、接収された五十戸の屋敷の応接ホールには、たいていスタインウェイかベヒシュタインのグランド・ピアノが置かれている。

グリープニッツ湖畔にあるチャーチル首相の宿所は壁面をローズ・ピンク色で統一したトスカーナ・ス

タイルのヴィラで、もとはドイツの銀行家フランツ・ウアービク氏の別荘だったもの。所在地はリンク・シュトラッセ二十三番地にある。ちなみにトルーマン大統領の宿所は首相の宿所から見て南東六〇〇メートルの場所にあり、また、スターリンの宿所は北西一キロの場所にある。なお、スターリンはドイツ無条件降伏後の六月二十六日、大元帥（ゲネラリシモ）の称号を得た。

会議場となるツェツィーリエンホーフ宮殿は首相の宿所の北西三・五キロにある。第一次大戦が終わる一年前の一九一七年に完成した宮殿はむき出しの梁と筋交い、上に向かって鋭角にせり出した切妻屋根、ネオ・ゴシック調の高い煙突群に特徴があり、まさしくチューダ王朝様式を採用したこの宮殿はドイツ帝国最後の皇太子ウィルヘルムとメクレンブルク家から嫁いで来たツェツィーリエ妃のために作られたから、宮殿ゲートの頭上にはホーエンツォーレルン家の楯形紋章（鷲）とメクレンブルク家の楯形紋章（野牛）が掲げられている。海老茶と琥珀色を基調トーンとした宮殿のゲートをくぐると中庭があり、円形車寄せの芝生の中心には赤いゼラニウムを敷き詰めて作ったソ連の赤い星がいやでも目に飛び込んでくる。そして車寄せ左手の屋根に穿たれた二つの窓は、薄目を開けた瞳を模しているのだが、ソ連の赤い星と邪眼のような二つの窓の取り合わせは奇妙この上ない。

三首脳が会する大会議場は、ダンツィッヒ市から献上されたバロック様式の彫り込み装飾階段を下った吹き抜け状の一階広間に設営されている。この大広間はほぼ正方形。壁面は黒い板張り。北東方向にある大きな窓の向こうにはユングフェルン湖が芝生越しに見える。首脳会談用のくすんだ臙脂色のテーブルクロスがかけられた直径十フィート（三・〇五メートル）の円卓と赤いフラシ天張りの十五脚の椅子はモスクワにある家具工場リュクス（Люкс）から運び込まれた。椅子はどれも背もたれは垂直だが、小さなキューピッドの装飾が背もたれについた三首脳が座る椅子はアーム・チェア型で、それ以外の十二脚は肘掛けが無い。

ツェツィーリエンホーフ宮殿の部屋数は一七六。このうち、大広間の北西側にある皇太子の喫煙室はアメリカ人の控室として用意され、奥まった皇太子の図書室はイギリス人の控室として用意された。この図書室は奇跡的にまったく荒らされていないため、本棚にはヴィクトリア女王から孫のウィルヘルム皇太子に贈ったおとぎ話の本が並んでおり、そこには「かわいいウィリーへ。愛する曾祖母ヴィクトリアより」という献辞が記されている。

大広間の南東側にあるツェツィーリエ妃の音楽室（別名ホワイト・サロン）はソ連代表団のためのレセプション会場として使用され、同妃の執務室（別名レッド・サロン）はソ連代表団のための控室として使用される。……」

ミス・ブライトは報告書の中でツェツィーリエンホーフ宮殿を相当こき下ろしている。いわく、「株仲買人が思い描くパラダイス」あるいは「頭のおかしな挿絵画家が絵本の中に描いたような建物」など。しかしチャーチルは十数頁におよぶ偏見という薬味を効かせたミス・ブライトの報告書をまったく読んでいない。首相は、ヤルタ会談まではミス・ブライトの報告書を面白がって読んでいたが、今回はほとんど鬱病状態だったから、読まずにそのまま主治医に渡してしまったのだ。

❖　❖　❖

ポツダム会談のために動員されたイギリス人の数は、護衛陸軍部隊まで含めれば二六〇どころの話ではない。しかし十七日間（十二回）におよぶ本会議すべてに出席した者は数えるほどで、その一人が外務次官アレクサンダー・カドガン伯爵だった。この政府高官は家系といい、学歴といい、生活環境といい、典型的なイギリスの名門貴族だが、そういうこととは別に、伯爵は愛妻家でもあったから、大戦中、国外出張中の個人的な体験を夫人に書き送っており、それはポツダム会談の時も例外ではなく、次のようにしたためている。

「AC（Alexander Cadogan）からTC（Theodosia Cadogan）へ／ポツダムより／今日（七月十四日土曜日）、私たちはアントワープからルール上空を経てベルリン・ガトウ空港に向かった。飛行高度が高かったので良くは見えなかったが、地上には大きなあばた模様が至るところにあり、それは緑の森をボロ布で継ぎはぎしたように見えた。このあばたは大規模な爆撃にあった場所だ。あばたの数はベルリンに近づくにつれて増加し、飛行機がガトウ空港に着陸するため機首を下げた時、私はまる裸にされ、これ以上の荒廃は想像がつかないという国土のど真ん中に突っ込んで行くような気持になった。

ガトウ空港から私たちの宿所があるバーベルスベルクまでは車だった。道の両サイドにはロシア兵がびっしりと整列している。兵隊は要するに私たちの車列を監視していたのだ。おかげで、私たちはドイツではなくロシア領に居ることをいやと言うほど思い知らされた。ドイツの首都ベルリンにいるというのに、ドイツ人はほとんどいない。たまに見かけたとしても、老人か子供だ。

私たちが滞在するバーベルスベルクのイギリス人区域には破壊の痕は無く、落ち着いた静けさがただよい、ル・テュケ保養地ほどではないが、手軽でそこそこの　快適な生活が保証されている。私が提供された家は五、六人で使うシェア・ハウスで、なかなか快適だが、バスルームが一つというのは閉口する。私の部屋には大きなバルコニーがあり、そこから芝生の庭が見え、芝生はなだらかに傾斜し、その先に川のように巾の狭いグリープニッツ湖が見える。一五〇メートルほど先の対岸には松と樺の林があり、湖が鎖のように連なっている。ここは美しいところだ。

ところで、道を挟んで正面にあるのはアンソニー（イーデン外相のこと）に提供された家で、小さいが瀟洒な現代風のすてきな家だ。その向こう側にあるのは首相に提供された邸宅で、城館とまでは行かないが、壁面の装飾は現代ドイツ風で、実にチャーミング。さて、そこから数軒先に、さえない、侘しく、いじましい家がある。これがアトリーの宿舎だ。この家はあの男にぴったりの陰気臭さで、アトリーそのものと言ってさしつかえない」

夫人あての手紙で伯爵が言及したクレメント・アトリーはこのとき五十二歳。背が低く、やせており、颯爽とか重厚というものにはあまり縁がない。ロンドンの某法律事務所の雇われ補助弁護士の息子アトリーはオクスフォード大学で歴史学を専攻し、学位を取り、その後、社会活動に専念。雄弁ではないが、まじめで、はったりや煽動は不得手だったが、誠実な社会主義者として野党労働党の党首になった。

共産主義と社会主義は兄弟の関係にある。政府高官のポストを何代にも渡って独占してきたイギリスの支配階級は共産主義を目の仇にし、ともに天を戴かざる間柄だったから、社会主義者アトリーが好きな者などカドガン伯爵のまわりには一人もいない。余談ながら、保守党員から「羊の皮をかぶった羊」と見くびられたアトリーには校長先生というあだ名があった。理由は、頭の禿げ具合がいかにもそれらしく、経営が破綻しない程度に生徒数が維持されているごく平凡な私立学校の校長という雰囲気をまとっていたからだ。第二次大戦が勃発し、チャーチルが戦時挙国一致内閣を組閣した時、アトリーは王璽尚書（Lord Privy Seal）という役職で入閣し、その後、副首相に変わったが、どちらも閑職で、労働党の重鎮ベヴィンは王璽尚書について「有力者（lord）でも、便所（privy）でも、アザラシ（seal）でもない役職だ」ととべもない言いかたをしている。

さて、ドイツが降伏すると、アトリーは「全国民がパンを食べられるまで、誰にもケーキを食べさせない。労働党はイギリスを社会主義国にする」と叫んで解散総選挙を迫った。連立政権はこの時点で御破算になり、イギリスは総選挙に突入したが、この時、チャーチルだけがアトリーの労働党に負けるかも知れないと予感した。

――万が一ということもある。

そう考えたチャーチルは、アトリーが政権を握った時の用意に、この労働党党首を副首相という資格でポツダムに同行し、会議に参加させた。

「七月十五日日曜日／ＡＣからＴＣへ／ポツダムより／私は今日、首相を出迎えに行く途中、ベルリン市街を視察した。そこにあったものは茫然とする光景だった。道路だけは瓦礫が片づけられていたが、そこを行き交う車や人はいっさい無い。建物はすべて瓦礫と化し、九十パーセントが骨組みだけになっている。これほど破壊された都市は見たことが無い。ベルリンの復興には途方もない気力が必要で、数百万トンを超える建物の瓦礫を引きずりおろさねば先に進まない。ベルリン市民これからどのような運命が待ち構えているのか私にはわからない。五カ月後にはマイナス二十度にもなるという厳しい冬がやって来る。人々は廃墟の中で生活することになろう。現在、下水道は完全に破壊されているから、衛生環境は口に出来ないようなありさまだ。当然、水道管もやられている。放置すれば伝染病が猖獗を極めるだろう。視察中、私たちはヒトラーの総統官邸だったものを訪れた。正面車寄せから官邸を見ると、途方もない瓦礫のやま。勲章のリボンが瓦礫の間に散乱していた。私はリボンを拾いあげた。別の同行者は本物の鉄十字章を見つけた。私は勲章を見つけられなかったのだが、そこにいたロシア兵の歩哨と物々交換をした。タバコ三本を渡すと歩哨は物陰かフエルト製のおんぼろブーツを持って来た。しかも、片方だ。私はこんなものは要らないと言った。すると歩哨は身振り手振りで中を見てくれという。何と、そこにあったのは大量のリボンの先についた無傷の鉄十字章だった。私は苦笑いをしつつ、その中の一つを遠慮なく頂戴した。次に私たちは惨憺たるありさまになったヒトラーの執務室に行った。すさまじく荒れ果てぼろぼろになった部屋の中央に巨大な執務机の台座部分があり、その脇に大理石の机の上部構造がころがっていた。私は大理石のかけらを文鎮がわりに拾ってきた。大宴会場に行くと、そこにはこれでもかと言わんばかりにぐちゃぐちゃになった壁画の中で、不思議なことにまったく無傷のシャンデリアが天井からぶらさがっており、それにロシア兵の軍曹が飛びついて一つのクリスタルをもぎ取って私にくれた」

七月十五日日曜日、首相はアンダイエからボルドー・メリニャック空港まで二二二キロを車で移動。すぐにダグラスC-54スカイマスターへ乗り込み、ベルリン・ガトウ空港を目指した。午後六時ちょうど、チャーチルの搭乗機がベルリン上空にあらわれ、ゆっくり旋回した後、むせかえるような草いきれの滑走路に着陸した。この日はカンカン照りの一日で、太陽は西に傾いたとは言え、日没はまだずっと先のことだ。スカイマスターの旅客用ドアが開き、空軍の夏用将官服に軍帽という姿のチャーチル首相があらわれた。左手にフォーマル・ステッキを握り、トレードマークとなったタバカレラの太い葉巻を指先に挟んでいる。タラップをおりて来る首相のうしろにはイギリス陸軍女性隊員の中尉服を着たメアリー・チャーチル（末娘）が続く。地上に降り立った首相は笑顔を浮かべ、イギリス第七装甲師団（砂漠のネズミ）を率いて出迎えたモントゴメリー元帥と握手を交わし、閲兵を済ませるとバーベルスベルクの宿所にむかった。

「ソーヤーズはいないか。だれかウィスキーを持ってきてくれ！」

チャーチルはどことなく薄汚れたような宿所に入り、大きなシャンデリヤがぶら下がっただけのがらんとした部屋を二つ抜け、野鳥の糞がへばりついたままになっているフランス窓を開けてガーデン・チェアに座り込み、ぐったりした。首相は従者のソーヤーズが持って来たウイスキーでのどを潤し、何度かおかわりをすると、今度は主治医に向かい、だしぬけに「アトレー（Attler）やヒトリー（Hitlee）なんぞ、どうでもいい」と言って笑った。総選挙の結果が気になっていたのだ。日が沈み、夜の闇が濃くなった時、湖の向こう側で懐中電灯のチカチカする光が見えた。赤軍の歩哨がパトロールをしている。そのうちふっと光が消え、銃声が静寂を破った。首相はこの異常な出来事にまったく無関心で、しばらくウイスキー・グラスをもてあそんでいたが、そのうち、ソーヤーズにブランデーを持って来いと言った。

5　空白の一日（七月十六日月曜日／スターリンの心臓発作）

三首脳は昨日バーベルスベルクの宿所に入り、本日十六日午後からツェツィーリエンホーフ宮殿で会議ということになっていた。しかし、スターリンはモスクワ出発直前に体調を崩し、いまだバーベルスベルクに到着しておらず、いっぽう、トルーマンとチャーチルはソ連の大元帥が本当に達者でいるのか否か、また、一体全体どこにいるのか不明のままだった。

この日、朝食前の散歩に出た大統領はリトル・ホワイトハウスのゲート前屯所で捧げ銃をする衛兵の前を通ってポツダム・グリープニッツゼー停車場の方向にすたすたと歩いて行く。そのすぐ後ろには軍服の上に白い鉄兜、白いゲートルに白いサム・ブラウン・ベルトという憲兵一個中隊を乗せた警護車列が最徐行でつき従っている。前方に見える屯所はリトル・ホワイトハウスの周囲十八カ所に設営された屯所の一つで、大統領の早朝散歩は屯所と屯所を結ぶ結界の中で行なわれる決まりだ。

午前十一時、チャーチル首相がリトル・ホワイトハウスに歩いてやって来た。首相は白いサマー・スーツを着ているが、そのスーツはなぜかしわくちゃだ。葉巻をくゆらせている首相といっしょに居るのはイーデン外相、カドガン外務次官、メアリー・チャーチル中尉で、今日は初対面の表敬訪問という乗りだったから、両首脳はたいした会話をしていない。事実、午後一時に辞去した首相はスターリンの体調について話題にすらしなかった。これには理由がある。半年前のヤルタ会談の時も、スターリンは心臓の不調からクリミヤ半島のサキ飛行場でルーズベルトとチャーチルを出迎えることが出来なかった。そのときチャーチルは独裁者の心臓病を告げられた時、「これは仮病だ。専制君主が自分を大きく見せるため有史以前から繰り返して来た古くさい手だ」とタカを括っていたから、ポツダムでもそれをやったと見て、気にもしていない。

ところで、この日のカドガン伯爵が妻に充てた手紙を見ると、英米二首脳の初対面にはほとんど触れておらず、首相のベルリン視察について多く語っている。

「七月十六日月曜日／ACからTCへ／ポツダムより／スターリンの突然の予定変更で、今日から始まるはずだった首脳会談は一日伸びて明日十七日からとなった。首相はトルーマン大統領が延伸で生じた空白時間を利用してベルリン視察に出るというのを聞いて、自分も行ってみようと思ったらしい。そういうことで首相とアンソニーは午後、ベルリンを視察することになった。私はあのようになってしまったベルリンをもう一度が見たくはなかったが、首相がヒトラーの執務室を見てどのような感想を述べるかその場に居たいと思い、一緒に行くことにした」

　トルーマンがクライスラー社製のオープンカーに乗ってベルリン視察に出たのは午後三時四十分。一行はバーベルスベルクからアーヴス・アウトバーンでベルリン市街に向かい、同一ルートで午後五時三十五分にリトル・ホワイトハウスへ戻った。この間、大統領は途中で車から降りていない。グリューネヴァルトの森からティーア・ガルテンを抜け、ブランデンブルク門までのアウトバーンに砲列を連ねているパットン将軍麾下第二機甲師団のシャーマン戦車一二〇〇輛とハーフ・トラックを閲兵する時も、車から降りることはなく、笑顔を振りまきながら、徐行通過するだけだった。唯一例外的なものがあるとすれば、大統領はヴィルヘルム・シュトラッセに面した総統官邸の廃墟前でしばらく車を止めた。そして車内から、これをしげしげと眺めた後、「自業自得だな。無理をしすぎた人間のなれの果てさ。これはそのいい見本だ」と言った。

カドガン伯爵

　いっぽうチャーチルはトルーマンと違い、じっくり腰を据えてベルリンを検分するつもりでいる。一行は午後四時ちょうどにオリーブ色の軍用フォードア・セダンでベルリン市街に向かった。

今日も相変わらず暑い。ドア・ウインドーを開けて風を入れても猛暑の熱気が吹き込み、首相の夏用軍服の脇のあたりにはうっすらと汗がにじんでいる。チャーチル一行を先導した赤軍将校は、トルーマン大統領とアメリカ軍戦車が居座っているアウトバーンを避け、すいている脇道を使った。こういう次第でイギリス人たちはバーベルスベルクからケーニッヒ街道に出、テンペルホーフ飛行場を右手に見つつ、ベルリンの中心地ポツダム広場を抜けて、ブランデンブルク門の前を通り、赤軍が首都陥落の証(あかし)とした激戦地の国会議事堂に向かったのだ。ともあれ、迂回路を取ったため、幅の広いアウトバーンを行くトルーマン大統領と違って、チャーチル一行はより至近距離から戦禍の痕を見ることになった。ベルリンの中心部に近づくにつれ、生々しくも強烈な印象は激しさを増し、一行の目の前には直視に耐えない無残な光景があらわれた。

ティーアガルテン公園には《ユダヤ人使用禁止》と書かれたベンチがドイツ無条件降伏後のこの時も処分されぬまま残っており、その横に何人かの難民女性の行き倒れ死体が野ざらしになっている。そして山なす瓦礫の中には、戦死してそこに紛れ込んでしまった夥(おびただ)しい数のベルリン守備隊員の腐乱死体がそのままになっている。硝煙臭と汚水臭とは別の、まとわりつくような死臭は、行き倒れの死体を遥かに超える戦死者が放つものだったのだ。

建物はどれもこれも空爆に遭って天井がごっそり崩落し、上層階の骨組みだけが奇妙な形で残った。そこを戦車砲やカチューシャ砲が猛射したから、今度は側面が崩落して大穴が開いた。こういう状態だったが、ベルリンの戦闘が終わると、被災者となった元の住人は同じ場所に戻っている。各階で避難生活をする被災者はまる見えだ。プライバシーなどあったものではない。しかもそれら全壊家屋のそばでは、日が暮れるにはまだ間があるというのに、売春婦がロシア兵の気を引いている。

ベルリン市民はあらゆることに無感覚になっていた。瓦礫の谷間をあてもなくさまよう東方から追い立てられてきたドイツ難民を見ても、気だるい無気力の中でぼんやりとしている。いっぽう、まさしく流浪の民となり果てた老人、女、子供ばかりの群れは、誰も一様に袋を背負い、乳母車のようなものに家財道具を積んでさまよい歩く。この中に働き盛りの男性はまったくいない。そして、ほとんど全員が真夏の炎天下だというのに薄汚れた軍用オーバーコートを羽織っている。これは夜になると野宿用の夜具に替わり、朝になると再びこれを着て、受け入れてくれる西側の難民キャンプを探すのだ。

難民はチャーチル一行の車列が通り過ぎても、ほとんど誰も関心をしめさない。

「来るのではなかった」

同行の軍事首席補佐官イスメイ卿は苦しげにこうつぶやいた。事実、この高級軍人は宿所に帰った後、殺菌剤をたっぷりぶち込んだ風呂に飛び込み、次に強い酒を持って来させている。

カドガン伯爵は妻への手紙の中で、「首相は無口になった」と書いている。地獄の入口に掲げられているという、「この門をくぐる者は一切の希望を捨てよ」の文句が首相の脳裏をかすめたのだ。

「私たちは国会議事堂の正面についた。ここでは闇屋に商売替えした頭の切りかえが早いベルリン子がロシア兵相手に闇市の御開帳だ。首相は葉巻をくわえたまま車から降り、あわてるボディー・ガードを尻目に、群衆をかきわけてゆっくりと議事堂の正面階段を上って行く。ロシア兵の歩哨は驚くほど少なく、闇屋は私たちに興味津々。敵意はまったく感じられない。首相もそれに気づいている。そのうち首相のまわりには、特派員、イギリス兵、ロシア兵が群がった。私たちはこれら野次馬の間を縫って瓦礫につまずきながら歩いた。天は焼けるようだ。おそろしく暑い」

そのうちベルリン子は、あれはチャーチルだ、と気づいた。顔をそむけるもの。無表情で見つめるもの。また、ある老人はこぶしを振り回して見せた。その時だ。派手なドレスの金髪女が議事堂の階段上でチャーチルにウインクし、行く手に立ちふさがり、商売のお披露目を始めた。するとボディー・ガードはやさしく、しかし断固として金髪女を脇にどかせた。思うに、このワン・シーンだけが悲惨の中に残された人間らしさだった。

チャーチルの主治医モラン卿は「市内をめぐるうち、胸がむかむかしてきた」と言っている。この苦痛が最も耐えがたくなったのは議事堂から一キロほど南にある総統官邸を検分した時で、モラン卿は「初めて開腹手術に立会い、腸が飛び出すのを見た時のようなショックを受けた」と手記に書き、次のように続けている。

「私たちは瓦礫の山を迂回し、やっとのことでウィルヘルム通りとフォス通りが交差するあたりで総統官邸だった物の残骸にたどりついた。ここは議事堂と同じ程度にひどいありさまで、焼けた装甲車や戦車、その他の瓦礫が散乱する《名誉の中庭》を通って、私たちは総統官邸本館に入った」

官邸本館の入口左右に置かれた《党》と《軍》を象徴するアルノ・ブレーカー作の大理石像は不思議にも弾痕一つない。チャーチル一行が、手榴弾とマシンガンの応酬で傷だらけになった階段を上がって行くと、そこにはめちゃくちゃになった巨大な回廊があった。ナチス・ドイツ建設総監アルベルト・シュペーアはこの回廊をヴェルサイユ宮殿鏡の間の二倍の長さにし、そこに絢爛豪華な装飾を施して訪れる者にドイツ第三帝国の力と威光を見せつけようとしたのだが、今や、その回廊の高い天井からは破裂した配管、そしておびただしい量のケーブルがむき出しのまま垂れ下がっており、いっぽう、床には砲撃で深い亀裂が入り、粉々になったモザイク画、崩落したシャンデリアの破片が飛び散っている。

「瓦礫に埋まった回廊を通り抜けて、私たちは、かつては荘重だったヒトラーの執務室のなれの果てを見た。ロシア兵がヒトラーの大理石の執務机を砕いて、見学者に記念品として渡している。首相は執務室の隣にある大食堂で足を止め、天井を見上げた。ガラスのドームは砲弾でぶち抜かれ、むき出しの鉄骨の間から夏空がのぞいている。首相のすぐ後ろを歩いていたイーデン外相が物憂げに『ここに来るのは十年ぶりだ』とつぶやいた。外相はドイツがラインラント非武装地帯に武力進駐する直前、この同じ場所でヒトラーと晩餐を供にしていたのだ。次に私たちは中庭の片隅を通って、ヒトラーの地下壕に向かった。運悪くロシア人が取り付けた照明システムが故障していたので、入口に立っていた案内役の衛兵が暗いコンクリートの石段を懐中電灯で照らし、その明かりを頼りに私たちは地下壕へ降りていった。仮にたった一人で降りて行けと言われたなら、間違いなく怖気を振るいそうな長い階段を三回折り返して、私たちは一番下の階にたどり着いた。地下壕の中は非常に広く、懐中電灯のフォーカスを絞り込んでも、光が向こうの壁まで届かない。しかし衛兵は手慣れた様子で私たちを導き、そこで一つの部屋を見せた。ヒトラーはここで自殺したのだと言う。この部屋の別のドアを開けると、そこはエヴァ・ブラウンの部屋だった。テーブルには花瓶があり、何かの花束が活けられていたらしく、枯れてしおれた枝と茎が花瓶にへばりついていた。床には水たまりができている。じめじめした、鼻につんとくる、目まいがしそうな異臭を吸い込みながら、私たちは衛兵のあとについて別の部屋に行った。頼りない懐中電灯のあかりが照らしだす丸い光の輪の中に浮かび上がったものは、床にぶちまけられた本と書類、空になった多量の酒瓶、割れた食器に壊された照明器具、べっとりと汚水に浸かった絨毯、ナイフで引き裂かれた風景画、腐乱臭を放つ得体の知れぬ異物。これらが懐中電灯の丸い光の輪の中を通り過ぎていった。電灯の光が及ばない漆黒の闇の中にはどれほど異様なものが潜んでいるのだろうか？　私は一瞬そう思ったが、何か不吉なものを呼び起こしそうな気がして、その思いを懸命に振り払った。

ところで首相は地下一階まで降りたが、あと二階分降りねばならないと言われて、ゆっくりと石段をのぼり返し、ヒトラーの自殺現場までは行かなかった。そして私が地下壕の検分をすませて地上に出ると、首相は背もたれが折れ曲がった、金色の椅子を見つけて腰を下ろしていた。やがて私の姿を認めると、首相は軍帽を脱いで額の汗を拭き、誰に言うとでもなく、ひとり言のように『ヒトラーは新鮮な外の空気を吸うために、ここに上がって来たのだろうな。そしてだんだん近づいて来る大砲の音を耳にしたのだろうな』とつぶやいた。

官邸を引き上げる時、ロシア兵の案内人が地下壕の地上出口付近にガソリン缶が多数転がっている場所を指し、親衛隊がヒトラーとエヴァ・ブラウンの死体を焼いたあとだと私たちに教えた。首相は一瞬、目をそちらに向けたが、不快げに顔をそむけ、黙ったまま車に戻ってしまった。私が聞いた話では、二人は最初、地下壕出口あたりに埋葬されたが、すぐにゲッベルスの命令で掘り出され、大量のガソリンで完全に焼却された。その後、雨あられと降り注ぐ砲弾で遺灰は風に散ったと言う。ヒトラーの死についてはこれ以外に諸説あるが、真実は誰にも分らない」

帰りの車中、首相は、いま目撃してきたことに、感想を述べず沈黙したままだった。

バーベルスベルクに帰った後、就寝前の診察の時、モラン卿はベルリンの感想を首相に聞いた。すると「相当な破壊ぶりだね。あわれなやつらだ」と言ったきりだった。それでモラン卿はさらに総統官邸の様子を話すと、ようやく首相からもう一つの言葉を引き出すことができた。

「あそこでヒトラーは世界を支配しようとしたのだ。しかし、ことごとく失敗してしまった。だからイギリスはこうして生き残っているのだよ。ところで、午後六時半ごろモロトフとヴィシンスキーがアンソニー（イーデン外相）を訪ね、スターリンは無事バーベルスベルグに到着したと伝えて来たそうだ。会議は明日からスタートだが、私はスターリンに言ってやるつもりだ。イギリスはこうして生き残っており、これからも生き残る、とね」

❖　❖　❖

ソ連モス・フィルムが制作した映画《ベルリン陥落》のエンディング部分で、グルジア人俳優ミヘイル・ゲロヴァニ演ずるスターリンが大元帥服の夏用礼装で大型旅客機のタラップを下り、ベルリン空港の滑走路に立つシーンがある。ゲロヴァニが着用した大元帥服一式は、この俳優を贔屓にしていたスターリンの命令で寸分たがわぬレプリカが用意されたが、それはそれとして、このシーンは一から十まで真っ赤な嘘。スターリンはテヘラン会談のとき使用した飛行機に懲り、これ以降いっさい飛行機には乗らなかったし、バーベルスベルクに用意されたスターリン・ヴィラに入った時の服装は赤い肩章にこげ茶色（フォーン・ブラウン）の軍服という何の変哲もない姿で、胸にはソ連邦英雄金星章という勲章を一個、申しわけ程度につけているだけだった。

で、飛行機も嘘だとすると、本当はどうやってポツダムに到着したのか？

スターリンは十一輌編成の特別列車でやって来た。十一輌のうち緑色の四輌はかつてロマノフ皇帝のお召し列車だったもので、スターリンはこの四輌に特別装甲を施し、それに乗ってポツダムに向かった。列車はモスクワを出発し、戦禍の痕も痛々しいスモレンスクを経てベラルーシ、リトアニアを抜け、東プロイセンに入り、そこからベルリンを目指している。ワルシャワ経由とせず、全行程一九二五キロメートルという迂回路を取ったのは、治安が完全ではなかったからだ。特にブレスト＝リトフスク駅周辺では反共パルチザンが活動しているという情報があったから、沿線を一万七〇〇〇名のＮＫＶＤ保安隊と同規模の正規兵に守らせ、加えて、装甲列車八両により通過路線をパトロールさせた。

ところで、スターリンがモスクワをたつ寸前、軽い心臓発作に襲われたのは本当だったから、急遽予定を変更し、到着を一日遅らせ、七月十六日正午、いきなりポツダム＝バーベルスベルク駅に到着した。ベルリンは素通りである。このときスターリンは儀仗隊も軍楽隊も配置してはならないと厳命していたから、ソ連の大元帥を出迎えたのはジューコフ元帥とＮＫＶＤ長官ベリヤほか一握りの側近のみで、プラットホームに降りたスターリンは、迎えの一行にちょっとだけ手を振り、握手も抱擁もなく、そっけない態度でフォードア・セダン、ジルに乗り込み、宿所に向かった。余談ながら、ジルはルーズベルトがスターリンへ贈呈した無償の許認可複製車パッカード・スーパーエイトである。余談をもう一つ。スターリンの宿所はバーベルスベルクのカイザー・シュトラッセ二十七番地（現在はカール・マルクス・シュトラッセ二十七番地）にあり、元の持ち主は百貨店オーナー、パウル・ヘルピッヒ氏で、三首脳の中では一番小さい宿所だが、建築様式はアールヌーボーで、グリープニッツ湖に面した半円形の庭が素晴らしい。

スターリンがポツダムを会談場所に選んだのは、赤軍占領地のど真ん中に英米両首脳を呼びつけ、「ベルリンを陥落させたのは俺だ！」という心理的な圧迫を加えつつヤルタ会談の仕上げをしようとしたからだ。そしてもう一つ、無憂宮（サン・スーシー）があるポツダムは、プロイセン陸軍を増強し、それに強烈な軍国魂を吹き込み、諸悪の根源のようなドイツ軍の原型を作ったフリードリヒ大王ゆかりの地だったからで、スターリンはどうしてもポツダムで戦後処理の会議を開き、軍国ドイツにとどめを刺そうとしたのである。

今回、スターリンは何をもってヤルタの仕上げとするのか？　そこに奇抜な発想はない。ポツダム会談でスターリンがもくろんだものは併合領土、保護国、汎スラブ協力圏の総和を自国の領土と捉えた帝政ロシアの発想を踏襲するもので、この貪欲な領土拡大の発想は外敵に蹂躙され続けて来たロシア人の歴史認識に根づいている。すなわち、海という自然国境の無い、おそろしく広大なロシアはフン族、スキタイ族、そしてタタール族によって有史以来、何世紀にも渡って踏みつけにされた。領土拡大の発想は二度と外敵に蹂躙されまいとするロシア人の本能的衝動から来ていたが、これに加えて、最後に襲い掛かって来たのはゲルマン族（ドイツ人）だったから、少なくとも向こう五十年はドイツを半身不随にしておこうとスターリンは決意している。

❖　❖　❖

ベルリンの視察から戻ったトルーマン大統領は、この日午後八時からリトル・ホワイトハウスで開かれたごく小規模の晩餐会に臨んだ。すでに第二機甲師団の軍楽隊が庭園の楽団席に座り、晩餐に花を添えるための演奏を始めている。晩餐が始まり、ワインのテイスティングが終わって、オードブルが運ばれて来たときだ。従者のアーサー・プレッティーマンが大統領の耳元で「スティムソン陸軍長官が五分だけお時間をいただきたいと申されて、玄関ロビーの控え室でお待ちです」と囁（ささや）いた。

「……！」

大統領は興に水を差され不機嫌そうに下唇を前に突き出した。

「長官は走って来られたようです。足が悪いのに」

「わかったよ、アーサー。……諸君、ちょっと中座する。……バーンズ長官、いっしょに来てもらいたい」

大統領は盗聴に備えるためバーンズ長官とスティムソン長官をうながして庭に出た。軍楽隊の演奏が急に大音響のマーチに変わったのもそのためだった。スティムソン長官は、食事を中断させた詫びを言った後、原爆の実験が成功したと述べ、次の暗号電文を大統領にみせた。

■発／暫定委員会・議長代理ジョージ・ハリソン
■宛／陸軍長官ヘンリー・スティムソン殿
■超極秘＆最優先急報
■一九四五年七月十六日／ワシントン／陸軍省三二八八七号

■ハリソン暗号電文の解読責任者は副官カイル大佐
■本文／手術は今朝終了した。術後の診断はまだ不完全だが、結果は満足すべきものと思われ、明らかに予想値を超えている。手術の影響は非常に遠方かつ広範に及んだため、ニューメキシコ州の地方新聞には発表が必要。グローヴス医師は喜んでいる。医師は明日ワシントンに戻る。私は引き続き詳細を知らせる。（電文終了）

長官はこの電文の内容について説明しようとしたが、大統領はそれを押しとどめ、じっくりと繰り返し読み、「それで原爆は実戦投入可能というわけかね？」と訊いた。

「この後に提出される詳細報告を見るまで最終判断を待たねばなりませんが、期待は大いにできると思います」

「詳細報告はいつ見せてもらえるのかね？」

「おそらく五日後、七月二十一日に提出できるでしょう」

「五日？　ずいぶん待たせるな」

「これは重要機密ですから、電信は使えません。詳細報告は伝書使が飛行機で運ぶことになるので、最短で五日なのです」

原爆実験の成功は七月十六日月曜日午前五時二十九分四十五秒（現地時間）だった。これはちょうどトルーマンとチャーチルが昼食をはさみ、リトル・ホワイトハウスで初対面を果たしているころである。そして、この実験とほぼ同時に、日本へ落とす原爆二発がテニアン基地へ発送され、七月三十一日に組立てが完了し、B-29爆撃機に搭載されるばかりになる。

すでにトルーマンは六月六日に原爆投下を承認しており、原爆実験が成功した以上、歯車は自動的に回転を始めている。ポーカー大好き人間のトルーマンは原爆をロイヤル・ストレート・フラッシュに例えたが、どうやら、垂涎の的だったハートのエースを手中にしたらしい。

6　会談初日（七月十七日火曜日／昭和天皇玉音放送二十九日前）

この日は快晴。木々の茂みの間から抜けるような青空が見え、この様子なら気象予報官の知らせを聞くまでもなく、暑い日差しが照りつけるに決まっている。

早朝、大統領はスティムソンをリトル・ホワイトハウスに呼び出し、バーンズ国務長官と共に庭に出た。あと四時間ちょっとでスターリンがリトル・ホワイトハウスを訪れる。その前に、もう一度、原爆情報を確認しようとしたのだ。三人はしばらく話し合い、「原爆は喜ばしい状況にある。そしてロシア人には当分この件を知らせない」ということを確認して密談を終えた。

スティムソン長官はそのあと、チャーチル首相を訪ね、アトリー副首相とレザーズ子爵を交えてランチとなった。長官はランチ終了後のことを次の様に日記に書いている。

「私はそれとなく首相一人を庭園の散歩に誘った。庭を通って門扉のそばまで歩いて来る間、私は原爆実験のニュースを首相に知らせた。首相は興奮し、大いに喜んだが、すぐ真顔になると、これをロシア人に話しちゃならんと言った」

正午ちょうど、護衛のジープに先導された防弾仕様のジルがリトル・ホワイトハウスの車寄せに到着した。ポツダム会談初日をひかえ、本番前に一度ぐらいは顔合わせをしておくものだろうという思いから、スターリンのトルーマン訪問がお膳立てされたのだ。

この日、スターリンは相変わらずフォーン・ブラウンという薄茶色の詰襟軍服に短靴という何の変哲も

スターリン大元帥

ない姿で現れた。高級軍人らしい装いはと言えば、せいぜい赤地に金短冊の肩章とズボンに縫い付けられた赤い側章ぐらいのもので、それ以外は左胸ポケットのすぐ上に鎌と槌の標章もついていない平凡なソ連邦英雄金星勲章を一つぶら下げているだけだ。

玄関先でソ連のトップを出迎えたのはトルーマンのお抱え道化師ヴォーン准将だったが、このとき開けっぴろげな笑みを顔いっぱいに浮かべた准将はがさつなミズーリ・ギャング丸出しの田舎臭さをもって、いとも気安くスターリンの背中をポンポン叩いたから、ソ連の護衛官はこの身の程をわきまえぬ行動に泡を食った。

ソ連の独裁者が通された二階のレセプション・ルームにはトルーマン大統領、バーンズ国務長官、リーヒー提督、ボーレン部長（通訳）が待ち構えており、このとき大統領は明るい灰色のグレン・チェック柄ダブル・スーツを着ており、これに水玉模様のボータイと胸ポケットにはコーディネートしたハンカチ。そして茶のツートン・カラー靴というお約束のトルーマン・ファッションで出迎えた。

最初に言葉をかけたのはスターリンだった。

「会談を予定通り昨日始められなくて申し訳ありません。宋子文との話し合いが長引いたので飛行機を使うつもりだったのですが、直前になって私の肺の調子が良くないことを発見した主治医から飛行機移動のドクター・ストップがかかってしまったのです」

トルーマンはこのどうでもいい嘘をあたりさわりなく受け流し、「あなたにはずいぶん前からお目にかかりたかった。あなたと知り合いになれてうれしい」と応じている。ちなみに、このせりふ回しは、テヘラン会談の際、ルーズベルトがスターリンに対して発した第一声とまったく同じだった。

スターリン「余人を交えず直接膝と膝を突き合わせて語り合うことが重要です。ポツダムでは解決しなければならないことがたくさんあるけれども、合意への到達は難しいことではありません」

この日、スターリンは、落ち着いた親しみ深い語り口で、適度な饒舌ぶりを発揮し、友好ムードを演出してはいたけれど、それはわずかな間のことで、次第に地金が出、例によって掬い上げるような目つきをした後、ひたと相手を見据え、いかにも猜疑心に満ちた視線を相手に浴びせている。

さて、ソ連の独裁者は世間話に一区切りつけると、悠揚迫らぬ態度で、枢軸国ドイツ、イタリアとは因縁浅からぬスペインのフランコ総統を話題に上げ、真珠湾攻撃後、日本に祝電を送ったフランコを裁判に引っ張り出してやろうと囁（ささや）き、次にアメリカが戦後処分を甘くしようと企んでいるイタリアに言及し、イタリアのアフリカ植民地リビアとエリトリアにソ連海軍の拠点を作らせろと大統領にやんわり噛ました。

スターリンが人の懐に手を突っ込むような挙に出た時、負けん気いっぱいの大統領は次第にふんぞり返るような座り方になり、その姿勢で独特のトルーマン・スマイルを湛えつつ相手を見つめたから、その目つきは無意識の内にいわゆる盗人眼（ぬすっとまなこ）という上三白眼になった。

トルーマン・スマイルというのは、身もふたもない言い方をするなら、大げさな作り笑いのことだ。大統領は生まれつき眼球の周辺筋肉が感情の動きに着いて行けない。要するにうまく笑えないので、大統領は大げさな作り笑いをすることが習慣になっている。しかし、さすがのスターリンも大統領の眼球周辺筋肉に不具合があるとまでは知らなかったから、トルーマンの笑顔の中に蛇が棲みついているような印象をもった。

さて大統領は、独裁者の申し出を聞いてなかったような振りをし、ツェツィーリエンホーフ宮殿での会議開始は午後五時でいいのかと尋ねている。おとぼけを噛まして相手のペースを狂わせようとしたのだ。しかし独裁者は五時でまったく問題ないと答えるや否や、すぐにフランコ総統へ話題を引き戻した。スターリンはポツダム会議で紛糾するに決まっているポーランド問題をソ連にとって有利に導かねばならず、フランコはそのための布石だったたから、相当執拗にせまっている。
「スペインについて、ちょっとばかり話しておきたいのですよ、大統領。フランコ体制は国民の全会一致で立ち上げられたものではない。ナチス・ドイツとファシスト・イタリアが支援者となって出来上がった体制だ。この様な暴力の残滓は抹消してしまうに限ると思いますが、大統領はいかがです？　違うお考えをお持ちですか？」
「私の手元にはフランコについての報告が上がってきていない。お答えのしようがありませんな」
「なるほど。それではとっくりとご研究いただき、のちほどお考えを承りたい」
すると大統領は、「私はあなたの友人としてポツダムにやって来ました。私は外交官ではありません。イエスかノーか。この二つしか答えられない。率直に行きましょう」と、心に温めて来た決めぜりふを早速披露している。この「私は外交官ではない。率直に行こう」は、十七日間のポツダム会談中、頻繁にトルーマンの口を突いて出たから、だいぶ有名になった。
スターリン「たいへん喜ばしい言葉です。率直は誤解を生むことが少ない。ソ連はいつもアメリカと共に進んで来ました」
トルーマン「私はあなたの友人としてここにいますが、両国には問題のとらえ方に異なる見解がある。ゆえにこれらの解決には率直な会話が必須だと思っています」
スターリン「たいへんけっこう。もちろん違いはあろう。しかし解決はできる」
トルーマン「ところで私は昨日チャーチル首相と会いました」
スターリン「そうですか。首相もお元気そうで何よりです。ところでイギリスですが、あの国はこれからの対日戦争に本気を出して臨むでしょうか？　もちろんソ連は誠心誠意、約束を果たしますよ」

独裁者はチャーチルの名を聞くと、すかさず英米分断をはかった。すなわち、イギリスはドイツの脅威に晒されていた時は激しく戦ったが、そのドイツが敗れ去った今、日本を相手に本気で戦うつもりは無い。今やアメリカの戦友はソ連であって、イギリスではないと強調している。

トルーマン「チャーチル首相は義務を果たすと言いましたよ」

スターリン「それはずいぶん奇妙な発言だ。体裁を繕ったのでは？　イギリス本土を爆撃したのはドイツであって日本ではない。イギリス人にとって戦争は終わったのです」

そういうと独裁者は最近気に入って吸っている葉巻を取り出して火をつけ、一瞬の間を置くと、続けて語り出した。

「アメリカ人はヨーロッパの戦争を終わらせるために大きな貢献をした。これは事実です。そしてアメリカ人はこれから日本との戦争を終わらせなきゃならん。これも事実です。そこでイギリス人だが、その国民感情を忌憚なく言わせてもらえば、戦争はおしまい。対日戦争に関心は無いのです」

すると大統領は、アメリカは充分に強力だから誰の助けも借りずに日本を無条件降伏させることができると、何気ない風を装って次のように応じた。

「アメリカは、イギリスのように本国が空爆にあって悲惨な目に遭ったわけではありません。つまり、アメリカ単独でもやれるということですよ。それから、本日、太平洋のグアム島基地にいるニミッツ提督は『アメリカ海軍は日本海軍の出撃能力と戦闘意志を完全に麻痺させた』と公表しました。つまり日本は本国の守りを固めようと思っても、陸軍兵力を東京周辺に運んで来ることが出来ないのです」

「イギリス海軍は日本本土攻撃のため戦艦キング・ジョージ五世ほかを派遣し、目下、アメリカ海軍と共に艦砲射撃を実施しています」と、これはリーヒー提督。

「それは非常にいいニュースだ。私も遅れを取らぬよう八月中旬に赤軍へ攻撃開始を命じます」

この時、トルーマンの手の内には原爆という切り札がある。つまり一か月前、ホプキンス特使がスターリンに向かって対日参戦の確約を強く求めた時とは劇的に状況が変化しており、今となっては、ソ連参戦など不必要に近い。しかし、トルーマンはヤルタ密約遵守路線を取り、ソ連の対日参戦にストップをかけていない。

さて、会談が始まって小一時間ほど過ぎた時、大統領はランチを一緒にいかがかと訊いた。独裁者は多忙を理由に遠慮し、再度誘われたなら応じようとしていたらしいが、トルーマンは「それは残念。お引止めはしますまい」と、肩越しにものを投げ捨てるような言い方をした。ルーズベルト大統領ならば絶対にやらなかったはずの想定外にスターリンは一瞬鼻白んだが、その時、「次の予定まで少し余裕がある」と仲を取り持つようなモロトフの助け舟が出たので、ともかくランチを共にした。

食事中、もはや領土問題などの生臭い話題は出ていない。会食者一同がベーコンとレバーのテリーヌを賞味していた時、ヒトラーの死についてバーンズ長官が水を向けた。リーヒー提督は長官の会食中の悪趣味に眉をぴくつかせたが、スターリンはこういう話題をむしろ楽しむようなところがあり、ヒトラー地下壕の惨状をざっと語り終えると、ホプキンス特使にしゃべった内容とまったく同じ、「あれはまだ死んでいない!」の一言でこの話題にピリオドを打った。そして、独裁者はテリーヌに満足して口ひげをなで、さらに供されたワインをほめ、ボトルに貼られたカリフォルニア・ワインのラベルが見たいと言った。トルーマンは会食相手がワイン愛好家だと知り、どうでもいい些事は小まめに気配りせよと言う外交のセオリー通り、後刻、カリフォルニア・ワインの他に、ニールシュタイナー、ポート、モーゼルを各一ダース、スターリンの宿所に送り届けた。

ツェツィーリエンホーフ宮殿への入口を、米英ソ異なる場所に用意したのは会場設営者の苦労した点で、午後四時四十五分、まずチャーチルの車列が宮殿の中庭に入り、ロビーを通ってイギリス代表団控室に入った。首相は十五日、ガトウ飛行場に降り立った時と同じ、空軍の将官服に身を包んでいる。次にスターリンの一行が護衛のジープに先導されてやって来た。防弾仕様のジルは中庭に入らず、東側回廊に横付けされ、周囲を赤軍の護衛連隊が武装の壁を作り、その間を平凡な軍服姿の独裁者が通り抜けて行く。次にトルーマンの一行が騒々しくサイレンを鳴らしてやって来た。先導は前輪部にライフル銃のホルスターを装着し、燃料タンクに白い星のマークを付けたハーレー・ダヴィッドソンＷＬＡ。その後に機銃で武装したジープが続き、その後ろの大統領車には少々場違いなグレーのつば広ハットをかぶったシークレット・サービスがトルーマンを取り囲んでいる。最後に歩兵を満載した軍用トラックの一団が続き、兵隊は目的地に着くや否や、地面に飛び降り、大統領が西側回廊の入口から宮殿に入るまでの間、銃剣の長い壁を作る。

三カ国首脳会談はすでにテヘラン、ヤルタと続いていたから、円卓のどの位置に誰が座るかは決まっている。ユングフェルン湖を望む大きな窓を背にしているのはイギリス人の一団で円卓最前列に座る五人は左から右へ時計回りにカドガン伯爵、イーデン外相、チャーチル首相、バース通訳、アトリー副首相。その右隣はソ連代表団で、ヴィシンスキー副首相、モロトフ外相、スターリン大元帥、グーセフ駐英大使、グロムイコ駐米大使の顔が見え、パブロフ通訳はスターリンの背後に座っている。ソ連の右隣、すなわちこの会議場のシンボルになっている大階段を背にしているのはアメリカ人の群れで、左からリーヒー提督、バーンズ国務長官、トルーマン大統領、ボーレン通訳、デービス特別顧問の面々だった。

代表団は揃いも揃ってあくの強い顔をさらしているが、唯一の例外はアトリーで、存在感の無いこの男を見たボーレンは、「チャーチルがネジを巻いて卓上に置き、どこかを押すとプログラミングされた通りに動く機械仕掛けの人形だ」とアトリーを寸評している。また、ボーレンと同程度に辛辣なカドガン伯爵はイギリス駐在ソ連大使グーセフを指し、「しゃべらせれば何が言いたいのか意味不明。手の施しようがないまったくの愚鈍。唯一の取柄は雷のような大声でこんにちはと言うこと」と妻に書き送っている。

これら列席者の中でトルーマン以外の誰からもひどい言われ方をしたのが、大統領の外交顧問デービスだった。この男は結婚相手の女性がゼネラル・フーズのオーナー経営者だったから、金にいとめをつけず、途方もない献金をルーズベルトに注ぎ込み、その見返りで一時的にソ連大使を仰せつかった。ルーズベルトに気に入られたソ連万歳男デービスを指してイーデン外相は「空っぽの素人」と言い、ボーレン部長は「あの男はソ連体制の非常に基本的な現実さえ、みごとにわかっていない」と言った。そしてチャーチルに至っては汚いものでも見るように、そばに寄せ付けなかった。ソ連の要人と面識があることでメッセンジャー役を期待されてポツダム会談に出席したデービスだったけれど、まったく役に立たず、最後はトルーマンにも愛想を尽かされた。

ともあれ、これ以後、若手外務官僚は寝る暇がなくなるだろう。若手に課された仕事の中で大きな比重を占めているものは議事録である。彼等は会談の速記録を取り、記憶鮮明の間に平文に直し、装丁を整え、記録主査と筆頭通訳のチェックを受け、必要な修正を施し、最後に外交担当者会議で各国がおのおの作成した英文と露文各一通の議事録を交換し、再び査読。運よく互いに問題無しとなってはじめて受領サインとなる。日本の元政治家と海外要人が交わした唐突な会話がこのように厳密なプロセスを踏んで公文書館に保管されるのかどうか知らないが、ポツダム会談の場合、このプロセスをその日の内にクリアしておかねばならないから若手は汗だくだ。ともあれ、ポツダム会談から七〇年後の今、会議場での肉声を再生できるのは、米英ソ若手外務官僚の努力に加え、アメリカ代表団の一人コーエン特別顧問やトンプソン二等書記官ほかが残したメモがあればこそであろう。

会議が始まり、資料をめくる音や、速記用タイプライターをプチプチやる音に混じって、時折、列席者の中の誰かが腹立たしげに蚊を叩きつぶそうとする音が聞こえる。スターリンはひっきりなしに紙巻きタバコを吸い、チャーチルはチャーチルでごつい葉巻をまるで食べるようにくゆらすから、わずかな間に、会議場は煙でいぶるだろう。

　最初に発言したのはチャーチルだった。

「この会議の議長を決定しておきましょう」

「私はトルーマン大統領にお願いしたいですな」と、スターリン。

「異議ありません。イギリス代表団はその提案を支持します」と、チャーチル。

「承知しました。その役目をお引き受けいたします。ではアメリカの考え方を、私は提案という形で示したい」

　そう言って大統領はタイプ用紙一枚の資料を配布した。そこには《外相理事会の創設（試案）／文書番号七一一／一九四五年七月十七日》と冒頭にタイプ打ちされており、その下に《①英、ソ、米、中、仏、五か国外相理事会の設立／②外相理事会の運営／③外相理事会による国連への勧告権限／④外相理事会による特定国の召喚》という四項目が列記されている。

　これを見て、イギリスとソ連の代表団はおやッという顔をした。急死したルーズベルト大統領の議長スタイルはざっくばらんなやりかたに特徴があり、言い方を変えれば、出たとこ勝負で、しまりがなく、特に認知症の影響が強くなったヤルタ会談では落とし所がどこに向かうのか五里霧中という様子の会議運営だったから、協議事項（アジェンダ）など出てきたためしがない。アメリカの大統領というのはそういうものだと思い込んでいたところ、いきなり商談でも始めるようにこれが出されたから、一同は虚を衝かれる格好になった。

　なお、話は先走るが、会談初日、トルーマンは《外相理事会の創設》の他に、《初期段階におけるドイツ管理原則／文書番号八五二》《ヨーロッパ解放に関わるヤルタ宣言の履行／文書番号七四五》《対イタリア政策／文書番号一〇八九》という三通の協議事項を提出しており、これらの文書からアメリカの基本的な世界戦略を俯瞰することができるけれども、その中に日本についての言及は一つもなかった。

「議長の提案をお受けします」と、スターリン。

その直後、割って入り、「一言お許し下さい」と言ったのはイーデン外相である。

「ミスター・プレジデント！　我々はあなたの提案、つまり協議事項に対し、異議、あるいは追加申し立ては出来るのでしょうか？　つまりイギリスが用意した協議要望を我々は提起できると考えてよろしいでしょうか？」

「もちろんです。それでは始めます」

そう言って、大統領は《外相理事会の創設》に関連するメモを右手に持ち、多少のアドリブも交えてこれを読み上げた。

「現在最も切迫した問題の一つは戦後処理を前進させるための強力な機構創設です。これなくしてはヨーロッパの経済的復興は停滞し、全世界、とりわけヨーロッパは奈落の底へまっしぐらとなるでしょう。私は第一次大戦後の処理を行ったヴェルサイユ条約の顛末を見るにつけ、戦争など二度と御免だという苦い体験がいかに簡単に忘れ去られてしまうかを痛感します。従って、ヴェルサイユの二の舞をせぬよう、平和条約の内容は慎重に起草しなければなりません。そしてこれが最も重要なポイントになりますが、協定や条約が締結されたのち、あるいは共同声明がだされたのち、それらの条文がその通り本当に実行されているかどうかをしっかり見張っていなくてはならない。ほうっておくと条文をねじ曲げるやからが出て来る！　油断は禁物です。事実、ヤルタ共同声明の第五条で米英ソ三カ国はドイツから解放された東欧諸国の新政府設立にあたって公正で自由な選挙を実施すると約束した。しかし、ルーマニア、ブルガリア、ハンガリーではそれが実施されていない」

これを聞いていたイギリスとソ連の代表団は大統領のストレートな語り口にびっくりした。それは、直接名指しはしていないものの、明らかにソ連の東欧政策を非難する内容だったからだ。なお、このときボーレン通訳のロシア語を聞いたスターリンは目を糸のように細め、まったく無表情を決め込んでいる。

トルーマンは一呼吸置き、先を続けた。

「一度でも条文に込められた精神がゆがめられてしまえば、それらの文書は虚しいものとなり、相手の不実をあげつらう果てしのない罵詈雑言が繰り返されることになる。よって私は次なる打開策を提起したい。それはイギリス、ソ連、アメリカ、中国、フランスという五か国で構成される外相理事会を立ち上げることだ。ポツダム会談が終わり次第、外相理事会はすぐに活動を起こすべきであると思う」と言って、大統領は提案説明を終えている。

これをじっと聞いていたイーデン外相はすぐに不審を抱いた。

――外相理事会を作って、それに何をさせようというのか？

すでにヤルタ会談でオーソライズされた《欧州諮問委員会》と《米英ソ三カ国外相定例会》の二つは活動を開始しており、また、最も期待された《国連安保理》というものもある。これらに《外相理事会》が加われば疑いなく屋上屋だ。

そこでイーデンは、すぐ左隣に座っているチャーチルに「外相理事会が何をするための組織か全然はっきりしません。それに外相理事会への招請国は国連安保理の常任理事国ですよ。安保理の創設を主導したのはアメリカ。外相理事会を提唱したのもアメリカ。なぜこんなことをするのかミステリーです」というメモを回した。ところでイーデンとチャーチルがこのメモをめぐってひそひそ話をしている時、絶え間なくタバコを吸い散らかしていたスターリンが、意外にも、「私はこの提案に合意してもいい」と言った。

「しかし……」と、この独裁者は言葉を続ける。

「なぜここに中国の外相を参加させねばならないのか、その理由がさっぱりわからない。特に審議対象がヨーロッパ問題の場合はなおさらだ！　なぜ中国人？　まともな審議ができる人間がいるとでも？　中国の外相は宋子文ですぞ」

スターリンが中国人を悪しざまに言ったのは、ヤルタ密約に明記された《満鉄と旅順大連》の記述を白紙に戻そうと必死の抵抗を試みている中華民国の行政院長・宋子文に怒気を発したからではない。どうやらスターリンは、相手が中華民国であろうと毛沢東の共産党であろうと、中国人を毛嫌いしており、それを端的に示すエピソードが残っている。

スターリンがルーズベルト大統領から国連安保理構想を初めて聞かされた時、ルーズベルトは四人の警察官というたとえ話をもって、「米英中ソ四カ国は世界の治安を守る警察官の役目を担うのだ」という国連安保理構想を語った。すると独裁者は「戦争が終わった時、中国はそれほど強大になっているとは思えないし、また、仮にいつの日か強大になったとしても、ヨーロッパ諸国は中国を権威ある国と観ることに不快感を覚え、大統領が望むような畏敬の念を中国に抱くとはとても思えない。中国人に警察官は無理というものだ」と応じている。

ところでスターリンは、ヤルタ密約の一部を削除しようと奮闘している中国人・宋子文を利用し、削除も歪曲と同じだという理由でトルーマンの主張を崩そうとした。つまりスターリンは「私は外相理事会の提案に合意してもいいが、中国人の招請には反対だ」という姿勢を印象付けておき、機を見てトルーマンに「あなたは、しっかり見張っていないと文言をねじ曲げる不届き者が出ると言われた。ところであなたは文言改竄の確信犯中国を優遇するおつもりのようだが、それでは筋が通りませんね」と言って相手をひるませ、そうしておいてトルーマンから非難されたポーランドほかの東欧政策をおのれに有利となるよう牽強付会におよぼうとしたのだ。

いっぽうチャーチルはイーデンの渡したメモに刺激され、たまりかねて叫んだ。

「外相理事会の機能と国連安保理の機能は重複しているように見える。屋上屋になりかねん。私は、中国を外相理事会のメンバーに迎えるか否かを含め、この問題をポツダム会談の外相分科会に下ろし、その勧告をもって再討議したいと思う」

「わかりました。その上でもう一度、首脳同士で協議しましょう」と、トルーマン。

「おおいに、けっこう」と、スターリン。

次に大統領は《初期段階におけるドイツ管理原則／文書番号八五二》というタイプ用紙四頁にわたる長文の資料を配布した。しかしこの時、チャーチルとスターリンが「持ち帰って一読させていただき、その上で説明を拝聴したい」と言ったから、大統領はむっとした顔をして三つ目の《ヨーロッパ解放に関わるヤルタ共同声明の履行／文書番号七四五》を配布し、説明に移った。言うまでもないが、この三つ目の提案はソ連に向けられたものである。

「ヤルタ共同声明の第五条において米英ソ政府はナチス・ドイツから解放されたヨーロッパ市民および旧枢軸国市民に対し一定の義務を引き受けました。しかしこの義務はほとんど実行されていません。ゆえに私はルーマニアとブルガリアの現行政府を即刻承認し、速やかに平和条約を締結することを提案します。ギリシャの場合、今すぐ支援が必要であり、ルーマニア、ブルガリア、その他の諸国からは近日中に支援を求められるでしょう」

大統領は何か言いたそうなチャーチルの先手を打って、すぐに《対イタリア政策／文書番号一〇八九号》という四つ目の文書を配布し、説明に入った。

「イタリアについて提案します。一昨日、すなわち七月十五日、イタリアは日本に宣戦布告しました。私はイタリアの主権を回復させることにより、対日宣戦布告を実効性のあるものにしたい。同時に、イタリアを国連加盟国にすることでヨーロッパ全体の経済復興に拍車をかけたい。そのために、米英ソ三カ国はイタリアと平和条約を締結することが必要になります。私は《イタリアは連合国にいかなる敵対的な行為も慎むこと》《イタリアは連合国が承認した以外のいかなる陸海空兵力をも放棄すること》を前提として、以下二点を基本線とする平和条約を結びたい。

①連合国はイタリアの国連加盟を承認し、主権を回復させる。

②連合国はイタリアに関連する領土紛争の公正な調停を保証する。

私は外相理事会がイタリアの主権回復に必要な平和条約締結のための一連の準備に取り掛かることを提案します。平和条約締結のための準備は外相理事会の最初の仕事になるでしょう。いまやイタリア政策を修正変更する時に至ったのです！」

アメリカによる四つの戦略的重点課題について大統領が説明を終えると、さっそくチャーチル首相がイタリア問題に疑義を投じた。

「率直に行きたいと言われている割には難解ですな。ともかく、これら四つの文書は一度持ち帰って検討したい。中でもイタリアについての提案は、はい、そうですかと、すんなり認めるわけにはいきませんよ。国連加盟国にしたいとの仰せだが、そうするとイタリアは戦勝国に一挙格上げですか。ずいぶん気前がよろしいことだ。感激すら覚える。ともあれイギリスは地中海と北アフリカでイタリアを相手に四年も戦い、犠牲になった艦船は相当数にのぼる。ご承知でしょうが、イタリアは我々がダンケルクで撤退の憂き目を見ているその時に宣戦布告したのです。一九四〇年六月十日のことですよ。アメリカはその時参戦していなかったけれど、ルーズベルト大統領は背中にナイフを突き立てる卑怯な手口だと、激しい怒りを議会で表明されました。ともかく、イタリアについては時間をかけて討議しなければなりません。急いで結論を出す必要はない」

この間、スターリンは無言で、それとなく首相の気持ちは理解できるという素振りをして見せたが、その時、トルーマンがルーズベルトの名前を出されるとおとなしくなるのをその目に焼き付けている。

「私はアメリカが最も重要と考えている四つを提案しました。さらに他の事項を提案項目に加えるかも知れませんが、それは了解して欲しい」と、トルーマン。

「イギリス代表団としてはポーランド問題を討議事項に加えたい」とチャーチル。

それを聞くと、スターリンがモロトフから渡されたメモを片手に発言を求めた。

「私には討議要請事項が、一、二、……八つもある！」

そう言って箇条書きに並べたテーマが《①ドイツの商船と海軍艦船の三カ国での分割／②ドイツの賠償問題／③国連憲章とソ連が受け持つ信託統治／④枢軸国傘下にあった衛星諸国との関係／⑤ドイツとイタリアがスペインに押し付けたフランコ体制／⑥タンジール問題／⑦シリアとレバノンの問題／⑧ポーランド問題》だった。

スターリンはさらに続ける。

「フランコ体制は国連の安全保障に対する脅威を内蔵していますよ。ご存知でしょう？　あれはナチス・ドイツとファシズム・イタリアの共同開発作品だ。さっさと解体処分し、自由選挙で新政府を樹立させるべきではありませんか？」

「フランコ問題が討議対象になることはたいへん喜ばしく思います」と、アトリー。

ボーレンはこれを聞いて、おや、機械人形が口をきいたという顔をした。

「タンジール、シリア、レバノンの権益問題もよろしく」と、スターリン。

するとチャーチルがこれを引き取り、「イーデン外相が私に注意してくれましたが、タンジール、シリア、レバノンはド・ゴール不在のこの会議場でいくら討議しようと、最終結論には至らないそうです」と言った。するとスターリンは「つれないことを言わず三カ国で道筋をつけたいものです。暫定合意でも私はかまいませんよ。ところでポーランド問題ですが、私はあの国の西部国境を確定し、かつ、ロンドンにいるポーランド亡命政府の問題を清算したい」と、手の込んだ混ぜっ返しで応酬している。

「私も同様だ」と言ってチャーチルは次のように続けた。

「ポーランド問題を最終的にどう決着させるかはヤルタ共同声明の第六条を拠り所にして領土問題はなんとか目途がつくでしょう。しかし、領土という器の中に何を盛り付けるのかという問題については不確実きわまりない。つまり自由選挙による新政府の樹立については、この会議場でさらに突っ込んだ討議がされなければ問題は宙に浮いてしまう。スターリン大元帥の言われる《ポーランド亡命政府の清算》はまだ先の話です。私は強く言いたいのだが……」

長い話だった。途中でイーデンとカドガンが宥めすかさなければ、チャーチルは際限なくしゃべり続けていただろう。

「この問題は外相たちに揉んでもらいましょう。面倒なことだからと言って外相たちは逃げ出すわけには行かない。しかし外相たちの上にのしかかる仕事の量は決して小さなものではありません。私はトルーマン大統領が提案した外相理事会についてもう少し話し合ってみたい。いかがでしょうか？　そこで中国ですが、私は外相理事会への中国の仲間入りにひどく違和感を覚えるのですよ。どうして参加させる必要があるのですか？」と、スターリン。

トルーマン「中国は国連安保理の常任理事国です。五大国の一つですよ、中国は」

スターリン「大国？　そうそう、フランスも五大国の一つでしたな。わかりました。中国人に警察官の役は無理だと私がルーズベルト大統領に話した件は、ここではいったん脇に置きましょう。それではヤルタ共同声明第八条において規定された米英ソ三カ国外相定例会について確認させてください。この定例会は実務レベルの様々な問題を審議するため、三か月ないし四か月に一度の間隔で会合を持つことになっていますが、これは取りやめですか？　本日の大統領の提案はヤルタ共同声明よりも上位にあるのですか？」

「私は共同声明第八条に書かれた外相定例会の存在を知っています。しかし私はこの定例会に明確な目的があるとは思っていないし、またその定例会が永続性のあるものだとは思っていません」

この返答を聞いたスターリンは、あわれむような目で大統領に一瞥をくれ、「大胆なご意見ですね。ヤルタ会談からまだ五か月しかたっていませんが、その間、外相定例会はロンドンで一度開かれました。ルーズベルト大統領ご存命中のことです。当然積み残しがあり、次回まで決着を延伸した問題もあるでしょう。さて、外相定例会は無用であるから、もう止めるとおっしゃるのですか？　しかもそれに付随する欧州諮問委員会も同様に無用だから止めるのですね？　このあたりは、はっきりご意見をたまわりたいものです。私の要求は間違っていますか？　誤解のないよう申し上げておきますが、私は外相理事会の創設に反対しているわけではありませんよ」と言った。

チャーチル「三カ国外相定例会はヨーロッパ関連の重要課題を審議するため三カ月ないし四カ月に一度実施するとヤルタで決まったのです。取りやめは賛成できませんな。それから外相理事会に中国を加えると、物事がいっそう複雑になる。外相たちもより生産効率を上げねばならないのだから、中国人が毎回々参加していたのでは混乱のもとだ。少なくともドイツをどのように管理するかについて、中国人に発言の機会はない。中国は対日戦争と国内紛争が終わったら、参加すればいい」

トルーマン「ドイツをどのように管理するかは明日討議しましょう」

スターリン「その討議を明日にするのは賢明だと思います」

チャーチル「話をアメリカが今日提案した外相理事会に戻しますよ。ヤルタ協定で合意された外相定例会やフランスがその一角を占めることになっている欧州諮問委員会はすでに日々の実務をこなしており、ここに外相理事会というものが出来ると、それは屋上屋になりはしませんか？」

スターリン「その前に、外相理事会の目的という肝心な点を聞きそびれているように思うのですよ。さよう、外相理事会の創設とは戦後処理のための強力な機構の創設を意味する。そのお話は、大統領から確かにうけたまわりましたが、しかし曖昧ですな」

トルーマン「外相理事会の目的はたった一つ、平和条約の草案を作ることです」

スターリン「草案を作り、平和会議の準備をする。これが外相理事会の役目ですか？　だとすれば、なおさら中国の出る幕はありませんね。日本を叩き潰しても、中国には内乱が残っているのですよ」

チャーチル「そのとおり。我々は中国がヨーロッパ問題で役に立つとは思っていない。ヨーロッパは今までずっと危険な火山だったし、発生する問題はいつも吐き気がするほど厄介なものだった。そこで私は提案する。もちろん原則論だが。

思うに、平和会議が招集される時には日本が降伏した後だから、中国も平和会議の主要メンバーとして参加できるだろう。平和条約の草稿は五か国が書くべきことだ。しかし、ヨーロッパに関する草稿は米英ソ仏四か国で書く。中国には関与させない。こうすることにより、欧州諮問委員会の仕事は乱されずにすむ。もう一度言わせてもらう。原則として世界規模の平和条約のグランド・デザインは米英ソ仏中五か国が書く。しかしヨーロッパについて言えば、中国は除外する。ヨーロッパ問題に中国は出る幕など無いからだ」

トルーマン「私は次のように提案したい。ヤルタで決定した三カ国外相定例会と欧州諮問委員会は継続延長しましょう。我々は平和条約の草案策定に目的を絞った外相理事会の位置付けについて外相たちに討議を付託し、その勧告を待ってもう少し話し合いましょう。それと中国人を外相理事会から締め出すことに反対はしませんが、今のところ中国人招請の件は保留ということにしましょう。外相たちに討議を付託する。その結果をもって外相たちが私たちに決断を迫る。そして首脳会議を開き意思決定する。私は何かを決定して宿所に戻りたいのです」

スターリン「まったく同感だ！」

トルーマン「そろそろ第一回目の会議を終了しようと思いますが、他に何かこれは提案しておきたいという事項はありませんか？　それでは私からもう一つ提案があります。会議は五時から開始となっていますが、これを四時からにしませんか？」

「四時？　ふむ、けっこう、そうしましょう」と、スターリン。

「おおせの通りにいたしましょう、議長殿」と、チャーチル
「おおせの通りにとはずいぶん従順なおっしゃりようだ。そのような広い心でいる首相に私から一つだけお尋ねしたいことがあります。モロトフ外相が私に伝えてきたことですが、イギリスが接収し、イギリスの管理下にあるドイツ海軍艦船は全部沈めてしまうおつもりだそうですが、分割はしないのですか？」と囁くように語りかけたスターリンはこっそりと獲物に忍び寄る猛禽のようだ。

「戦争の道具はいまわしいものだ。沈めてしまうにかぎる」と、チャーチル。

「全部沈めてしまうつもりですか？　それとも分割？」

スターリンは異常に粘っこい絡みつくような押しの強さにでた。

「分割してもいい。しかしイギリスの手に残った艦船は沈める」と、チャーチル。

横にいたイーデンはぽかんと口を開け、そして次の瞬間、憤怒の形相となり、手に持った鉛筆を折ってしまった。何の見返りもなしに数少ない外交カードを捨ててしまうとは思ってても見なかったからだ。

スターリン「これが肝心な点だ！　分け取りにしましょう。首相が望むならイギリスの取り分は海に沈めればいい。ソ連の手に移された艦船は沈めない」

時が迫っていた。

「明日の開会は午後四時です」

トルーマンは閉会を告げ、午後六時五十五分、第一回本会議は終了し、その後、ツェツィーリエンホーフ宮殿の大食堂でビュッフェ形式の会食となった。だが、トルーマン大統領は十四分しかそこにおらず、午後七時九分に退席した。大統領が早々にリトル・ホワイトハウスへ戻って来たのは午後七時四十五分からスティムソン長官、マーシャル参謀総長、キング提督、アーノルド空軍司令官との会食が予定されていたからで、このときスティムソン長官は原爆実験の第二報を手にしており、そこには次のような不可解な文面が並んでいる。これなら暗号に落とす必要はないほどだった。

■発／暫定委員会・議長代理ジョージ・ハリソン
■宛／陸軍長官ヘンリー・スティムソン殿
■超極秘＆緊急通知
■一九四五年七月十七日／ワシントン／陸軍省三三五五六号
■ハリソン暗号電文の解読責任者は副官カイル大佐
■本文／医師はたった今戻った。医師は、これ以上はないほど熱狂し自信に満ち溢れている。
産まれた子供はその兄と同じくらい丈夫でしっかりしている。産まれた子供の目の光はハイホールドからも認められ、産声は私の農場でも聞こえるはずだ。（電文終了）

この電文の意味を正しく伝えるためには次の通り意訳する必要がある。
■本文／グローヴス少将（つまり医師）はたった今、ニューメキシコ州の原爆実験場から戻った。
少将は非常に興奮し、自信満々だ。実験に成功したプルトニウム型原爆（ファットマン）は、その前に出来上がったウラニウム型原爆（リトルボーイ）同様、完璧だ。実験場から放射されたファットマンの閃光は三八〇キロメートル先、つまりワシントンからスティムソン長官邸があるロングアイランド州ハイホールドほど離れた距離からもはっきりとわかり、その爆発音は八十キロメートル先、つまりワシントンから私の農場があるバージニア州アッパーヴィルほど離れた距離でも轟いたそうだ。

大統領は眼球部筋肉異常のため笑うと不思議な顔になる。原爆第二報の絵解きをスティムソン長官から聞かされて思いっきり喜んだ大統領は大笑いしたが、気の毒にも悪相になり、仏頂面をさらしているほうが遥かにましだった。大統領は本日の会議でスターリンにすっかり翻弄される形になり、むかっ腹を立てて戻って来たのだが、原爆ですっかり上機嫌になり、お返しのワンツーパンチをどこで喰らわしてやろうかと内心手ぐすねを引きつつ、スキップでもしそうな様子でバルコニーのそばに据えつけられたグランドピアノのそばに歩み寄った。そこでは盗聴防止にどれほど有効だったか分からないが、ユージン・リスト軍曹がショパンのワルツ・作品四十二を弾いている。トルーマンのお気に入りだというこの曲には、一回聞いただけですぐにメロディーが頭に刷り込まれるような親しみやすさはない。大統領が音の流れを聞きながら楽譜に書かれた音符を目で追っている姿を見れば分かる通り、トルーマンは音楽の楽しみ方が一般的な音楽愛好家とは少し違うのだ。余談ながら、ユージン・リスト軍曹について補足すると、この軍曹はジュリアード音楽院出の将来を嘱望されたコンサート・ピアニストだったが、その年のステージをキャンセルして陸軍に志願。才能を惜しんだ当局はこのピアニストをアイゼンハワー総司令部付きタイピスト（軍曹）に配属した。さらにめぐり合わせでリトル・ホワイトハウス勤務に配属替えとなり、《ポツダム・ピアニスト》として有名になった。

ところでスターリンは、長っ尻のチャーチルをツェツィーリエンホーフ宮殿から送り出すと、大急ぎで宿所に戻り、極東軍総司令官ワシレフスキーに緊急電を送った。全力をあげて麾下兵力を満州と樺太方面に移送し、速やかに関東軍殲滅体制に移れと命じたのだ。

スターリンは思う。アメリカは単独で日本潰しに入った。米英戦艦群が日立沖に現れ、多賀地区、勝田地区への艦砲射撃を実施したのはその証拠だ。まごまごしていてはソ連の出る幕は無い。そんなことになれば、満鉄利権や旅順大連は召し上げられ、トルーマンはそれを蒋介石に渡すかわりに、外相理事会に中国を引き入れ、ソ連の孤立化をはかるだろう。このゆえにスターリンは対日参戦前倒しの檄を飛ばしたのだ。これについてザバイカル軍管区司令官マリノフスキーは次の一文を残している。いわく、ポツダム会談が始まる少し前、東プロイセンあるいはチェコスロバキアから満洲方面に移動する軍集団でふくれ上がったシベリア鉄道の輸送量はピークに達していたが、対日参戦の前倒しが命じられた途端、許容量を完全にオーバーした、とある。

びっくりするほど長大な列車がシベリアを通って満州に殺到し、その量が一日あたり三十を越えた時、待避線の設備が行き届いているはずもない満洲の入口チタ駅周辺で十三万六千輌の貨車が立ち往生した。そこで兵站将校は四十年前の日露戦争の時と同様、モスクワ方面に向かう貨車を壊して線路から撤去し、もっぱらハバロフスクとウラジオストック方面に向かう通路を確保した。それで兵力一五九万名と戦車、重砲、トラックの移動は血栓を引き起こさずに前進を再開したが、それでも糞詰まりが起き、途中で貨車から降ろされ、猛暑に焼かれ、藪蚊の大群に悩まされつつ、ソ満国境の集結地点まで数百キロも行軍させられた軍集団もあった。

第四章

玉音放送までの四週間

1　スターリンの子守歌（近衛公爵特使派遣）

　ポツダム会談の討議事項は会談初日に提起された十二項目が中心になり、日本の問題はまったく取り上げられなかった。その代わり、会談二日目にあたる十八日、チャーチルの宿所で行われたトルーマンとの余人を交えぬ昼食会（午後一時十五分から午後二時四十五分まで）の席で日本は話題になっている。

「昨晩、ツェツィーリエンホーフ宮殿での立食パーティーで、私はスターリンから日本のことを聞きましたよ。どうやら日本は停戦の調停をスターリンに頼み込んだらしい」と、チャーチル。

「それは貴重な情報だ！」

　トルーマンはおとぼけを噛ましているが、この情報は米軍暗号解読チームからすでに大統領へ通知されている。

「あなたはこの後、スターリンを訪問するそうですが、きっとその時、この話題になるでしょうな。原爆の実験もうまくいったようだし、思うに、日本との戦争はバタバタと片がつくのではあるまいか」

　と、首相がひとりごとのように言うと、大統領は内ポケットから昨晩までに届いた二通の暗号もどきの電文を取り出してチャーチルに説明し、それが済むと次のように言った。

「私は原爆のことをスターリンに教えてやろうと思います。黙っていると、奴らはそれを理由に傍若無人な協定破りをするでしょう。私が原爆の存在をロシア人に教えるのは、それをさせないためですよ。原爆の威力を知れば奴らもおとなしくするでしょう」

と、そこまで言ってトルーマンは一呼吸置き、「私があなたのご意見を伺いたいのは、ロシア人に原爆の存在をどのような方法で告げるか。また、どのタイミングで告げるかです」と、続けた。

「さりげなく囁くことでしょうな。本会議が終わり、事務方が机の上の書類を集め、あたりがざわつき、スターリンの注意力が散漫になったその隙を突いて何気なく知らせるのです。後になって、あれがそうかと悟る。そういうやりかたです」

「なるほど」

「それから教えてやる時期だが、出来るだけ遅い方がいい。早いとあの男はアリバイ作りのため、無理を承知で早期参戦に出るだろう。そうだ、七月二十四日がいい！」

「それはなぜです？」

「この日は共同声明の骨子が決定する日だから、そういう骨の折れる仕事を終えたスターリンはほっと一息ついて、気が緩んでいるだろう。それに翌日二十五日からポツダム会談はしばらく休会だ。私は本国に帰って総選挙の結果を見届けねばならないが、あの男にはそういう悩ましい問題はない。ふむ、間違いない。二十四日なら大元帥殿はぼんやりしていますぞ」

これは、ソ連の参戦を遅らせてやろうという意味では大外れで、独裁者は昨晩ワシレフスキー元帥に攻撃期日の前倒しを命じていた。

「ところで日本に対し降伏勧告を行い、その時に無条件降伏を緩和するむね通知してやってどうかという意見が一部閣僚の中にあります。首相はどう思われますか？」と、トルーマン。

チャーチルはこの時の出来事をトルーマンが立ち去った後に口述記録させた。以下は主治医モラン卿がそれを自分の日記に転載したものであり、文中にある《私》とは首相のことを指している。

「私は大統領に、もしも日本に無条件降伏を強いるなら、おびただしい数のアメリカ人とそれよりは少ないイギリス人の生命を犠牲にせねばならないと強調した。私の胸中には、日本政府が連合国に対しあらゆる安全保障要求に応じたならば、日本人の軍事的名誉を救う何らかの約束と、日本人の国家的存続を認める何らかの確証を与えるべきだという思いが去来していたので、それを大統領に提言した。すると大統領は、真珠湾以後の日本人に軍事的名誉など存在しないと反論したが、話しているうちに大統領はかなり共鳴的な態度を見せるようになり、結局、日本軍の即時降伏を要求する最後通牒を送ることが決定した」

　チャーチルは知らなかったが、トルーマンはすでに日本に突き付けた無条件降伏を緩和しようという含みの最後通牒案をスティムソン長官から受け取っている。しかし、これにはバーンズ国務長官がいい顔をしなかった。バーンズは最後通牒を出すことに反対で、あくまで無条件降伏をつらぬき、無警告原爆投下の方針を曲げようとしなかったから、スティムソンが提出した最後通牒の文案は陽の目を見ずに終わるかも知れなかったのだ。こういう状態にあったとき、トルーマンはチャーチルから日本へ最後通牒を出すべきだと言われ、背中を押されるような気分になり、日本に向けて通告する通牒の最終原稿を作成するむね、バーンズに因果を含めようと決心した。

　ところでチャーチルが対日最後通牒をトルーマンに提案したのは、停戦調停をよりにもよってスターリンにお願いしようと必死になっている日本を見て、嘆かわしくなるのと同時に、惻隠（そくいん）の情（じょう）が働いたからだった。ソ連が目に見える形で対日姿勢を変えたのは、サイパン島が落ち、日本の絶対国防圏構想が飛び散ってから四カ月後の一九四四年十一月六日。この日、スターリンは革命記念日前夜祭の演説で「ドイツの同盟国日本は侵略国である」とはっきり対日批判を行なっており、この段階で日本政府は駐ソ大使・佐藤尚武の意見を容れ、ソ連への警戒レベルを最大にしなければならなかったのに、それを怠り、ひたすら相手を刺激せず、事なかれの現実逃避外交を取り続けた。だが、そこからさらに五か月後の四月五日。スターリンは日ソ中立条約の破棄を日本に通告させ、この意を受けてモロトフ外相は佐藤大使をクレムリンに呼び出し、「条約破棄によって、日ソ関係は条約締結以前の状態に戻る」と述べた。この時期、条約破棄は事実上の宣戦布告に等しく、これをぶつけられた佐藤大使は、心の中でやはりそうかと落胆しつつ、次の通り、するどい返し技を打った。

「条約の第三条に基づけば、破棄声明があったとしても、この中立条約はあと一年、すなわち一九四六年四月二十五日までは生きている。それまではお互いに友好を損なう行動は出来ない決まりで、私はそのように承知している」

これにはモロトフも反撃することができず、「その通りだ」と言って佐藤大使の指摘を認めた。

いっぽうソ連の動きとは逆に、トルーマンはドイツ無条件降伏直後の五月八日、対日声明を発し、「日本の無条件降伏は、日本国民の滅亡や奴隷化を意味するものではない」と記者団に語っている。この声明は、先に述べた取り、スティムソン陸軍長官、フォレスタル海軍長官、グルー国務長官代理の献策を受けたもので、特に日本の事情に通じたグルーが停戦実現にあたっては天皇の存在が最も重要な位置づけにあると説いていたから、この時、トルーマンは意識して天皇制を否定する言動はまったくしていない。しかし、当時の日本政府はいちずに《スターリンの善意》をあてにし、ソ連に停戦調停を頼み込もうとした。この方針に執着した鈴木貫太郎首相と東郷茂徳外相の姿からは悲惨の文字以外に思いつく言葉はない。このとき東京では政府の要請で広田弘毅（元首相）が箱根強羅ホテルに疎開中の駐日ソ連大使マリクを訪ね、ソ連による停戦調停を要請したものの、いいようにかわされ、また、モスクワでは佐藤大使がモロトフ外相と同様の交渉を試みてまったく不調に終わった。

日本の政府中枢では、ソ連の正体を見破るどころか、逆に、佐藤大使はやりかたが手ぬるく無能だという批判が湧き起り、特に梅津参謀総長は強烈に大使更迭を要求している。このような日本の内部事情が米ソに筒抜けになっているにもかかわらず、日本はそのことを知らずにおり、日本の置かれたみじめな状況はこれだけで充分過ぎるほど理解できる。

ところで日本をめぐる停戦調停の動きは、《スターリン》以外に三つあった。一つはスイス在ＯＳＳアレン・ダレスを仲介役とするもの。二つ目は駐日スウェーデン公使ウィダー・バッゲを仲介役とするもの。三つ目がローマ法王庁のヴァニヨッツィー枢機卿を仲介役とするもので、どれもそれなりに得がたい時の氏神だったが、東郷外相の判断により、ダレス調停を含む三つの選択肢は放棄され、スターリン調停一本に絞ることが再確認された。鈴木内閣は血迷った挙句、最悪の籤（くじ）を引いたことになる。

トルーマン、バーンズ、ボーレンの三人が表敬訪問のためスターリン・ヴィラを訪れたのは十八日午後三時四分。すぐに二階バルコニーの間へ通され、そこからは、リトル・ホワイトハウス同様、庭園の向こうにグリープニッツ湖が見える。スターリンはモロトフ外相とパブロフ通訳を従えて大統領一行を出迎え、来客三名に椅子をすすめると、「本会議の開始まで、時間を切っています。そこで手短に日本関連の情報をお伝えしておきましょう」と言って、電文の写しをトルーマンに渡した。それは佐藤大使がモロトフに直接手渡すはずだった昭和天皇の《御趣旨》と、それに関連するロゾフスキー外務次官のコメントが入った電文だったから、トルーマンが大西洋横断中に読んだ東郷外相が佐藤大使にあてた《御趣旨》を含む訓令電文第八九三号とは違う。少し冗漫になるけれども、東郷外相のスタンスをより深く理解するため、国立公文書館アジア歴史資料センターが保存管理する電文第八九三号を以下に転載する。

■七月十二日午後八時五十分（管主・長政）

■宛／在ソ佐藤大使／第八九三号（緊急・館長符号）
■発／本省・外務大臣・東郷茂徳
■本文／外務省本省は未だ佐藤大使からモロトフとの会談顛末を知らせる電報に接せず。従って、偵察充分ならずして兵を進むるきらいあるも、この際、さらに歩武を進め、三カ国会議開始前に、ソ連側に対し戦争の終結に関する大御心を伝えおくこと適当なりと認め、付いては左記御趣旨を奉戴し、直接モロトフに手渡されたし。

『天皇陛下に於かせられては今次戦争が交戦各国を通じ、国民の惨禍と犠牲を日々増大せしめつつあるを御心痛あらせられ、戦争が速やかに終結せられんことを念願せられ居る次第なるが、大東亜戦争に於いて米英が無条件降伏を固執する限り、帝国は祖国の名誉と生存のため一切を挙げ戦い抜くほか無く、これがため彼我交戦国民の流血を大ならしむるには誠に不本意にして、人類の幸福のためなるべく速やかに平和の克復せられんことを希望せらる』

なお右の大御心は民草に対する仁慈のみならず、一般人類の福祉に対する御覚召に出でたる次第にして、右記御趣旨をもってする御親書を近衛文麿公爵に携帯せしめ、貴地に特派使節として差遣せらるる御内意なるにより、右の次第をモロトフに申入れ、右一行の入国方につき大至急先方の同意を取り付けらるるよう致されたし。右一行の人数氏名は追って通知すべし。なおまた同使節は貴地首脳部が三カ国会議におもむく前に到着するは不可能なるも、その帰国後はただちに面談のこと取り運ぶ要あるにつき、なるべく飛行機によることと致したし。先方飛行機を満州里またはチチハルまで乗り入れるようお取り計らい願いたし。（電文終了）

佐藤大使は《御趣旨》の部分をロシア語に移し変え、翌十三日モロトフ外相に面会を申し込んだが、ポツダム会談の準備で忙殺されており、代わりにロゾフスキー外務次官が対応した。この時の顛末を報告したロゾフスキー電文がチャーチルとトルーマンにもたらされたスターリン情報である。

「ロゾフスキー次官は天皇のメッセージが誰にあてたものであるかわからない。宛先が無いとは奇怪であると佐藤大使に告げています。すると大使は、これは天皇の内意であるから宛先は明記されていないけれども、スターリン大元帥にあてたものだと説明し、日本政府が近衛特使の受け入れを非常に急いでいると繰り返したそうです」と、スターリン。

トルーマンは初めて見る得難い情報だと礼を言うと、すぐにスターリンが問い返した。

「これにどう回答しましょうか？　泣く子に子守歌を聞かせ、あやして寝かしつけておきましょうか？近衛特使の任務が曖昧だとか、そういうあたりを指摘するいっぽう、具体性に欠ける漠然とした返事を出しておくのです」

「曖昧には曖昧を。日本人はその指摘に対し、いじらしいほど忠実に答えるでしょうな」と、バーンズ。

「それとも完全に無視しますか？　無回答でいきますか？　もしくは特使派遣に拒絶回答を出すとか？」と、スターリン。

「私は子守歌がいいと思う。私はこの案が気に入りました」と、トルーマン。

モロトフ「おっしゃる通りにしましょう。日本政府の真意がまったく不明だと指摘し続ける子守歌が一番自然で、かつ実情に基づいていますよ」

「日本の駐ソ大使に手渡す文書を拝見しておきたいものですね」と、

近衛文麿

バーンズ。するとトルーマンが割って入り、「十日ほど前になるが、スウェーデン駐在の公使から特電が入りました。日本人はスウェーデンのカール王子を招いて会食し、降伏を前提とした停戦の仲介を打診したようです。日本の大使に渡す文書を見せていただくお礼にスウェーデン駐在公使が送って来た特電を後ほど届けさせましょう」と言った。これはスウェーデン国王グスタフ五世を通じて終戦工作をはかった岡本公使と駐在武官・小野寺少将の動きを指しており、これを特電で伝えたのはアメリカ公使ハーシェル・ジョンソンだった。つまりこの特電と佐藤大使への回答文書を交換取引しようというのだ。

「ビジネスですか、大統領。本会議でもこのように運べば言うことなしですな」

スターリンはそう言ったのち、モロトフにちょっとうなづいて見せた。するとモロトフは佐藤大使に渡す回答文書をボーレン通訳に差し出した。

「ソヴェト政府の命令により本官ロゾフスキーは日本国天皇のメッセージ中に述べられたる御覚召（おぼしめし）は一般的形式に過ぎ、何らの具体性を包含し居らざることにつき、貴大使の注意を喚起するの光栄を有す。また、ソヴェト政府にとり特派使節・近衛文麿公爵の使命が何れにあるやも不明瞭なり。右によりソヴェト政府は日本国天皇の御趣旨に付いても、また七月十三日の貴書簡中に述べられたる特派使節・近衛公爵に付いても何ら確たる回答をなすこと不可能なり」

ボーレンが英語に翻訳して読み上げた内容を聞いて、バーンズは次のように言った。

「日本人はソ連に対し麗しき誤解をしている。そのまま夢を見させておきましょう」

まさか、米ソが裏で、そこまでやっているとまでは知らなかった佐藤大使は七月十八日の深夜、この回答をロゾフスキー外務次官から得た。

外交畑の重鎮だった佐藤尚武には「佐藤が嘘をつけば太陽は西から昇る」という声望があるほどだから、その見識をもって日本を取り巻く情勢の厳しさと日本政府の見通しの甘さを東郷外相へ打電し、戦争終結のための具体案を示さない限りソ連当局は特使受け入れを拒否するだろうと強烈な語調で述べた。加えてロゾフスキー文書が転電されたから、動揺した東郷外相は七月二十一日、佐藤大使に以下の二電文を発信した。

■七月二十一日午後十時三十分（管主・長政）
■宛／在ソ佐藤大使／第九三一号（緊急・館長符号）
■発／本省・外務大臣・東郷茂徳
■本文／近衛特派使節の使命は大御心を体し、ソ連政府の尽力により戦争を終結せしむるよう斡旋を依頼し、これに関する具体的意図を開陳すると共に、戦時および戦後を通し帝国外交の基本たるべき日ソ間協力関係樹立に関する事項を商議するにあり。これをソ連側に申し入れ、ソ連政府が特使派遣に同意するようご努力あいなりたし。ソ連の斡旋によりこの際、米英の主張する無条件降伏にあらざる和平を招来せんとするものなり。

（電文終了）

トルーマンは暗号解読チームが伝えて来たこの電文を読み、そこから透けて見える東郷外相のジタバタ振りを推察して、「日本はもうおしまいだ」と確信した。これ以外に、日本艦隊の消滅を告げるニミッツ長官の発表や、グスタフ王による調停を伝えるスウェーデン公使特電、あるいは少し前にもたらされたダレス報告によって日本の敗北は雄弁に物語られており、また昭和天皇の御趣旨はすべてを一般論の中に格調高く韜晦（とうかい）してはいたものの、その端々に垣間見える切迫した悲痛な様子は、日本が今まさに臨終に瀕し、のどを苦しげにごろごろ鳴らしていることを告げている。

アメリカにとってもはや日本は物の数ではなく、焦眉の急は独裁者スターリンとソ連の脅威であって、この危険をどう取り除くかこそがアメリカの大きな課題となった。

「何度も言っているように日本人を使おう。廃物利用だ！」

と、言い出したのはバーンズ長官だった。なぜ瀕死の日本に利用価値があるのかと言うと、これにはわけがある。当時、アメリカ国務省は「天皇は日本人の中に棲みついている荒ぶる魂を制御する唯一の装置だ」という見解を持っており、特にグルー前駐日大使は「日本における最良の選択は立憲君主制の発展であり、天皇の存立を保障していない無条件降伏はたちまち危険な呪文となって日本人を狂気に駆り立てる」とトルーマンに伝えた。これを逆手に取ったのがバーンズで、トルーマンを腹話術人形のように見なしている国務長官は「天皇の身の安全を保障しない限り、日本人は絶望的な戦いをやめない。されば、断固、天皇の命を脅かす線で日本人を圧迫し続けよう。そうすれば原爆を落とすまで、日本人は戦い続けるだろう。原爆を落としたとき、はじめて日本人は泣いてアメリカに降伏を乞う。また同時に、ロシア人はこれにひるんで、おとなしく言うことを聞くようになる。それでも日本人が無条件降伏には応じないとほざくなら、かまうことはない。この先、原爆を何十発も落とし、文字通り国土を灰のかたまりにし、ロシア人を脅しつけるための見せしめにしてやろう」

繰り返しになるが、これがバーンズの心象風景である。

ところでこの時、トルーマンとバーンズにはもう一つ情報があった。それは、「テニアン基地において、原爆投下を目的とするB-29の出撃準備は七月三十一日に整う。なお投下実施は天候不順を考慮し、八月三日ごろ以降とする」という報告である。

――あと十六日だ。

と、バーンズは心の中でつぶやいた。

今日は七月十八日だから八月三日まであと十六日。ロシア人には口でどれほど原爆の威力を語って、脅そうとしても無駄で、その物ずばりを突きつけなければ、抑止効果は無い。つまりスターリンに助けてもらおうという東郷外相の外交方針をあと十六日ひっぱることができれば、原爆を日本人の頭上に落とし、ロシア人に肌が泡立つほどの恐怖を見せつけることができる。

「ところで大統領。チャーチルが何を言ったかは知らんが、スティムソンの持ってきた降伏勧告案は無視でよかろう？」

「いいや、降伏勧告は出す。銃を捨てろ。さもないとお前は死ぬぞ、と言うのをやろう」

「原爆はどうあっても落とさにゃならんぞ。降伏勧告なんぞ出して、日本人が即日降伏でもしたら、落とせなくなるぞ。そうなればソ連は勝手気儘の限りを尽くすだろうし、原爆製造のため議会審議いっさい無しで投資した二十億ドルで死にたくなるほど追及され、小突き回されるぞ」と、バーンズ。

「《責任は私が取る》だよ、ジミー。降伏勧告は出すと決めた」

「では、天皇制存続条項は無しだぞ。そうしておけば日本は降伏しない。戦争は継続だ。それと、ことわっておくが、戦争継続であろうと原爆は使わないという決断はするなよ。戦争を終わらせ、米兵の命を救う原爆を二〇億ドルもかけて造ったのに、それを使わないとなったら、間違いなくトルーマン大統領は弾劾裁判だ」と、バーンズ。

「ＯＫ、国務長官殿。ともかく最終文案を作ってくれ。降伏勧告は七月二十五日の午後にラジオ通告するつもりだ。執行猶予十日という意味でね」

「つまり執行は八月三日かね？」

「その通りだよ、ジミー。原爆投下は八月三日ごろ以降とするというグローヴス将軍の言葉を、私は信用しているのでね」

2　チャーチル、表舞台を去る

近衛特使の話題が中心になった米ソ個別会談が終わると、大統領はいったんリトル・ホワイトハウスに戻り、そこから車列をつらねて破壊されたグリーエニッカー橋のかわりに架けられた仮橋を渡り、ツェツィーリエンホーフ宮殿に入った。

十八日水曜日、第二回目の本会議は午後四時十五分にスタートし《①新聞記者へのニュース提供規約》《②敗戦ドイツの領土定義／討議の起点としてドイツの領土は一九三七年とし、ここから戦後ドイツの新領土を討議する》《③ドイツ艦隊の分割》《④フランコ政権》《⑤ユーゴスラビアとチトー政権》が討議されたが、首脳同士の腹の探り合いに終始し、これらはいったん外交分科会で揉むことになり、午後六時に閉会。明日午後四時に再開となった。

十九日木曜日、第三回目の本会議は午後四時五分にスタートし《①ブルガリアとギリシャの国境紛争》《②ドイツ占領政策》《③ドイツ艦隊およびドイツ商船の分割》《④ポーランド問題》《⑤スペイン問題》《⑥ユーゴスラビア問題》が討議されたけれども、この日の本会議はわずか五十分で終了したため、消化不良は否定できない。

本会議が短時間で終了した理由は大統領主催の晩餐会（出席者十八名）が午後八時三十分にリトル・ホワイトハウスで開宴されたからで、トルーマンは大統領夫人ベスに、前半は愚痴だが、後半はこの宴会についての記述という手紙を送っている。

「愛するベスへ

リトル・ホワイトハウスがあるバーベルスベルクから一歩外に出てベルリン市内に行けば、そこにはまさに地獄絵図が広がっている。私はすっかり気が滅入ってしまった。想像を絶する廃墟の中で、悪臭をまき散らすおそろしく不潔で惨めな人々が塵埃にまみれ、濡れそぼったようなひどいボロを着て、こそこそと卑屈にうごめいているのだよ。君は完全に破壊された都市など見たことがないだろうね。自業自得だから仕方がないとは言えドイツ人はベルリンをまさにそうしてしまったのだ。私は、私たちが子供のころ、君と仲良く学校へ通った通学路上のあの広場がベルリンのようにならず、今でもそのままの姿で残っていることを神に感謝したい。

　会談相手のロシア人とイギリス人はしたたかで手ごわい。私は頭に血がのぼり、興奮した馬のように後足で立ち上がっていななき、下馬する場所はここだと叫ぶ。すると彼等は少し静かになるのだ。私は一日に一度、非常に率直な言葉で彼等に『アメリカの大統領はサンタクロースじゃない』と分からせてやらねばならない。アメリカは世界平和を望んでおり、そのために私は出来る限りのことをするつもりだと言っている。だが、私は自分の得る物が人のあなどりだけだということは絶対にしない。そのことは彼等もわかり出した。私は慈善家ではなくビジネスマンなのだ。

　さて、リトル・ホワイトハウスでの晩餐会の話をしよう。その時、私の右にはチャーチルが座り、左にはスターリンが座った。我々はそれぞれイギリス国王、ソ連の大元帥、そしてアメリカ大統領に乾杯し、それから後は大使、外相など来賓たちの乾杯とスピーチだ。晩餐後、招待ピアニストのユージン・リスト軍曹が披露した曲はチャイコフスキー・ピアノ協奏曲のメインテーマの中にショパンの英雄ポロネーズをアレンジしたものだった。これにスターリンは大感激で、全員にリスト軍曹を賞賛する乾杯をうながした。スターリンは音楽が好きらしい。彼は私に、明後日の晩餐会にはソ連最高の演奏家を呼んでおくと言った。リスト軍曹はよくやった。この晩餐会は大成功で、来賓たちはみな満ち足りて帰っていった。私はお土産に特注品の置時計をプレゼントした。明日はまた仕事だ。この仕事が早く済まないかと思う。だが必ずうまくやる。マギー（娘）にキスを、そしてあふれるような愛をあなたに／ハリー」

この晩餐会については、もう一人、カドガン伯爵が夫人への手紙に書いている。

「トルーマン・パーティーで私の席はボーレン通訳とデービス顧問の間だった。デービスはいけ好かない奴だ。三首脳は私の対面に座っている。この日、アンソニー（イーデン外相）は都合で欠席したが代わりにアトリー副首相が参加した。首相はアトリーに乾杯とスピーチをうながす時、自分の政敵で、かつ、イギリス最大野党の党首と紹介した。

ディナーの後、トルーマン大統領は一人の陸軍軍曹を正面ステージに引っ張りだした。何が始まるのか興味津々だったが、何とこの軍曹は、入隊する前、コンサート・ピアニストだったというから驚きだ。しかもニューヨーク交響楽団という名門オーケストラだよ。ユージン・リストというピアニストが最初に弾いたのはチャイコフスキーの中にショパンを挟み込んだ曲だった。私はすぐ横にいたモロトフに、『ポーランド問題で激論を交わしている我々はこの意味深な曲を心して聞かなきゃなるまいよ』と囁いておいた。

トルーマン大統領のピアノ演奏は本職そこのけの腕前で、この時、大統領はベートーベンのト長調メヌエットを弾いた。ちなみに、あのスターリンも神学校でしごかれた経験があるから、音楽の素養はあり、また、モロトフ外相はバラライカで食べて行けるほどだというから、まったく人は分からないものだ。ところでバーンズ国務長官もなかなかの芸達者で、ちょっとしたショパンのさわりを弾いていた。悪くない。我らの首相は出番がないかと思いきや、リスト軍曹のところに行って《ミズーリ・ワルツ》なる一曲をリクエストし、これで会場は大騒ぎになった。ミズーリ・ワルツはトルーマンが副大統領に立候補した時の選挙戦テーマソングだったからだ。パーティーは午後十時四十五分にお開きになり、私は湖からのひんやりした風に心地よく吹かれて帰宅した。トルーマン大統領はルーズベルト大統領と比べ、だいぶギクシャクし、まだホスト役が身についておらず、華々しいデビューとは言えないが、まあ、まずまずというところだろう」

二十日金曜日、午後四時五分開始の第四回目首脳会談を進めるにあたり、議長のトルーマンは七項目の議題をこなそうとしていた。それは《①外相理事会》《②イタリアの国連加盟》《③スペインの扱い》《④オーストリア、特にウィーンの占領統治》《⑤ポーランドとドイツの国境》《⑥信託統治》《⑦トルコ問題》という重量級のテーマであり、どれもこれも、ちょっとやそっとでけりがつくしろものではなかったから、カドガン伯爵は馬鹿げたこの詰め込みぶりを見て大統領に意地の悪い冷笑を浴びせている。ところで、会議初日の冒頭テーマとなった《外相理事会》は、あれほどスターリンとチャーチルが厭味ったらしく反対意見を述べていたから簡単には行くまいと思われたが、意外にも「二カ月後の九月にロンドンで開催」という線であっさり決まった。だが次のイタリアは、これこそ会議初日にチャーチルが正面切って噛みついた案件だったから、今日も大いに揉め、異様に長引き、カドガン伯爵の予想通り《③スペイン》以降はろくに討議されぬまま、外相分科会に丸投げとなっている。

ところで、なぜアメリカは日独伊枢軸国の一角を占めるイタリアを国連加盟国（当時の感覚では戦勝国）に格上げしようとしたのか？

それはイタリアを西側陣営に組み込もうというアメリカ国務省の意図を反映してのものではあったが、それ以外にイタリアの通商活性化が大きな動機となっている。アメリカはイタリアに対し、すでに二億ドルの借款を供与しており、さらに五億ドルを積み増し供与しようとしていた。つまりアメリカはイタリアに金を貸し（ドル借款）、それでイタリアに必要な物資を買わせ、その物資をもってイタリア産業の活性化をうながし、輸出によって利益を得させ、その上でアメリカに金を返す。これが借款と債権回収に名を借りたアメリカ式賠償金取り立てメカニズムである。

さて、「輸出で利益を得て」とあるが、より多くの利益をイタリアに計上させ、債務返済スピードを加速させるためには、イタリアの通商相手国を拡大してやらねばならない。そのためには、イタリアは米英ソ三カ国と平和条約を締結することにより、国連への仲間入りを果たし、すでに加盟している国々と直接の通商関係に入ることが必須だった。

しかし国連に加盟できるのは主権国家のみという原則がある。事実、ポツダム会談の時点でイタリアは主権国家の体をなしていない。つまりイタリアという土地の上にイタリア人という土着民が生活しているだけで、これでは国連加盟国にはなれない。しかもイタリアはこの時点で最も共産主義勢力が強いと来ている。ゆえにアメリカはイタリアに金を注ぎ込むと同時に、この国を自由主義陣営の主権国家へ衣替えをさせようと図った。

「外相理事会の設立、ならびに第一回目理事会はロンドンで九月開催が合意されました。実にめでたいことだ。それでは次に、イタリア問題に移りましょう。私はイタリアとの関係を完全に正常化するため、平和条約を締結し、イタリアを国連に加盟させたい」と、トルーマン。

――あきれたね！

イーデン外相とカドガン伯爵は思わず顔を見合わせた。

なるほど。それで外相理事会の最大ミッションがイタリアのための平和条約草案作成か。長生きするよ、トルーマンさん。あざとさもここまで見え透いていると文句を言う気もしない。そう思って二人の外交官は苦笑した。スターリンの思いも同じだったから、そこでこの独裁者はアメリカの痛いところを突き、迫力満点の恫喝スピーチを展開したから、大統領は窮地に追い込まれている。

「イタリアを国連に加盟させるのですか？　はて、イタリアは戦勝国？　あー、そうでした、そうでした。インチキ戦勝国ね。近頃は戦勝国の大安売りですな」と、スターリン。

「イタリアの国連加盟は反対ですか？」と、バーンズ国務長官。

「反対とか賛成とか、そういう問題ではありません。イタリアの唯一の勲功は誰よりも早く降伏したことですよ。最速の敗戦国だ。それがいつの間にやら戦勝国なので、ちょっと目まいが……。私の記憶が正しければ、イタリアはドイツの尻馬に乗って、ブルガリアやルーマニアといったドイツの衛星国もびっくりの乱暴狼藉をしてのけ、連合国に少なからぬ損害を与えている。赤軍が勝利したスターリングラード戦の中にも非常に多くのイタリア兵がいましたよ。バーンズさん、あなたなら百も承知しておいでだろうが、イタリアが悪さをしたのは地中海や北アフリカだけではありませんよ。ウクライナやクリミヤ、そしてボルガ川でも派手にやってくれましたな。私はイタリアを国連に加盟させるかどうかの前に、イタリアと締結する平和条約の中身に興味がある。九月に開かれる外相理事会の成果物が楽しみです。私はイタリアが悔い改めるというなら、それを拒む理由はありません。大統領が提案されたイタリアの国連加盟に何らの異議もありませんよ。

ところで大統領、私はイタリアを加盟国のメンバーと認める前に、賠償金を払わせてはどうかと思うのですが、これはいかがです？　私は、イタリアと同じように途中で寝返ってドイツに宣戦布告したハンガリー、フィンランド、ブルガリア、ルーマニアに対しても賠償金を課しますよ。私はトルーマン大統領ほど寛大ではありませんので、寝返ったからといって、『お前はいい子だ、戦勝国のワッペンを上げよう』という甘い対応はしません。敗戦国は敗戦国だ。でもドイツに組したこれら衛星国も、いずれは国連に加盟させねばならない時が来るでしょう。だから、先手を打って国連憲章の中に敵国条項という細工を施しておく方がいいかも知れませんね。結論を言えば、私はイタリアに賠償金を払わせ、支払いが完済した時点で平和条約を結び、かの国を国連に迎え入れるという流れが一番自然だと思っています。イタリアはソ連領土に土足で上がり込み、スターリングラードで大砲をぶっぱなしたのですよ」

スターリンはイタリアに賠償金を課そうと言い出したから、借款供与というシナリオを書いたバーンズ国務長官は椅子から転げ落ちそうになった。そんなことになればドル借款と通商活性化でイタリアを儲けさせる前に、ロシア人は賠償金という名目でその借款をごっそりソ連に持って行くだろう。アメリカはとんだ間抜けを演じたことになる。

大統領は右隣に座っているバーンズから渡されたメモを見つつ、かなり歯切れの悪い、焦点のぼやけた発言で応じた。

「私はイタリアの国際的地位を高めようとした。なぜかというと、この国が最初に無条件降伏に応じた国だったという理由もあるが、降伏後の処遇がイタリアの立場を不当に貶める厳しいものだったので、これは斟酌すべきであろうと判断し、イタリアの国連加盟をポツダム会談の議題に上げた。私はまずイタリアを国連に加盟させたのち、他のドイツ衛星国だった国々に対処して行きたいと思う」

スターリン「アメリカ人が慈悲深い人々であることは今の一言でよく理解しました。しかし、ここはトルーマン大統領お気に入りの言葉、『率直に！』で行きましょう。私がイタリアに払わせたい賠償金の額を知りたくありませんか？」

「あー、賠償金の額は聞かぬが華、言わぬが華ということにして、ところでチャーチル首相、あなたもイタリアの加盟はノーですか？」と、トルーマン。

「大戦直前、イタリアはアルバニアを武力占領した。我々は一九四〇年に地中海でイタリアの攻撃を受け、エジプトで多額の損失を被った。ドイツ空軍の一翼をになって、イタリアの飛行隊がロンドンを空襲している間、我々はアビシニアでの戦闘に単独で立ち向かわねばならなかった。次にイタリアはギリシャというイギリスの同盟国に卑劣な攻撃を加えた。我々は孤立しており、その間イタリアに悩まされ続けた。我々はイタリアの戦争責任をきっちり追及する」

こうなると、チャーチルは止まらなくなる。トルーマンは議長権限のもとに首相のだらだらした話を遮り、次にスターリンに向かって「アメリカの方針は、牝牛に飼料を与え、牛乳を生産させるというものです。あなたのように牛を屠って食べてしまうというのは性急すぎて感心できませんな」と言った。

「私はイタリアを特別扱いする気は無い」

スターリンは本性をあらわしたようだ。

「イタリアを国連加盟国とする案件については、私にも思うところがあるのでお聞きください。イタリアは日独伊枢軸三カ国の中で最も積極的にドイツを助けました。そして早々と降伏した後、信じがたいことだがドイツのイタリア占領を唯々諾々と受け入れた。無防備都市宣言などを出して巣穴にもぐり込み、一発も撃つことなくドイツが自然に朽ち果てる日を迎え、ホッとしているだろう。それでも押してイタリアを国連加盟国に迎え、各種の通商上の便宜を計らうのなら、ブルガリアほかドイツの衛星国だった国をどう取り扱うつもりかという問題が出てきます」

「東欧諸国を国連に加盟させろということですか？　そのためには自由選挙を行って、国民全員が納得する挙国一致政府を作ることですよ。しかし、あえて申し上げたいのだが、同じ選挙といってもソ連当局が言う選挙はどうも我々のものとは違うらしい」と、イーデン外相。

スターリンはそれには答えずに、自分の主張を続けた。

「もう一度くり返すがイタリアはオデッサとハリコフを蹂躙(じゅうりん)し、ドン川やボルガ川という母なる祖国の地に侵入してきた。その地で迎撃戦を闘った赤軍兵を連れて来て、戦後のイタリアに対するアメリカの特別優遇措置を聞かせたなら、いったいどのように思うか想像していただきたい」

スターリンはこの時、イタリアに応分の賠償を払わせようと迫り、そして選挙のやり方がどれほど赤く染まっていようと、それを自由選挙と強弁し、今やソ連の衛星国となった国を主権国家として国連に加盟させろと詰め寄った。

この日、トルーマン大統領が得たものは《外相理事会》のみで、イタリアの国連加盟は流産となった。

ポツダム会談五回目は七月二十一日土曜日午後五時十五分開始だった。

❖ ❖ ❖

ところで、この日、スティムソン長官はバーベルスベルクの宿所に伝書使が持参した文書を一読し、その感想を次のように書き残した。

「本日、午前十一時三十五分、私は特別伝書使（スペシャル・クーリエ）の持参した原爆実験成功に関するグローヴス文書に目を通した。グローヴス将軍は、とてつもなく力のこもった実に見事な現状報告を書いてよこしたのだ。私は大統領にこの文書を持参し、原爆自体のとんでもない正体を伝えるため、面談アポイントを午後三時三十分にとった。私は大統領と面談する前に、時間的な余裕があったので、午後三時、マーシャル参謀総長にこの文書を見せ、そして私はリトル・ホワイトハウスに向かった。

大統領に会った私はバーンズ国務長官を同席させるよう要求し、私は二人の前でグローヴス文書を読み上げ、その上で討論に入った。大統領と国務長官は非常に興奮し、特に大統領は手の舞い、足の踏むところを知らずといった様子で小躍りし、有頂天になった。大統領は私がポツダム会談の場に訪れ、このような形で自分を助けてくれたことに感謝すると述べた。

私はその後、チャーチル首相を訪ね、グローヴス文書を見せた。首相はそれを読んで興奮したが、ツェツィーリエンホーフ宮殿に行く時間が迫っていたため、明日の朝、もう一度これを持って自分を訪問してくれと言った。

午後十時三十分、ワシントンにいるジョージ・ハリソンから電報。グローヴス将軍から原爆の第一標的を京都にしてはどうかと重ねて具申あり。私の考えは変わらない。京都はノーだ」

そして以下が大統領と首相を興奮させたグローヴス将軍の原爆レポートである。

■超極秘／マンハッタン計画司令官グローヴスよりスティムソン陸軍長官殿へ

■表題／実験について（一九四五年七月十八日／ワシントン発）

①これは簡潔をむねとする陸軍の書式にそった報告書ではなく、ニューメキシコからワシントンに戻った私がじかに長官へ詳しく物語ろうとする時、そうなるであろう内容をここに記載するものであります。

②一九四五年七月十六日午前五時三十分、ニューメキシコ州アラモゴード航空隊基地の辺鄙な地域においてインプロージョン型核分裂爆弾の実物大実験が行なわれました。歴史始まって以来という初めての核爆発は何と筆舌に尽くしがたい爆発であることか！　原爆は飛行機から投下されたものではなく、高さ三〇メートルの鉄塔のてっぺんに据えつけた台の上で爆発させたものです。

③予測をはるかに越え、この実験は大成功でした。この日にまとめ上げたデータに基づけば、私はこの爆発規模を内輪に見積もってもＴＮＴ火薬一万五〇〇〇トンから二万トン相当より上であると推定します。未整理の測定データが明らかになれば、現報告（ＴＮＴ火薬一万五〇〇〇トンから二万トン）の何倍かになるかも知れません。爆発はとてつもない結果をもたらしました。爆発直後の短い期間、半径三十二キロメートルに渡り、真昼の太陽がいくつも上空にあるほどの明るさになりました。巨大な火球が数秒間そこにあったのです。この火球はキノコ状に変化し、消え去る前には三〇〇〇メートルの高さに達しました。爆発の閃光はアルバカーキ、サンタフェ、シルバーシティー、エルパソ、その他およそ二九〇キロメートルも離れた土地でも視認されました。

爆発音は同じ程度の距離で聞こえたケースも記録されておりますが、だいたいは一六〇キロメートルというところでしょう。窓ガラスの損傷は少しであるとは言え、二〇〇キロメートル離れた場所でガラスが割れたという報告が上がっています。大規模な雲が形成され、ものすごいパワーで大きく波立ち、渦を巻いて急上昇しました。多くの科学者の予測では、キノコ雲は高度五二〇〇メートルの気温逆転層で止まるだろうと見ていたのですが、爆発五分後に一万一〇〇〇メートルから一万二五〇〇メートルの亜成層圏に達していました。このキノコ雲の中で付随的な爆発が二回起こりました。この雲は大地から巻き上げられた数千トンの塵埃を含んでおり、そして、かなりの量の気体化した鉄を含んでいました。この鉄が空中の酸素と混ざり合って、前記二回の付随的爆発を引き起こしたものと我々は考えています。爆発によって発生した巨大な放射能を持つ大量の濃縮物質がこの雲の中に含まれていたのです。

④一切の草木が消え去ってしまった爆心直下には直径三七〇メートルのクレーターができ、その真ん中には直径三十九メートル、深さ一・八メートルのお椀が出来ていました。クレーターの中はすべて粉々に砕かれた塵埃で、周囲は緑色を帯び、八キロメートル離れた場所からもよく視認できました。実験用原爆が設置された鉄塔の鋼鉄は蒸発していました。我々は鉄筋コンクリートの基礎の上に高さ三〇メートルのがっちりした鉄塔を組み上げ、この塔のてっぺんに波形トタン板で囲った簡単なテント小屋を置き、その中に原爆を置いたのですが、それらは爆発で完全に消滅していました。

⑤爆心地から八〇〇メートルの場所に重量二二〇トンの巨大な鋼鉄円筒が別のテストのために置かれていました。その基底部はコンクリートで固められ、それを掩蔽する形

で、高さ二十一メートルの頑丈な鉄塔が構築されていました。鋼材五十トンを使って作り上げたこの鉄塔はさしずめ六階建てのビルに相当する高さです。筋違い材の強度は通常の鋼鉄製建造物よりも遥かに強靭であり、また、壁面が無いということは、爆風の圧力を受ける度合いがそれだけ少ないことを意味しています。しかし、原爆の威力は巨大な円筒とその掩蔽鉄塔を土台から引きちぎり、ねじ曲げ、分断して、ぺしゃんこにし、地面に叩きつけてしまいました。この結果は鋼鉄製建造物、ないし石造永久建造物が原爆によっていとも簡単に破壊されることを示しており、アメリカ国防総省本部庁舎（ペンタゴン）の建物も安全だとは思われません。円筒と掩蔽鉄塔の爆発前のスケッチと爆発後の写真を同封します。我々のうち誰一人としてこれが破壊されるとは、予想だにしなかったところであります。

グローヴス将軍の書き上げた原爆レポートは項目番号⑲まで続くタイプ原稿十五ページという長大な報告書だった。これに加え、科学者を代表してローレンス教授がレポートを同封していたので、信憑性は完璧だった。

❖　❖　❖

ポツダム会談五日目は予定通り午後五時十五分から開始され、午後七時二十五分に終わった。二時間十分という前日よりほんの少し長い会談の議題は《ドイツ難民とポーランド人入植者》で、このときトルーマンは自分が確実に手にした原爆の存在を知って人が違ったように攻撃的になったけれども、スターリンは何ひとつ譲歩しなかった。

ドイツの領土は一九三七年時点の領土を起点とし、ここから戦後ドイツの新領土を討議すると会談二日目に決定されている。一九三七年時点のドイツ領土とはいかなるものだったかを振り返る場合、ドイツ国歌の第一番が参考になる。そこには「西はマース川から東はメーメル川まで、南はエチュ川から北はベルト海峡まで」と自国の領土を謳い込んだ歌詞があり、特に東の国境は現在のカリーニングラード、すなわちケーニヒスベルクのあたりを流れているネマン川、つまりメーメル川だった。

ポツダム会談の結果、戦後ドイツの東部国境、すなわちポーランドとの国境は《オーデル・ナイセ線》となった。要するにオーデル川とナイセ川を国境にしたのだが、ナイセ川には西ナイセ川と東ナイセ川の二つの支流があることで揉めた。ヤルタ協定ではナイセ川の定義が曖昧だったからである。当然ながらソ連は西ナイセ川を主張した。もしも、ブレスラウ（現在のヴロツワフ）のそばを通過する東ナイセ川が国境だということになれば、肥沃で広大な農耕地と欧州屈指のシレジア炭鉱を含む関東平野よりも大きい二万七〇〇〇平方キロメートルがスターリンの手の内からこぼれ落ちるからだ。

ともあれ、スターリンは西ナイセ川を主張し、これを国境にした。このため、全シレジア地方がポーランドの領土となって現在に至っている。

問題はこの国境変更で追放されたドイツ難民だった。ヒトラーがあおった「ドイツは東方に領土を獲得するべきだ」という思想のもと、生存権拡大に勇躍し、挙句の果てに地獄を見たドイツ人は一二〇〇万名から一六五〇万名という統計があり、この内二一〇万名以上が非業の死に見舞われた。目の前にある「シリア難民四〇〇万」という報道を見、かつて国策として送り込まれた満蒙開拓団二十七万人を顧みれば、ドイツ難民の規模がいかなるものか推測でき、ポツダム会談五日目に揉めた問題は国境変更で追放された巨大な数のドイツ難民をどうやって食べさせるかだった。

ソ連の主張はドイツ難民に提供するための食糧と燃料は米英ソ仏が管理する新しいドイツ領全体でまか

なうべきだとあり、いっぽう米英側はシレジア、ポンメルン、東プロイセンを含む東部ドイツから供給すべきだとしていた。

「ソ連があくまで主張をつらぬくと言うのなら、西部ドイツからの対ソ賠償金支払いは無いものと理解してください」と、トルーマン。

これを、ミズーリ流の荒っぽい言葉に直すなら、「シレジア、ポンメルン、東プロイセンはお前の手下のポーランド人にくれてやろう。オーデル・ナイセ線はお前の主張する西ナイセ川にしてやろう。しかし米英仏のドイツ占領地域から対ソ賠償金はびた一文出さんから、覚悟しろよ」ということになる。

もう一つ。トルーマンは、「アメリカはブルガリア、ハンガリー、フィンランドが自由選挙を実施し、その上で適切と思われる政府が樹立されるまで、その承認を拒否する。また、ポーランドで自由選挙を実施するという約束をソ連は実行していない。どうけじめをつけるのか。私は手加減はしませんよ」と付け加え、ここにはっきりと冷戦構造の前触れを宣告した。

スターリン「今日はこれで終わりにしましょう。すでにご招待状をお届けしている通り、私は、今晩、皆さんを私のヴィラにお迎えし、楽しいひと時をお過ごし願いたいと思う。お待ちしています」

トルーマン「ありがたくお受けします。それでは、明日の午後五時まで、首脳会議は休会とします」

カドガン伯爵が夫人にあてた手紙によると、この日はいつにも増して猛暑日だったが、午後、一天にわかにかき曇って雨となり、首脳会談開始の午後五時からは猛烈な嵐になったとある。

「道路には吹き飛ばされた木の枝が散乱し、雨はますます激しくなって舗装道路は川のようになり、そのうち、私の宿所の前庭に植わっていた大木が倒れた。地盤が弱かったせいだろう。木は根っこごと倒れ、その拍子に水道管を壊してしまった。おかげで私たちは明日からもらい水さ」

スターリン主催のディナー・パーティーは午後八時三〇分開始だったから、つかみ合いもどきの険悪な会議をこなした招待客は悪天候をついて集まったことになるが、トルーマンは言いたいことを言ったせいか、楽しんだ様子をベス夫人に書き送った。

「私はジョー（スターリンのこと）の晩餐に出席したよ。キャビアとウオツカで始まり、スイカとシャンパンで終わるディナーは、その間にあらゆる種類のロシア式珍味佳肴がテーブルに供され、五分置きに乾杯と挨拶があった。二十五回目までの乾杯は覚えているけれど、それ以上は忘れてしまった」

宴会の最中、スターリンはソフロニーツキーというピアニストを紹介し、その演奏が始まった。西側世界に鬼才・天才として知れ渡ったスヴャトスラフ・リヒテルとエミール・ギレリスが巨匠あるいは神と呼んで心酔しているソフロニーツキーの演奏は、リスト軍曹に比べ、格も技量も段違いに上だったが、これを聞いている酔っ払いにその神技は通じる筈もなく、現にトルーマンは妻への手紙の中で何も語っていない。スターリン・ディナーは午前零時半、お開きとなった。

❖　❖　❖

「会談六日目となる七月二十二日は日曜日だったが、我々は仕事を中断しなかった」と、トルーマンは回想録に書いている。

ドイツとポーランドの国境問題の次に俎上に上ったのはイタリアの旧植民地（リビア、キレナイカ、トリポリ）に関する問題であり、その次に取り上げられた信託統治問題も、そして、この日の最後に討議された黒海をめぐるトルコとソ連の権益問題も千日手となって埒があかず、いずれも外相たちに丸投げとなった。トルーマンが問題解決の延伸をはかったのは、スターリンという男がよくわかっておらず、アメリカの議会工作や、あるいは法廷闘争では珍しくない《取り引き》が出来ると思っていたからであり、ソ連との間に残された解が冷戦しかないという心境にはまだ至っていなかったからだ。

翌二十三日から二十五日までの三日間も、ドイツ領ケーニヒスベルクをソ連に割譲する問題や賠償金、そして歴史始まって以来となる戦犯裁判など、一筋縄ではいかない重量級テーマが目白押しで、かつ、これらはチャーチルとスターリンによる絶対に安易な妥協はしないと決めてかかるような対話に終始したから、ポツダム会談が閉幕するまでにまともな共同声明が書き上げられるかどうか危ぶまれるほどだった。

ところで、この三日の間に特筆すべき出来事が三つ起こっている。

一つ目はスティムソン陸軍長官に関するもので、二十三日午前十一時、長官はリトル・ホワイトハウスを訪れ、日本に向けて警告する最後通牒（ポツダム宣言のこと）の決定原稿を読ませて欲しいと大統領に申し入れた。この時、大統領は長官に対し次の様に応じている。

「長官、ここから先は私の仕事だ。さよう、閲覧は遠慮してもらう。それから長官、あなたの仕事はもうここには無い。いつ帰国しても構わない。帰国して引き継ぎの準備に入るべきだと思う」

スティムソンは翌々日二十五日、帰国の途につき、九月二十一日、退任してリタイヤ生活に入った。

二つ目の出来事は、二十四日の首脳会談が終わった時、トルーマンがスターリンに囁いた原爆実験の告知だった。

この日の首脳会談も険悪の一字で、毒を含んだ応酬が際限なく繰り返されており、前日、チャーチルが主催した友好ムードあふれるディナー・パーティーの愉快な乱痴気騒ぎは、あれはいったい何だったのか首を傾げてしまうほどだったから、さすがに会議が終わると全員疲れがどっと出て注意力散漫になっている。そういう倦怠感漂う中、大統領はつと立ち上がり、大型円卓を時計回りの逆にまわって世間話でもするようにふわりとスターリンの席に立ち寄り、口もとの筋肉だけが動くという怪しい笑みを湛えつつソ連の通訳を介して独裁者に話しかけた。このとき大統領がアメリカ側のボーレン通訳を伴わなかったのは、さり気ない雰囲気をかもし出すためのどんぴしゃりな演出である。

「アメリカは驚異的な破壊力を持つ新兵器を開発しましたよ」

「それは喜ばしい。日本に対し有効に活用されることを期待します」

このときチャーチルは、トルーマンが何をしているのか知っていたから、口を半開きにしてぼんやりを装いつつ、しっかりと観ていた。そして極めて短い《騙しの場》の一幕を観終えると、ツェツィーリエンホーフ宮殿の車寄せに行き、やって来た大統領にどんな塩梅だったかと聞いた。

「何も尋ねられませんでしたよ」

「そうですか」

トルーマンの返事を聞いてチャーチルはつらつら思う。

あの時のスターリンは野良仕事を終えて家路につく農夫のようにのどかな顔をしていた。少しでも原爆の存在を知っていれば、驚異的な新兵器と聞いただけで直ちに反応し、もっと詳しく教えろぐらいのこと言ったはずである。

——ヤツは原爆なんてまるで知らないのだ。

ま、伝えたことは伝えた。よしとしよう。伝えずに黙っていれば、それを口実に、ヤツは何をやりだすか知れたものでない。

迎えの車が来た。

米英二人の首脳は意味ありげな笑みを交わして、各々の宿所に戻って行った。

ところでスターリンだが、独裁者はこの時すでに原爆実験が成功したことを知っていた。だから大統領が不自然な作り笑いを浮かべてパブロフ通訳に合図し、驚異の新兵器ができたと語った時、これを臭い芝居とは見ておらず、大統領が揺さぶりをかけて来たと見た。独裁者はとっくの昔にロス・アラモス研究所ほかの情報を入手しており、もしも原爆が完成すれば、通常兵力からなる赤軍の巨大な優位性など無意味なことを承知していたから、トルーマンはいずれ原爆の秘密を自分に明かし、ショックを与え、その上で、事をアメリカ有利に運ぶと予想した。

――では、アメリカがその手に出た時、どうすべきか？

どういう具合に切り結べば、トルーマンの威嚇をかわし、相手を翻弄できるか？　それには無知を装い、何のこと分からないふりをし、原爆についていっさい無関心をつらぬく。これが一番だろうとスターリンは思う。そうすればアメリカ人が原爆をちらつかせて政治的な脅しをかけて来ようと柳に風と受け流せる。少なくともポツダム会談が閉幕するまでは阿呆で通してやろう。と、スターリンは腹をかためた。

しかし、そうは言っても独裁者はトルーマンのニタニタ笑いに気分を害しており、これについてジューコフ元帥は次のように述べている。

「会議を終えて宿所に帰って来た我々の指導者は、私の見ている前で、『アメリカ人が開発した新兵器についてトルーマンから得意げに聞かされた』と、モロトフに向かって言い、『これを我々に知らせて、脅しをかけようとしたのだ。やつらは我々を顎で使おうとしている。だが、そうはいかんぞ！』と言って猛烈に不機嫌になった。するとモロトフは『クルチャトフ博士に完成を急がせましょう』と言った。私はクルチャトフと聞いて原爆の話だとすぐに分かった」

スティムソンの解任予告、スターリンへの原爆情報の囁きに続く三つ目の出来事はチャーチルの帰国だった。

首相は九回目を迎える七月二十五日の首脳会談終了後、イギリス総選挙の結果に立ち合うため、一時帰国することになっていたから、会議は午前十一時に始まり一時間後の正午に終わった。ちなみに、教科書に登場する米英ソ三巨頭の写真は会議直前十時四十五分に撮られており、この撮影儀式が予定されていたから、スターリンはいつもの兵隊服ではなく、ほとんど白に近いクリーム色の夏用大元帥服に赤い側章が二本入った黒いズボンという姿であらわれた。左胸ポケットの上には例によって何の変哲もない平凡な功労勲章一つぶら下がっている。いっぽうチャーチルはいつもの通り、夏用の空軍将官服だったし、トルーマンも、例によって《あのいでたち》であらわれた。

ところでこの日、いつもの通りチャーチルの起床後の診断を行った主治医モラン卿は、首相から昨晩みた不愉快な夢について聞かされ、それを日記に書き残している。

「先生、私は自分が死ぬ夢を見たよ。実にはっきりとね。とても鮮やかな光景だった。誰もいない部屋のテーブルの上に、白いシーツに覆われて自分の遺体が横たわっているんだ。シーツの端から、自分の素足がニュッと突き出ているんだよ。真に迫っていた。私の終わりが近づいたのかも知れないね」

チャーチルはこの時からさらに二十年生き、九十歳の長寿で亡くなったが、総選挙では大敗し、内閣は総辞職。チャーチルとイーデンは、再びポツダム会談には現れず、かわって後継首相のアトリーと、同じく後継外相のベヴィンが出席した。

総選挙での敗北が決定した日。チャーチル家の夕食テーブルには居たたまれない程の憂鬱が支配していた。沈黙を破ることができたのは唯一クレメンタイン夫人のみで、このとき夫人は「ウインストン、多分これは変装した神の恩寵なのよ」と言った。人間万事塞翁が馬というほどの意味である。すると、今やただの保守党議員になったチャーチルは「この瞬間について言えば、確かにみごとな変装ぶりだよ」と応じている。

これとほぼ同じ時期、モラン卿の日記には次の記述がある。

「これからは毎日が休暇だよ、先生。数日後、私は自分が必要とされなかったという事実に、心はもっとうずくだろう。傷口と同じようにね。そのときにこそ身にしみて思い知らされるのだ。さびしくなるよ、

1945年7月25日のポツダム会談／左からチャーチル、トルーマン、スターリン

1945年8月1日のポツダム会談／前列左からアトリー、トルーマン、スターリン、後列左からリーヒー、ベビン、バーンズ、モロトフ

あれを見れなくなるのは」

そう言って首相は書類でいっぱいの赤い箱を指さした。

この政権交代をもって、イギリスは大国の座を降り、インドを含むほとんどの植民地を手放した。ポツダム会談の三巨頭記念写真が二種類存在するのは、イギリス政府首班が七月二十六日をもってチャーチルからアトリーに代わってしまったからで、従って、八月一日水曜日午後三時三十分にもう一つのポツダム会談記念写真が撮られた。

3 日本、ポツダム宣言を黙殺

トルーマンは大統領退任後、すなわち一九五五年と一九五六年に、ニューヨーク・ダブルディ社から『決断の年』『試練と希望の年』という二冊一組の回想録を出版しており、『決断の年』で次の通り、ポツダム宣言に触れている。

「私は、七月二十六日午後九時二十分、ベルリンから《日本の降伏に対する明確な条項宣告》と題する共同宣言文を発表した。これが後に《ポツダム宣言》と呼ばれるようになった最後通告である。私はこの警告文を、ただちに、あらゆる方法をもって日本国民に伝えるようワシントンの陸軍情報部に命じた。次に掲載したものがその警告文である。

■一九四五年七月二十六日／「ポツダム」に於いて

■米、英、中政府首脳の宣言

①我々、すなわちアメリカ合衆国大統領、中華民国総統、大英帝国首相は、何億という連合

国国民を代表して会議を開き、日本国に戦争を終える機会を与えることに同意した。

②アメリカ合衆国、大英帝国および中華民国の巨大な陸海空軍は、西方、すなわちヨーロッパから、現在太平洋地域に展開中の陸海空軍の何倍もの増強を得て、日本国に対し最後の鉄槌を下す態勢を整えた。この軍事力は日本国が抵抗を止めるまで、対日戦争継続の決意に燃える連合諸国の支持と激励を受けている。

③ここに立ち上がった世界の自由な民族を前にして、無益、無意味な抵抗を続けたドイツの結果は、日本国民に対する極めて明白な先例を示すものであり、現在日本国に向けて集中されている力は、全ドイツ国民の土地、産業、生活を徹底的に荒廃に追いやってしまったナチスへの力と比べた時、それは測り知れぬほど強大なものとなっている。我々は断固たる決意のもとに、この軍事力を最高度に使用する。その時には、当然、日本国軍隊は完全に潰滅するばかりでなく、日本本土も完膚なきまでに破壊される。これは明白である。

④今こそ日本国がおのれの進むべき方向を決めるべき時がきたのだ。すなわち、このまま日本帝国を潰滅の土壇場へ追い込んだ勝手気ままな軍国主義的助言者によって振り回され続ける道を取るか、あるいは理性の道を突き進むべきか。それを決める時が。

⑤わが方の条件は次の通りである。その条件を変更することは無いし、代わるべき条件も認めない。そして我々は回答の遅延も許さない。

⑥我々は、日本国民を瞞着（まんちゃく）し、誤った方向に導き、世界征服へと使嗾（しそう）した日本の社会的指導層の影響力は永久に除去されねばならないと考える。また、無責任な軍国主義の輩が世界中から駆逐されてしまうまでは、正義に基づく平和と安全の新秩序がこの世に現れることはないと考える。

⑦このような新秩序が建設され、かつ、日本国の戦争遂行能力が破壊されたと確証が取れるまで、連合国の指定すべき日本国領域内の諸地点は、我々が示す基本的目的の達成を確認するため占領する。

⑧カイロ宣言の条項は履行される。また、日本国の主権は本州、北海道、九州、四国ならびに我々の決定する諸小島に制限される。

⑨日本国軍隊は完全に武装解除された後、それを構成した兵員はそれぞれの郷里に帰り、平和的かつ生産的な生活を営む機会を与えられる。

⑩我々は日本国民を民族として奴隷化したり、国家として滅亡させようという意図は持たない。しかし、我々の戦時俘虜を虐待した者を含む一切の戦争犯罪人に対しては厳格な処罰を加える。日本国政府は日本国民の民主主義的傾向の復活と強化に対し、すべての障害を除去せねばならないし、かつ、言論、宗教および思想の自由、ならびに基本的人権の尊重を確立せねばならない。

⑪日本国はその経済を支え、かつ、公正な現物賠償の取り立てが可能となる産業を維持することが許される。ただし、日本国に再軍備をもたらすような産業は許されない。再軍備に直結しない産業目的のための原料の入手は許されるが、原料の統制管轄は許されない。日本国は将来、最終的には世界貿易への参加が許される。

⑫以上の目的が達成され、かつ、日本国民が自由に表明した意思に従って、平和的傾向を持つ責任ある政府が樹立されれば、連合国占領軍はただちに日本国より撤収する。

⑬我々は日本国政府がただちに全日本国軍隊の無条件降伏を宣言し、現実に政府の誠意を示す申し分ない保障を示すために、しかるべき適切な行動に出ることを要求する。もしも日本

国がポツダム宣言に変わる代替案を求めようとするならば、迅速にして完全な日本国の潰滅を招来するだけである」

❖　❖　❖

誤解を避けるため、一つのことわりを入れておかねばならない。

それは、ポツダム会談唯一の成果物はドイツ処分を中心とするヨーロッパ問題を取り決めた《ポツダム協定（Potsdam Agreement）》のみであって、日本の教科書に必ず出現する《ポツダム宣言（Potsdam Declaration）》はこの協定の添付書類ⅡB項（Annex2/B）に記載された《おまけ》でしかないことである。

また、ポツダム宣言の正確な表題は《日本の降伏に対する明確な条項宣告》であって、この事実も注目しておくべきだろう。ただし、以降、行き違いを排するため、本書では《ポツダム宣言》の名で統一する。

そこでトルーマンが回想録で大きなスペースを取って述べているポツダム宣言だが、これは天皇制存続条項が掲げられているスティムソン長官ほかが作成したオリジナル版とはだいぶ違う。換骨奪胎に近い。そうなった理由は今さら言うまでもない。バーンズについてはこれまで折に触れてその特異な性格を述べて来たから、それをここで繰り返す必要はないが、その気質が導き出した結果が、七月二十六日にラジオを使って全世界に広まったポツダム宣言である。

なおトルーマンはポツダム宣言の最終原稿を帰国直前のチャーチルに見せ、意見を訊いている。チャーチルは、自分の意見が投影されていないことについて、何も言わなかったが、三つだけ注文をつけた。第一の注文は、宣言の対象を漠然とした日本の一般大衆ではなく、《日本政府》にすること。第二の注文は、民主化の主体を同じく《日本政府》にすること。第三の注文は、占領の対象を《日本領土》ではなく《日本領土内の諸地点》にすることで、かくして最終的なポツダム宣言の原稿は確定した。

　ポツダム宣言にかかわるトルーマンの仕事はまだ終わっていない。七月二十五日正午三十分、大統領は重慶駐在のハーリー大使に宣言の最終原稿を電送し、直ちに蒋介石総統の同意を取り付けるよう訓令した。だが、緊急訓令だというのにまる一日すぎても梨の礫（つぶて）である。

　なぜこうも遅れたのか？　蒋介石への電信はポツダムから大西洋を越え、太平洋のホノルル通信センターでトラブルに遭遇し、ついでグアムのセンターでくだらない手違いに巻き込まれ、ハーリー大使のもとに原稿が届いたのは重慶時間の二十六日午後八時三十五分、すなわちポツダム時間で二十六日の午後一時三十五分だった。大使はこれを宋子文行政院長に渡したが、間が悪いことに、この日、蒋介石は揚子江を越えた辺鄙な場所に移動中だった。ともあれ、原稿は蒋介石に届けられ、査読が終わり、「内容についてはこれでいい。ただし中米英三国の代表者がこの宣告文へ署名するにあたり、アメリカ大統領が先頭に来るのはいいが、自分の名前はイギリス首相の前にしてもらいたい。そうすれば国民に対し都合がいい」とあり、かくして大統領は自身のサインをするほかに、蒋介石とチャーチルの分を代筆し、《執行日八月三日／執行猶予十日間》よりも一日遅れの七月二十六日午後九時二十分、ポツダム宣言の放送を命じた。これを受けて、特にアメリカ西海岸の放送局は現地時間七月二十六日午後二時、英語と日本語の両方で繰り返しポツダム宣言の全文を放送しており、これは東京時間七月二十七日午前七時にあたる。

　ところで、この日の深夜、バーベルスベルグのスターリン・ヴィラでは、バーンズ国務長官を迎えたモロトフ外相とのあいだでひと騒動持ち上がった。バーンズはこの時、しれしれとポツダム宣言のテキスト一式を持ってやって来たのだ。

「お待ちしておりましたよ、バーンズ長官。私もこれまで色々な目に遭って来ましたが、今、繰り返し放送されている日本向けの警告には参りましたな。まったくみごとな一撃だ。虚を突かれるとはこのことですよ。まったくあなたは評判通りのゲス野郎でいらっしゃる」

「率直なおっしゃりようだ。私は子供のころ、叔母から、お前はにぶいのか、ふてぶてしいのか、判断に困るとしょっちゅう言われたものですよ」

そう言うとバーンズは憤然としているモロトフの横につと寄り添い、モロトフの片腕を抱えて自分の身体に押し付け、「まあ、そうかた苦しく考えず、私のいうことも聞いてください」と囁いた。この、いささか気味の悪い動作をモロトフはバーンズとの初対面以来しばしば体験しており、数々のポツダム会談時の記念写真の中にも、バーンズからこれをやられて当惑気味のモロトフが写っている。しかし、さすがに今、この時ばかりはモロトフも荒々しくこれを振り払った。

「スターリン大元帥が『日本は侵略国だ』と全世界にむけて放送したのは去年の革命記念日でしたが、そうは言っても、ソ連と日本は中立条約を締結しています」と、バーンズ。

「しかしその直後、中立条約の破棄を日本の大使に通告したのは、この私ですよ」

「承知しておりますよ。しかしミスター・モロトフ、あなたもご承知の通り、あの条約が失効するのは一九四六年四月二十五日で、天下晴れて日本に攻め込むことが出来るのは、一、二、三、四……十カ月も先だ。ポツダム宣言はあなたの仕事をやりやすくするためのものだと思っていただきたいものですな。日本はあの警告を聞いて怒り、戦争継続と出ますよ。すると、あなたはそれを理由に、心にやましさを覚えることなく、日本に対し中立条約失効前の宣戦布告ができますよ。ポツダム宣言の最初の文言は『米英中三カ国は何億という連合国の国民を代表して会議を開き』とあるでしょう。この連合国の中にはソ連も入っています。たまたま米英中が代表しただけの話だ。その上で『日本国に終戦の機会を与えることに同意した』のです。しかし、日本は言うことを聞きませんよ。するとあなたは、『不本意ではあるが、あの宣言を日本が無視したので、ソ連は連合国の一員として参戦せざるを得なくなった』と、日本の大使に言うことができる。それからあの宣言に日本の回答期限を明記していないのは、ソ連の参戦準備に配慮したからです。じっくり腰を据えて攻撃に出ていただきたいという気配りですな。それとポツダム宣言をあなたに伏せていたのは、スターリン大元帥に煩わしい思いをさせたくなかったからですよ」

――よく回る口だ！

モロトフは、手に負えないというあきれ顔をして見せ、いきなり話題をアメリカが渋っている「イタリアからの賠償金三億六〇〇〇万ドル取り立て」という問題に切り替えた。

❖　❖　❖

バーンズは日本人を憤慨させるつもりでスティムソン長官から渡されたオリジナル版の対日降伏勧告文書を作り変えた。つまり天皇制存続条項を抹消したのだが、ではそれで日本人はすべて手が付けられないほど怒り狂ったのかと言えば、そうでもない。むしろ、この宣言が出たことで日本の外務官僚は、「国民全員が鎖につながれて強制収容所に叩きこまれるかも知れない」という恐怖から解放され、ほっとした顔をしている。

ポツダム宣言は、二十七日朝七時、外務省防空壕にあるモールス・キャストほか六カ所で受信され、すぐに幹部会を召集した外務次官・松本俊一は《戦いを終わらせる》という文言を使った宣言文を読んで、そこにいくらかの光明を感じつつ、東郷外相と打ち合わせに入った。

このとき一部職員から、「無条件降伏というものは多少言葉の遊びに属するものだと考えていたが、ドイツがああなったことを見て正直気分が滅入っていた。しかし、今、ポツダム宣言という無条件を否定する動きが敵側に生じたことで自分は勇気づけられた。国民には隠すことなく宣言の全文を読ませ、また仮にもこれを拒否するような態度は取るべきではない。すぐに受諾に向かう姿勢を見せ、米英および重慶政府にしかるべき意思表示をすべきだ」という意見が出ている。しかし東郷外相は、「日本はこの際、沈黙する。受諾も拒否もしない。それが最も賢明な姿勢だと思う。ソ連はこの宣言を土台にして、近衛公爵と談合に入ってくれるだろう。自分はこの一点に活路を見出している。モスクワの佐藤大使から送られて来るモロトフからの返事を待とう」という方向に持って行った。

そして、この日午前十一時、東郷外相は参内して次のように外務省幹部会の意見と趣旨を奏上した。すなわち、この宣言に対するわが方の取扱いは内外共にはなはだ慎重を要すること。これを拒否するような意思表示をする場合には重大な結果を引き起こす懸念があること。ソ連を仲介役とする交渉は決裂してはいないので、充分に見極めた上、措置すべきであること。特にこの宣言の著名者の中にスターリンが入っていないので、このこともソ連による近衛公爵の受け入れと談合につき大いに期待できること。

この奏上を終えた後、東郷外相は閣議で次のように述べ、閣僚の同意を得ている。

①新聞ラジオへの発表指導。
②国民の戦意を低下させる可能性が高い文言は削除。
③政府公式見解は発表しない。
④新聞はこの記事をなるべく小さく扱い、論調を下げる。
⑤あくまで新聞社側の意見として、政府はポツダム宣言に沈黙を維持するらしいと付加することを認める。

報道管制が敷かれているとは言え、日本国民は完全に情報遮断されているわけではない。例えば、日経新聞は《ポツダム会談》という決して小さくない特別枠を一面の中段に設け、会談が始まって以降、ほぼ二日おき程度に記事を載せている。これは、他紙も同様で、朝日新聞は《三頭会談》、読売新聞はその つ

鈴木貫太郎首相

ど目立つ見出しをつけて記事を掲載している。そこでポツダム宣言を外務省がキャッチした七月二十七日金曜日の各紙朝刊を見ると、例えば読売新聞は《ストックホルム二十五日発・同盟通信社／東亜問題を中心に米ソ重大交渉か／英代表不在中も会談》という見出しを付け、「ロンドン来電によれば、まずチャーチルは二十五日午後三時過ぎ、ポツダムから空路ロンドンに到着。いったんダウニング街の官邸に入ったのち、バッキンガム宮殿に伺候（しこう）し、ポツダム会談の経緯を国王ジョージ六世に報告したと伝えられる。同時に東南アジア軍最高司令マウントバッテンも空路ロンドンに到着した。ロイター電報によれば、同人はポツダム会談に参加。東亜反攻作戦について協議したといわれる。以上の報道に徴しても明らかな通り、ポツダム会談においてはドイツ占領統治方式以外、東亜問題が政治的にも戦略的にも相当突っ込んで検討されている様子で、特にトルーマンとスターリン元帥とが東亜政策について折衝しているとの観測が極めて有力である。ポツダム来電によればトルーマンは二十六日午前、国務長官バーンズを帯同。空路フランクフルトに赴き、米軍第八十四歩兵師団ならびに第三十二航空師団を閲兵した上、最高司令アイゼンハワー将軍と会見する予定と伝えられるが、エキスチェンジ・テレグラフ通信社のベルリン電報によれば、トルーマンは英国代表不在の間も会談続行を提案したと言われるぐらいで、米ソ両国代表間には重大な交渉が進められていると見られる」と報道した。これは朝日や日経も同様だが、当然承知しているはずの《ポツダム宣言》についてはまるで触れていない。

　しかし翌二十八日土曜日の朝刊では一転し、各社はそろってポツダム宣言を大きく報じた。宣言そのものは、どの新聞社も同一の内容を掲載しており、抹消されてしまった条文や文言も各社横一線に揃っているのを見れば、東郷外相が閣議合意を得た線に沿う形で当局からニュース・ソースが配布されたことは間違いない。大問題となったのは《政府公式見解は発表しない》という閣議決定がまったく守られなかったことで、その原因が鈴木貫太郎首相にあったから、ポツダム宣言受諾を戦争終結の好機と見ていた外務官僚はがっくりと肩を落とした。特にソ連を援軍と見なしている東郷外相は、ソ連に逃げられてしまうとパニックに陥っている。

鈴木首相は何をしたのか？

首相は軽率にも記者団のぶら下がりに応ずるという形で「ポツダム宣言は二年前に発表されたカイロ宣言の焼き直しで、政府としては重大視してない。黙殺するしかないだろう。我々は戦争完遂に邁進するのみだ」と余計なことを言った。鈴木首相は戦後になって黙殺という自分の口から出た言葉について「私がまったく遺憾とする点である」と言って、「政府は静観、無言、ノー・コメント」で通すと閣議決定していたことを、自分が破ってしまったことに深い反省の弁を残した。

鈴木首相の口から出た《黙殺》の一語はたちまち新聞の紙面に踊り、ごていねいにラジオ放送までされてしまったから、すぐに黙殺は《無視する（ignore)》と英訳され、結果やいかにと全身を耳にしているトルーマンとバーンズのもとにもたらされた。

黙殺ばかり有名になったが、それ以外にも扇情的な見出しが並んでおり、読売新聞は《笑止／帝国政府は問題とせず》とあり、毎日新聞は《自惚れを撃破せん／白昼夢、錯覚を露呈／我等一億、断じて本土決戦に勝ち抜かん》、日経新聞は《飽くまで黙殺／敵の謀略宣伝を一蹴》だった。ここで、《米英重慶、日本降伏の最後条件を声明／政府は黙殺／多分に宣伝と対日威嚇》という大見出しを繰り出した朝日新聞の記事を転載する。

■チューリッヒ二十六日発・同盟通信社／米大統領トルーマン、英首相チャーチルおよび蒋介石は二十五日（原文のママ）、ポツダムより連名にて日本に課すべき降伏の最終条件を放送した。その条件の要旨は次の如くである。

★以下の各条項は我々の課すべき降伏の条件である。我々はこの条件を固守するもので、他に選択の余地はない。我々は今や猶予することはない。

一、世界征服を企てるに至った者の権威と権勢は永久に排除せられること。軍国主義を駆除すること。

一、日本領土中の連合国により指定せられる地点は、我々の目的達成確保のため占領せらるること。

一、カイロ宣言の条項は実施せらるべく日本の主権は本州、北海道、九州、四国および我々の決定すべき小島嶼に限定せられること。

一、日本兵力は完全に武装解除せられること。

一、戦争犯罪人は厳重に裁判せられること。日本政府は日本国民に民主主義的傾向を復活すること。日本政府は言論、宗教、思想の自由、ならびに基本的人権の尊重を確立すべきこと。

一、日本に留保を許さるべき産業は日本の経済を維持し、かつ、物による賠償を支払い得しむるものに限られ、戦争のための再軍備を可能ならしめる如き産業は許さぬこと。この目的のため原料の入手は許されること。世界貿易関係に対する日本の参加はいずれ許される。

一、連合国の占領兵力は以上の目的が達成され、かつ、日本国民の自由に表明せられたる意思に基づく平和的傾向を有する責任政府の樹立を見たる場合は撤退せられること。

一、日本政府は即刻全日本兵力の無条件降伏に署名なし、かつ、適当なる保障をなすこと。然らざるにおいては、直ちに徹底的破壊をなすべきこと。

■政府は黙殺／多分に宣伝と対日威嚇

帝国政府としては米、英、重慶三国の共同声明に関しては何ら重大な価値ある物に非ずとして、これを黙殺すると共に、断固戦争完遂に邁進するのみとの決意をさらに固めている。米、英、重慶三国の共同声明によって敵の意図するところは多分に国内外に対する謀略的意図を含むものと見られ、その主なるものを上げれば、大要次の通りであろう。すなわち、

★自国内に和平希望の要望が擡頭しだしたことを考慮し、これぐらいの条件すら日本が聞かねば、あくまで戦闘を継続する以外はないということを国民の脳裏に叩き込み、戦意昂揚に資せんとしている色彩が濃厚である。

★ドイツに無条件降伏を強要したため犠牲が多く、ために国内においても非難が多かった先例に鑑みて、ある程度の条件を国民に示し、戦争継続の了解を国民より得んとしている点。

★硫黄島、沖縄島における戦闘において米側の出血量が多大であり、今回の条件発表によって日本側がこれを受諾しない以上、戦いを継続する他なく、従ってさらにより大なる出血と犠牲を払わねばならぬことを明らかにし、国民の戦意を継続せしめんとしている点。

★武力の量的に圧倒的に多大なることを呼号し、宣伝的効果を狙うほか、それによって大東亜諸国間の離反を計らんとする謀略を含めている。

★世界制覇の伝統的政策により、武力による一方的条件を日本に押し付け、威嚇的効果を狙っている。

★さらに日本国内の軍民離反を計らんとする謀略をも含めているなど敵の意図するところを注意すべきである。

■外相閣議に報告

米、英、重慶三国の共同声明に関し、東郷外相は二十七日の閣議でこれを報告した。

ポツダム宣言からソ連を外したことは、あとを引いた。バーンズとモロトフの間でポツダム宣言をめぐる悶着があってから三日後（七月二十九日）、ソ連の外相は単身リトル・ホワイトハウスを訪れ、大統領にスターリンの体調不良を伝えており、この時のことがトルーマン回想録に記されている。

「この日は日曜日だったから、私は米軍キャンプ内に特設されたプロテスタント教会の礼拝式に出、それをすませてリトル・ホワイトハウスに戻ると、モロトフ外相と通訳のゴランスキーが待っていた。モロトフはスターリン同志が風邪をひき、主治医が外出を禁じているため、本日の会議には出席できないといった。ついでモロトフは次回の会議で出て来る問題のいくつかについて討議したいといった。私はモロトフの要望に賛成し、バーンズ長官、リーヒー提督、通訳のボーレンを呼んだ」

モロトフが討議したいと言ったテーマはポーランド西部国境問題とドイツの賠償問題だった。大統領は両方ともかなりの譲歩をしたので、モロトフはひどく柔和な顔になったが、話はこれで終わりではなかった。

「一段落したと見て私が席を立とうとした時、モロトフはこれから述べる最後の件をスターリン同志のために受けて欲しいといった。それは、アメリカからソ連に正式の対日参戦要請書を出してもらいたいと言うのだ。モロトフが言うには、この要請書があれば、フラフラと迷走している日本に一大ショックを与え、ポツダム宣言を受諾させるよう日本を導くことができ、戦争期間を短縮し、人命の犠牲を少なくできるだろうとあり、さらにモロトフは、もちろんソ連政府は参戦前に蒋介石との新しい協定を締結する考えだと言った。私はこの一筆書けという要請にびっくりした。そこで私はモロトフに、この件は慎重に検討しな

❖　❖　❖

くてはならないと言うと、このソ連人民委員は今日の討議結果を自分のボスに報告しに帰って行った」
日本がポツダム宣言に《黙殺》という事実上の拒否回答をしてきた今、ソ連に対し日本に戦争をしかけて欲しいという正式要請書を出せ、というモロトフ要請に、大統領は途方もないいかがわしさを感じた。それに、日本は仲介調停の依頼先をソ連一本に絞り、そのために近衛公爵は恥も外聞もかなぐり捨て、ひたすらクレムリンでの談合に賭けており、ここでソ連の言う案に乗ったら、バーンズが書いた日本人モルモット策は頓挫し、はなはだ具合が悪い。そこでトルーマンは個人的な手紙という体裁でスターリンに次の返事を書いた。

この手紙についてリーヒー提督は『私はそこにいた』という自著の中で、「手紙は本会議場で、円卓に座っていたスターリンに大統領から直接手渡されたが、そこにハリー・S・トルーマンのサインはなかった。大統領はソ連が要求した対日参戦への公式要請書にはいっさい触れず、単にスターリンはソ連と国連の協定に従って世界平和の維持に協力すべきだということを述べただけだった」と書いている。なお、くだんのトルーマン回答書簡全文は次の通りとなっている。

「親愛なるスターリン大元帥閣下／一九四三年十月三十日に米英ソ中四カ国の代表者がモスクワで署名した《モスクワ宣言》の第五項は次の通りとなっています。

第五項／米英ソ中四カ国は、国際的な平和と安全を維持する目的達成にあたり、法と秩序の回復が足踏み状態である間、普遍的な安全保障制度が発足するまで互いに協議を重ね、国際社会のために統一行動をとる。また、その見解のもとで米英ソ中四カ国は機会あるごとに国連の他の加盟国に同一歩調を求めていく。

また、過渡期の安全保障を規定した国連憲章・十七章・一〇六条は次の通り。
一〇六条／国連憲章「平和に対する脅威、平和の破壊及び侵略行為に関する行動」において明記された四十二条と四十三条の規定においては、安全保障理事会が実際に活動を開始できるまでの過渡的期間、米英ソ中仏五カ国の当事国は、モスクワ宣言第五項の規定に従って、国際平和および安全維持のために必要な統一行動を他の国際連合加盟国と協議しなければならない。

また、雑則として国連憲章・十六章・一〇三条には次のように書かれています。

一〇三条／他の国際協定の下での当事国としての義務と、国連憲章の下での国際連合加盟国としての義務との間に矛盾がある場合には、国連憲章の下での義務が優先する。

ところで、国連憲章は数日以内に正式にサンフランシスコで批准されます。批准された段階で、ソビエト社会主義共和国連邦とソ連政府の代表は安全保障理事会の常任理事国メンバーになることが決定します。上記、モスクワ宣言の第五項と国連憲章の関連条項をご一読いただければ明らかな通り、私には、ソ連が自分の意思をもってソ連の立ち位置を国際協調に向けることが、ソ連にとって適しているように思えます。すなわち、現在、日本と戦っている他の国連加盟国に協力し前向きな討議に加わり、国際社会の平和と安全を維持するために連携行動を取ることが、私にはソ連にとって適しているように思え、かつ、何の不思議もないものと思います。

敬具／一九四五年七月三十一日」

咲き誇る大量のゼラニウムをびっしりと植えて作った巨大なソ連の赤い星。ツェツィーリエンホーフ宮殿の中庭に立てば、その星が嫌でも目に飛び込んでくる。今日、宮殿の中庭は、プレスの腕章をつけて特別に立ち入りを許された特派員でいっぱいだ。

八月一日水曜日午後三時、定刻となり、中庭の片隅に籐椅子が三つならべられた。ちょうど一週間前、まったく同じ場所で、チャーチル、トルーマン、スターリンがこの籐椅子に座って記念写真を撮影し、そして今日、その同じ籐椅子に座ってイギリスの新首相アトリー、トルーマン、スターリンが撮影された。自覚が足りないと言うべきか、不注意と言うべきか、よりによってこの瞬間、アトリーはひどくいじけた姿で、居心地わるそうに写っている。

さて、七月二十五日第九回本会議をもって中断したポツダム会談は、まる二日間の休会の後、アトリー首相とベビン外相を迎え、二十八日土曜日午後十時三十分から第十回目本会議を始めた。そして翌日、スターリンが体調不良（仮病）となり、またしても二日間の休会。ここでバーンズとモロトフが水面下での交渉を本格化させ、それが会談全体を引っ張る形となって、成果物にあたるポツダム協定の姿が整い、七月三十一日の本会議を経て、本日八月一日、協定書の査読会を迎えることができた。

スターリンは査読の場でもしぶとい。しばしば協定書の文言に不都合があると言い出す。要するに帆待ち稼ぎをちょっとずつ重ね、取り分を少しでも増やそうという魂胆だ。

このスターリン流不規則発言の中には、例えばポーランドの西部国境に関する文言があった。

「査読していて気づいたのですが、バルト海から入った国境線はすぐに《スヴィーネミュンデ市を通って》と書いてある。これではスヴィーネミュンデ市の真ん中を国境線が走るようで紛らわしい。《スヴィーネミュンデ市の西を通って》に改めてもらいたい」と、スターリン。

「西と言ってもいろいろだ。どれほど西にすることを考えておいでか？」と、トルーマン。

これを聞いてウンザリしたのは、国務省特別顧問となってポツダム会談に引っ張り出された法律文書作成の専門家ベンジャミン・コーエン弁護士だった。スターリンが問題にしたスヴィーネミュンデ市はバルト海とシュチェチン湖の境目にある砂嘴（さし）の上に在り、こんな調子で曖昧領域をつぶして行くとなったら、かなり時間がかかる。コーエンは本当に明日帰国できるのかどうか不安になった。

「ちょっと西ですよ」と、スターリン。

疲れが出ていたトルーマンは、それ以上追及せず、相手の言う通り《ちょっと西》を認め、協定文書も《国境線はスヴィーネミュンデ市の西を通って》に変更されたから、このあたりは丸ごとポーランドのものになった。ちなみに、スヴィーネミュンデ市（ドイツ語）は、現在、シフィノウイシチェ市（ポーランド語）になっている。ゴタゴタはこれだけではない。国境線問題のお返しに、トルーマンは内陸部水路の国際的相互利用問題を再提案したが、「絶対に認めない」というスターリンの拒否に遭い、かろうじて外相理事会での継続討議事項に位置づけるという事実上の棚上げに甘んじた。二十一項目と二つの添付書類から成るポツダム協定はニュルンベルク裁判ほかドイツ処分についての規範になったが、それ以外の、例えばスペインのフランコ体制やイタリア国連加盟など、相当部分は今後の協議事項であることを認め合い、新設の外相理事会に丸投げになっている。

コーエン氏がハラハラする中、八月二日木曜日午前零時四十分、スターリン、トルーマン、アトリーの順で協定への署名が終わり、ポツダム会談は十三回の本会議をこなして閉幕した。もっとも、そのあと、挨拶スピーチほかの行事が続き、なかなか散会とはならず、大統領が仮眠をとるため自分のベッドで横になったのは朝の四時。その後、大統領は午前七時十五分にリトル・ホワイトハウスを出、二十五分でガトウ空港に着き、待ち構えていたC-54大統領専用機セイクリド・カウ（聖牛号）に搭乗。午前七時五十五分に離陸し、マグデブルク、カッセル、ブリュッセル上空を飛んで英仏海峡を越え、午前九時四十分、コーンウォール半島のハロービア飛行場に着陸した。大統領一行はそこから十キロ南にあるプリマス軍港のミルベイ・ドック埠頭に向かい、午前十一時二十分、重巡オーガスタに乗艦した。このあと大統領は国王ジョージ六世と面談するため御召艦レナウンを訪問し、歓談の後、午後三時四十九分、アメリカ本国へ向けて出港した。

重巡オーガスタはそれまでの大西洋横断スピード記録を塗り替えるような勢いで航行している。その間、膨大な量の情報が、あらゆる通信網を経由して帰国の途にある大統領にもたらされるだろうが、この時のトルーマンの関心事は、八月三日以降数日以内に投下される原爆の成果と、ソ連政府が日本に対し、いつ、どのような態度に出るかに絞られた。

4　ヒロシマ

■一九四五年七月二十五日／トップ・シークレット
■宛＝第二〇空軍・陸軍戦略航空軍団司令カール・スパーツ将軍
■発＝陸軍参謀総長代理トーマス・ハンディ（コピー配布先はグローヴス将軍）
■本文
①第二〇空軍・五〇九混成航空群は一九四五年八月三日ごろ以降、天候が目視爆撃可能となった段階で、すみやかに最初の特殊爆弾を標的目標、広島、小倉、新潟、長崎のいずれかに投下せよ。
目視爆撃を実行する爆撃機には観測機を随伴させよ。この随伴機に搭乗する陸軍から派遣された軍人と民間人は、この特殊爆弾の爆発効果を観察し記録する任務を負っている。このため観察用随伴機は特殊爆弾の爆発地点から数キロメートルほどの場所を飛行し、陸軍省派遣メンバーが充分に観察できるよう協力せよ。
②二発目の特殊爆弾投下は準備が整いしだい、速やかに実行せよ。二発目以降についての追加命令は、引き続き発行される。
③特殊爆弾を日本本土に投下することについては、いかなる情報についても、それを話し合ってはならず、その行為は合衆国大統領ならびに陸軍長官によって一時的に差し止め

られている。本件に関し、いかなる声明も、いかなる情報ソースも、陸軍省当局の特別認可を受ける前に、現地司令官は記者に発表してはならない。

④ここに命令した事柄は陸軍省長官と陸軍参謀総長の承認のもとに発行されている。スパーツ将軍は、個人的な配慮により、この命令書のコピーをマッカーサー将軍とニミッツ提督に送り、情報の共有化をはかることが望ましい。（電文終了）

❖　❖　❖

トルーマン大統領がポツダム宣言をラジオ放送せよと命じたのは七月二十六日午後九時二十分。そして「原爆を投下せよ」というハンディ参謀総長代理からスパーツ将軍への公式命令書発行はポツダム宣言ラジオ放送前日のことだから、大統領によるポツダム宣言の有無にかかわりなく、歯車はまわり始めていたことを示している。原稿はすべてグローヴス将軍が用意し、事前にバーベルスベルクに居るスティムソン長官とマーシャル参謀総長の査読を受け、ＯＫを得ている。

この命令をうけた上で、グアムの第二〇空軍はトワイニング中将、空軍参謀テーラー大佐、作戦部長モンゴメリー大佐の承認のもとに《野戦命令十三号／八月二日発行》と《野戦命令十七号／八月八日発行》の二通を出した。

非常に意外なことだが、大統領による原爆投下命令はまったく存在しない。強いて、「これがトルーマンによる原爆投下命令だ」と呼べるものがあるとするなら、それは六月六日、暫定委員会と標的委員会の勧告書に承認を与えたこと。そして六月十八日、オリンピック作戦という九州進攻作戦にあたり、原爆の使用をにおわせたこと。この二つしか公式には存在しない。

現在、アメリカの大統領は核兵器使用を命ずるブラックボックスを片時も放さず持ち歩いているという噂まであるほどだと言うのに、広島と長崎のトルーマン無関与には奇妙な違和感を覚えるが、今となっては藪の中。広島と長崎はハンディ参謀総長代理からスパーツ将軍あてのお手軽命令形態ですまされた。また、長崎の名前はスパーツ将軍に宛てたこの命令書で唐突に出現し、当初は標的の候補にも上がっていない。長崎の名前がいきなり現れた理由は、スティムソン長官が「京都はＮＧ」の線を崩さなかったのと、横浜がすでに大空襲の犠牲になっていて、実験モルモットとしての価値が無くなっており、かくして繰り上がりで長崎がリストアップされた。

さて、この命令書に登場する《第二〇空軍・五〇九混成航空群》は原爆を投下するという超極秘任務を遂行するため、一九四四年十二月十七日に新設された。隊長はティベッツ中佐。年齢は三十。その指揮下にある中核が三九三爆撃戦隊で、ここにはシルバー・プレートという特殊仕様のＢ-29が十五機配備された。シルバー・プレートの一つの特徴は、普通なら後尾銃座を含め全部で五つある銃座が、後尾銃座を除き全部取り払われていた点で、これは機体の重量を減らす目的があった。

パンプキン爆弾

シルバー・プレートＢ-29のためにグローヴス将軍が例によって強引に厳選採用した隊員は、原爆のことなどこれっぽっちも知らされずにユタ州ウェンドーバ基地に向かったが、ここで隊員は重量四・七トン、長さ三・三メートル、直径一・五メートルという奇妙な格好の爆弾にお目にかかる。その爆弾は、ずんぐりむっくりの形状もさることながら、赤みがかった鮮やかな黄色に塗装されていたから、隊員はこれに《パンプキン／かぼちゃ》というニックネームをつけ、以後、この名前が公式名称になった。

隊員はぎりぎりまで、これがプルトニウム型原爆ファットマンに何から何まで似せて作った模擬爆弾だとは知らなかったけれども、ともかく、隊員は当時としてはお化けのようなB-29（自重三十二トン、主翼幅四十三メートル、全長三〇メートル）に、砂か何かを詰め込んだ演習用の爆発しないパンプキン爆弾を一個抱え込み、高度九五〇〇メートルからノルデンM-9B型爆撃照準器を使ってこれを標的の上に投下するという目視爆撃の訓練に明け暮れた。それだけではない。この訓練のリーダーとなる機長は、パンプキン投下直後に機体を六〇度傾斜させ、転針角度一五五度の急降下旋回を行ない、その時、機体速度を毎時五八八キロメートルの最大値に急加速して、投下点から全速で遠ざかるという過酷な動作を際限なく繰り返した。失速か機体断裂かというギリギリの線で繰り返されたこの訓練は、核爆発に巻き込まれないよう爆心地から速やかに離脱することが絶対に必要だったからだが、毎回々々、猛烈な慣性力に向き合わされている搭乗員には、「なぜこういうことをするのか？」については最後まで理由が開かされなかった。ちなみに、原爆は爆心地から十六キロ離れた飛行中のB-29に2Gの加速度を与えるだろうと科学者が予測したから、シルバー・プレートは4Gに耐えられるよう改修された。

ウェンドーバでの半年の特訓後、十五機のB-29の内、《トップ・シークレット》《ジャビット三世》《ストレンジ・カーゴ》という機体名の三機が、六月十一日、日本本土爆撃の最前線基地テニアン島へ先陣を切って到着し、そのまま五〇九混成航空群特別区となっているノースフィールド飛行場の格納庫へ納まった。パンプキンの投下訓練はステージを日本本土に移して続けられ、この時、パンプキンの中には、砂ではなく、魚雷や機雷に使用するトルペックス火薬が二八六〇キログラム詰め込まれたから、おそろしく破壊力の強い爆弾になった。

三九三爆撃戦隊による最初のパンプキン・ミッションは七月二十日のことで、この日未明、十機のB-29がぶくぶく太った黄色い爆弾を抱えてテニアン島ノースフィールド飛行場を飛び立った。十機の作戦エリアはそれぞれ違い、《郡山・三機・第一グループ》《福島・二機・第二グループ》《長岡・二機・第三グループ》《富山・三機・第四グループ》となっていたが、悪天候のため全機とも成果不明で帰投した。この中で大問題を起こしたのは、《ストレート・フラッシュ》という機体名をもつB-29で、この爆撃機の機長は絶対禁止を通達されていた皇居に、故意にパンプキンを投下した。しかしこれは目標の吹上御所を大きく外し、東京駅八重洲側の呉服橋に落ち、人的被害死者一名、負傷者六十三名が出た。

七月二十日、十機のB-29が投下したパンプキン爆弾はアメリカ側が標的とした日本曹達富山製鋼所ほかの軍需工場にはかすりもしなかったから、最初のパンプキン・ミッションは大失敗である。ショックを受けた指揮官のティベッツ中佐は以後七月二十四日から八月十四日まで、十二回のパンプキン・ミッションを繰り返し、四十二発のパンプキン爆弾を投下して隊員の技量と練度を上げた。ちなみに、パンプキン・ミッションのみで見れば、日本は死者三三六名、負傷者一一七八名を超す被害を出しており、ミッション最終日は終戦玉音放送前日の八月十四日で、対象標的は愛知県の挙母市にあるトヨタ自動車工業と春日井市にある陸軍造兵廠だった。この時、ボック機長をリーダーとする七機のB-29の内、三機が投下したパンプキンはトヨタ自動車工業・挙母工場を爆破し、特に矢作川と巴川の合流点付近では死者一名を出した。それ以外の人的被害は無い。いっぽう春日井市に向かった四機が投下したパンプキンはすべて目標を外し、杁ケ島町（いりがしまちょう）、王子町（おうじちょう）、上条町（じょうじょうちょう）、鷹来町（たかぎちょう）に落ちて、死者七名、負傷者二名を出した。

❖　❖　❖

八月四日土曜日。この日、テニアン島の滑走路、格納庫、各種管理棟にかまぼこ兵舎、そしてノースフィールド飛行場の外にある密林は真夏の太陽に焼かれ、テニアン島は猛暑のまっただ中にいた。そしてあたりは拍子抜けするほど静まりかえっている。それにしても三日前の八月一日はやかましかった。ポツダム宣言を受け、第二〇空軍は全力を上げて日本に圧力を加えようとし、テニアン島南北両飛行場は保有する戦力を全放出する勢いでB-29の投入を行なった。これで島民は猛暑と爆音で頭がおかしくなったけれども、二日から四日にかけて日本本土が台風の影響下に入り、攻撃は中止。かくしていっときの静寂が戻った。

四日午後四時、ティベッツ隊長(中佐)は野戦命令十三号に基づく原爆投下ブリーフィングを行うため、この作戦に参加するB-29七機の搭乗員六十三名をかまぼこ型小講堂に集合させた。なお、この隊長の乗り込むB-29の機体名がエノラ・ゲイ(Enola Gay)である。そしてこの時、護衛戦闘機のパイロットは一人もブリーフィングに加わっていない。その理由は、すでに日本の体力は尽き、高度九五〇〇メートルを飛行するB-29に立ち向かう日本軍戦闘機は無く、P-51ムスタング戦闘機が出るまでもないとなったからだ。ブリーフィングにやって来たB-29搭乗員はいつものように搭乗機ごとにグループを作って固いベンチに座り、一服している。正面には演壇。その横に白い布で覆われた黒板がある。この他に映写器とスクリーンが用意されているからには、何かの映画を見せようというわけだろう。すべての窓は厚手のカーテンで閉じられ、屋外のカンカン照りはシャット・アウトされていたから電灯の明かりがなければ何かに躓(つまず)いたに違いない。天井では大型扇風機がだるそうに回転し、搭乗員たちはどこかで聞き込んで来た愚にもつかない噂に、即興の作り話を加え、そのおしゃべりがいたるところで始まって、非常に騒がしい。これから命じられる決して楽ではない任務への不安をいっときでも和らげようという生活の知恵である。

ティベッツ隊長は指し棒をコンコンと叩き、さあ始めるぞという合図を送ると、騒々しい荒唐無稽のヨタ話はぴたりとおさまり、全員が隊長を凝視した。

ティベッツは、「これから私が述べることは、私がいいと言うまで部外者にしゃべってはいけない。ここに居ない他の搭乗員にも漏らしてはいけない。これは陸軍省当局直々のお達しだ」と言ってすぐに隊長は後悔した。黙っていろと言われると口がむずむずし、しゃべらずにはおれない連中がごまんといる。搭乗員は多かれ少なかれしゃべりたい病にかかっており、また、不思議な第六感でこの手の話を嗅ぎ付け、聞きだすまでは離れないぞ、というダニみたいな男もいるのだ。

次に隊長は、これは世界初の原爆投下命令だということは伏せ、「標的は《広島》で、投下する特殊爆弾はパンプキン訓練で使用したファットマン型爆弾ではなく、リトルボーイ型爆弾である」と言って、黒板に掛かっていた布を取り払い、広島、小倉、長崎の大型市街地図と、テニアン基地から硫黄島を経て日本本土に至る航路が書かれた地図を目の前に広げた。

広島に落とされる特殊爆弾とはリトルボーイ（ちび助）というあだ名が付けられたウラン型原爆のことで、重量四・四トン、長さ三・〇メートル、直径〇・七メートル。どちらかと言えば従来型爆弾の形状をしている。いっぽう、三九三爆撃戦隊の隊員がさんざん手こずらされたパンプキン爆弾の御本体はプルトニウム型原爆で、あだ名はファットマン（でぶ）。リトルボーイは一発こっきりで生産中止となったが、ファットマンは量産型であり、そのゆえに、三九三爆撃戦隊はパンプキン爆弾で訓練を繰り返したのだ。

さて、隊長はひと通りの動機付けスピーチを終えると、テニアンから硫黄島上空を経て標的目標に至る飛行経路を示し、次に広島市街地図を指し棒で示し、「特殊爆弾投下はノルデンを使った目視爆撃が絶対命令であり、レーダー追跡による爆撃は許されていない。気象観測班の報告によると、日本はこの数日間、台風の影響を受け、厚い雲がかかっているが、最も新しい気象予測では、明日の深夜から天気は急速に回復し、八月六日早朝からここと同じように雲一つ無い青空が広がるという。よって爆撃は六日午前中だ。作戦開始までの時間はすでに三十五時間を切っている」と言い、ノルデンM-9B型爆撃照準器を扱わせたらピカ一というエノラ・ゲイの爆撃手に目を向け、頼りにしてるぞという顔をした。

隊長は次に、「リトルボーイは広島の相生橋へ投下する」と強い口調で言った後、エノラ・ゲイと共に作戦行動をとる他六機のミッションを告知した。

①スウィーニー機長のグレート・アーティストは、エノラ・ゲイと共に広島へ突入し、科学者たちの計測調査に協力する。

②マーカード機長のネセサリー・イーヴルは、エノラ・ゲイと共に広島へ突入し、科学者たちの写真撮影に協力する。

③イーザリ機長のストレート・フラッシュは先行出撃し、広島市内の天候確認を実行する。

④ウィルソン機長のジャビット三世は、同じく先行出撃し、小倉市内の天候確認を実行する。

⑤タイラー機長のフル・ハウスは、同じく先行出撃し、長崎市内の天候確認を実行する。

⑥マクナイト機長のトップ・シークレットは先行出撃し、硫黄島基地で待機する。

「標的目標の《広島》が天候急変で目視爆撃が不可能となった場合、エノラ・ゲイ、グレート・アーティスト、ネセサリー・イーヴルの三機は、小倉、ないし長崎に転進する。小倉と長崎の天候調査はそのためのものだ。また、マクナイト機長のトップ・シークレットが硫黄島基地で待機するのは、エノラ・ゲイに突発障害が発生した時の用意であり、もしもそういうことになったなら、トップ・シークレットに乗り換え、作戦を継続する。なお、エノラ・ゲイからトップ・シークレットへの爆装交換のための必要機材と専門要員はすでに硫黄島に入り、準備を完了した」

隊長は各機の任務を一気に述べると、次に、広島へ一緒に飛ぶ十人の部外者を紹介した。

「こちらは特別搭乗員で、ルイス・アルヴァレス博士、ハロルド・アグニュー博士、ローレンス・ジョンストン博士。この人たちはいずれも物理学教授で、スウィーニー機長のB-29に搭乗する。同じく物理学教授のバーナード・ウォールドマン博士と二人の助手。こちらはマーカード機長のB-29に搭乗し、写真撮影を担当する。なお、エノラ・ゲイの後尾銃撃手キャロンもフェアチャイルド社製K-20で写真撮影を行なう。それから、こちらはイギリス人特別搭乗員ジェフリー・チェシャー氏とウィリアム・ペニー博士」

この時、イギリス人特別搭乗員の搭乗機を隊長が指定しなかったのは、この二人を次の特殊爆弾投下時に先送りしたからで、事実、八月九日の爆撃時に、イギリス人二名はホプキンス機長のビッグ・スティンクに搭乗している。

さて、ティベッツ中佐は、最後に二人の特別搭乗員を紹介した。

「こちらはウィリアム・パーソンズ海軍大佐。そして隣はジェプソン助手で、この二人はエノラ・ゲイに搭乗する。ところで、私からパーソンズ大佐にお願いし、快諾してもらったことがある。今回、広島に投下する特殊爆弾は、その威力で戦争終結を驚異的に早め、そのおかげをもって数十個師団に相当する味方の命を救うことができる。私はそのことをここにいるすべての搭乗員に理解してもらい、我々は最高に意義ある任務に就くという意識を共有したいと思っている。そこでこの爆弾の威力だが、これをすべての搭乗員に、完璧に理解させられる人は、大佐を置いて他にはいない」

パーソンズ海軍大佐

そう言って隊長は少し近寄りがたいオーラを放っている海軍軍人を演壇に迎え、特殊爆弾についての説明を求めた。

ティベッツ隊長より十三歳年上のパーソンズは、自分は特殊爆弾の点火装置設定を担当する人間であり、横にいる若者は電気回路制御を担当するジェプソン助手であることをお披露目した後、いとも穏やかな、ゆっくりした口調でこれから広島に落とす特殊爆弾がどういうものであるかを実にストレートな言葉で語った。

「戦争の歴史において、今回、あなたたちが広島に投下する爆弾は正真正銘、まさしく前代未聞です。その破壊力はとうていこの世の物とは思えません。投下点五キロメートル四方にあるすべての物は高熱で蒸発し、それより外にあるものは途方もない爆風で吹き飛ばされます」

搭乗員は誰もが信じられないという顔であっけに取られていたが、映写の用意ができたという助手の合図を見て、大佐は「これからご覧いただく記録映画は特殊爆弾の爆発実験映像です。この映画は爆心地により近い場所で撮影されているため、比較的はっきりとその様子が写っています。しかし私はこの実験をアルバカーキの飛行場から飛び立ったB-29の中から見ていましたが、実際の爆発はこんなものではありません。ともあれ、この記録映画を観ましょう。私の話はそれが終わってから続けます」

映画が終了した時、搭乗員すべてが驚き、凍りついた。誰も押し黙り、身じろぎする気配もなく、巻き取られて役目を終えたフィルムがリールの中でカラカラとやたら大きな音をたてている。

「これは所詮、音の無い記録映画の映像なので、実際、私が目の当たりにしたものとは、比較になりません。が、威力の一端はこれをご覧になって想像がついたのではないかと思います。映像の通り、異様に膨れ上がった大火球が数秒間あそこにあり、次の瞬間、大爆発を起こし、想像を絶する巨大なキノコ雲が渦を巻いて急上昇しました。爆発の閃光は二九〇キロメートル離れたところでも観測され、爆発音は一六〇キロメートルの場所にまで届きました。

この爆弾が破裂した時の光量は太陽一〇個分。発熱量は太陽表面温度の一万倍。爆発規模はTNT火薬二万トン以上で、これと同じことを通常爆弾で引き起こすにはB-29が二〇〇〇機必要になります」

パーソンズはそう言った後、ジョージア・グリーンという全盲の少女に起きたエピソードを語った。ニューメキシコ州ソコロ在住のこの少女は、義兄の運転する車で夜明け前のハイウェイ八十五号線をアルバカーキに向かって走っていた。車がソコロ北方十三キロにあるレミターの町を抜けた時、すさまじい閃光があたりを照らし、その時、ジョージアは義兄の腕をつかんで「あれはなに？」と言った。「ピアノのレッスンを受けるためアルバカーキに向かっていたこの少女の話はサンタフェ・ニューメキシカン紙にも取り上げられた出来事です。閃光に襲われたレミターは爆発実験場から八〇キロ北。つまり実験場は車の背後にあったのです。もしも車が南のサン・アントニオに向かっていたら運転手は目をやられ、間違いなく大事故を起こしていたでしょう。閃光の物凄さはこの事例が余すことなく物語っています。広島に突入するエノラ・ゲイ、グレート・アーティスト、ネセサリー・イーヴルの搭乗員諸君は、決してこの爆発を裸眼で直接見てはいけません。特に後尾銃座を受け持つ銃撃手は眼球保護用ゴーグルを装着しなければ完全に失明します」と言って、アメリカン・オプティカル社が特別に開発したゴーグルを搭乗員全員に配った。

パーソンズは、この爆発が原子力によるものだという事実には言及しなかったし、キノコ雲の正体が危険この上ない放射性物質の塊だとも言わなかった。しかし彼は、このキノコ雲が爆発五分後にはB-29が飛行する九五〇〇メートルを越え、一万三〇〇〇メートルに達すると言い、「絶対にその雲の中を飛んではいけないし、できるだけ速やかに遠ざからねばならない」と警告した。そこまで語り終えると、パーソンズは「質問に答えることは禁じられている」とことわりを入れて演壇を降りた。

ところでパーソンズ大佐は翌五日、《グラヴル・ジェティー》という機体名のB-29が離陸に失敗し、大破炎上する光景を目撃した。もちろん搭乗員は全員道づれである。しかも同じ日に、テニアン島のサウスフィールド飛行場へ無傷で帰投した《リード姉ちゃん》というB-29が今度は着陸に失敗して、無惨な姿になった。聞けば、《ランブリング・ロスコ》、《クィーン・キャシー》など、離陸失敗は数知れずだというからパーソンズは身震いした。

――エノラ・ゲイが離陸に失敗したら……！

ウラン型原爆リトル・ボーイは大爆発を起し、テニアン島は消え失せるかも知れない。

そこまでは行かないとしても、すべては放射能に汚染され、テニアン島の空軍基地は放棄せざるを得ないだろう。大佐は即座にエノラ・ゲイの爆弾倉に飛び込み、リトルボーイ本体の発火部を何本かの特殊レンチを使って慎重に開けると、起爆装置とそれに繋がっている中性子発生装置をおそろしく複雑な手順に従って《オフ》にし、かつ、起爆装置の中にある四包のコルダイト発火爆薬を取り外した。

❖　❖　❖

八月五日日曜日午後十時。広島爆撃直前のブリーフィングが実施された。西日本の天気は良好。予報を外すことにかけては天下一品の気象班も今度ばかりは自信ありげで、発言する言葉に力がこもっている。

このあと、隊長のティベッツが引きとった。

「天候調査と硫黄島待機が任務のイーザリ機長、ウィルソン機長、タイラー機長、マクナイト機長は六日午前一時四十分以降二分間隔で出撃。

同六日午前二時四十五分、ティベッツ機出撃。以降二分間隔でスウィーニー機とマーカード機出撃。

広島突入の三機はおおむね午前六時に硫黄島上空で合流。天候調査機の暗号受信を待って行動を開始する。なお、予定通り作戦継続の場合、硫黄島上空から広島上空に達するまでの間、無線傍受回避のため、相互間の無線通信を禁止する。また、燃料節約のため硫黄島までは飛行高度二四〇〇メートル。そこから徐々に九五〇〇メートルまで上昇して広島上空に至り、相生橋めがけてピンポイント爆撃を敢行する。

最後に非常に重要な指令を伝達する。テニアン基地から、平文で《ディンプル／えくぼ》という音声無線通信とモールス符号通信があった場合には、即刻作戦を中止し、帰投する」

そこまで言った後、ティベッツは「今回の作戦は膨大な数の味方の命を救う。こういう任務を遂行するにあたり、諸君らと組めたことは誇りであるし、自分はそのことを名誉に思っている」と語りかけ、次に情報将校を呼ぶと、全員の時刻合わせに入り、情報将校の合図ですべての時計は午後十一時三〇分ちょうどに合わせられた。これが済むと、隊長は五〇九航空群の食堂になっている《ドッグパッチ・イン》でパンケーキを頬張った後、全員を連れて祈祷所の扉を開け、ダウニー従軍牧師に向かって、自分たち搭乗員のために祈りを捧げて欲しいと言った。すると牧師は祭壇に向かって立ち上がり、澄んだ、張りのある声で、「全能の父なる神よ、ここに集い、あなたを愛する諸人の祈りをお聞きくださる神よ、」と祈祷をはじめた。

「あなたが天の高みも恐れず命じられた飛行任務に就く兵士たちと共に在ることを私たちは祈り、あなたがここにいる兵士たちをお守りくださることを私たちは祈ります。私たちは、兵士たちが私たちと同じく、あなたの御業（みわざ）を知り、あなたの強きお力を糧（かて）に私たちの敵と戦い続けることを祈り、あなたのご加護によって、今夜、飛行する兵士たちが無事に私たちのところへ帰って来ますよう祈ります。そして、戦争が速やかに終わり、もう一度、この地上に平和が訪れますよう、あなたに祈ります。私たちはあなたを信じ、今も、またこれから先も、永遠にあなたのご加護を受けながら前へ進みます。イエス・キリストの御名によって、アーメン」

ダウニー従軍牧師

ティベッツ以下全搭乗員はこうべを垂れ、いとも敬虔な気持ちになって、出撃準備棟へ向かった。ところで、ティベッツ隊長が懸念した通り、若年搭乗員たちの多くは口が軽く、油紙に火がついたような調子で《特殊爆弾》のことをしゃべったから、この時、テニアン島では秘密厳守を命じたワシントンのお偉方が腰を抜かすようなことになっていた。つまりティベッツ以下が出撃する真夜中のテニアン島滑走路には移動式の発電機がずらりと並び、いつの間にか無数の舞台照明用ライト、ローション用アークライト、はてはサーチライトまで引っ張り出して、エノラ・ゲイほか六機のB-29とその搭乗員を照らし、新聞記者とカメラ・マンはインタビュー記事とスチール写真をモノにするため、憑かれたように走り回っていたのだ。

先行四機のB-29が出撃したのは八月六日月曜日午前一時四十分。

エノラ・ゲイと二機の随伴B-29は計画通り午前二時四十五分に出撃するだろう。

昨日夕方、リトルボーイの起爆装置を《オフ》にしたパーソンズ大佐は、エノラ・ゲイが広島を目指して離陸した十五分後、ジェプソン助手をともなって爆弾倉へもぐり込み、再び複雑な手順を追って短く切ったパスタもどきのコルダイト発火爆薬を直接自分の手で起爆装置に挿入。リトル・ボーイを《オン》の状態にした。そしてエノラ・ゲイが広島上空に到達する一時間四十五分前、すなわち日本時間六時三〇分、今度はジェプソン助手がリトル・ボーイに取りつけられた三個の緑色プラグを抜き取り、赤色プラグを差し込んだ。プラグは車のダッシュボード横についているシガレット・ライターとまったく同じ形をしており、緑を赤に差し替えることによって、《アーチン／urchin／悪ガキ》なるニック・ネームがついた中性子発生装置はその時が来るのを待つ状態になった。

四国が目前に迫った時、ティベッツ隊長は通信士に「そろそろ広島の結果が来るぞ」と声をかけた。天候調査を任務とするB-29三機はおのおの広島、小倉、長崎の天候を調べ、その結果をテニアン基地にむけて発信する。しかしそれは偽装であって、真の目的は発信内容をエノラ・ゲイに傍受させ、広島に突入するか否か、それとも他の標的に転進するか否かを決めさせようとしているのだ。すでに隊長は「小倉は不可」「長崎は可」を知らされている。できれば、まだ調査結果が届いていない広島に向かったB-29から良い返事をもらい、このまま第一目標へ行きたいところだ。

その直後、通信士が甲高い声をあげた。

「来ました！　暗号末尾コードはC-1。第一目標・爆撃可です」

「了解。全文を解読し、報告せよ」

通信士は暗電を平文に直し、それを伝達ボードに挟んで隊長に渡した。

「低空と中空の雲量2／高度四五七〇メートルの雲量2／すべての高度で雲量3未満／勧告・第一目標の爆撃は可」

ティベッツはインターコムのスイッチを入れると「広島に向かう」と言った。時刻はテニアン時間でちょうど午前八時三十分。これは日本時間で午前七時三十分にあたり、広島市民は朝餉のちゃぶ台に向かっているころだ。

四国にあるレーダー基地からの観測波はエノラ・ゲイを含む三機のB-29を間違いなく捉えていたが、迎撃戦闘機が飛び出してくる気配はなく、高射砲は沈黙したままだった。ティベッツはC-1オートパイロットを手動に切り替え、室戸岬を八時の方向に見つつ、みずからの操縦で徳島県・牟岐大島(むぎおおしま)の上空を飛び、深い緑の四国山地を越え、香川県・荘内半島三崎端を抜けて備後灘に出た。そこから向島と因島の間にある布刈(めかり)の瀬戸を通り、広島県・三原市を抜け、爆撃始点の東広島市・二神山上空にいたった。この時、高度は九五〇〇メートル。十二時方向の天空は亜成層圏特有の信じがたい藍色をしている。そして目を下界に向ければ、所々に散らばる層積雲の間から広島の街がはっきり見えた。コックピット後方の窓から市内を見おろした搭乗員の一人は「広島の道は複雑な格子縞模様をしており、手のひらを広げたような六本の川に挟まれて、ごちゃごちゃと雑多な感じだった」という感想を述べている。しかしこの地は、芸州浅野四十二万石の殿様が代々手塩にかけて育て上げた大きく伸びやかな城下町であり、よって、道の形状はよしもない。

鯉城防御という特殊事情によって形成されている。そういうことはアメリカ人搭乗員の誰一人として知るよしもない。

標的の相生橋は太田川と元安川が分岐する場所に掛けられたT字型の橋で、これは爆撃始点から西二十五キロメートルの地にあり、毎時五四〇キロで飛ぶB-29なら三分弱で到達する距離だった。すでに原爆の発火ヒューズは緑色から赤色に手動交換され、爆弾監視盤の表示ランプはすべて異常なし。ちかちか点滅するような妙な動きはまったくしていない。リトルボーイはいつでも投下できる状態だった。

今日で六十四回目の爆撃任務となる伝説の爆撃手トマス・フィアビー少佐はコックピット最先端にあるノルデン照準器の前に座って、接眼レンズに目を落とし、望遠鏡の下にある調節ノブを右手の指先でゆっくりとまわしている。この照準器もアメリカ技術陣の残した大きな成果であって、強力な広角望遠レンズ上に現れた対象物をズームアップする操作は言うまでもなく、風向、風量、湿度ほかのデータから爆撃に必要な偏向係数を割り出してしまうという優れものだったが、それ以外にもなるほどと感心する仕掛けがあった。それは飛行機本体の操縦とノルデン照準器の操作を連動させたことであり、短時間の操縦なら照準器のノブをいじるだけで充分いけたからだ。こういう高機能照準器なら誰にでも爆撃手はつとまりそうなものだが、そうは行かない。対空砲火の至近距離爆発、あるいはちょっとした乱気流のいたずらで投下タイミングを逸し、敵の餌食になった爆撃機は数知れずだから、ティベッツがフィアビー爆撃手をまるで魔術師だと絶賛するのも無理はない。

爆撃までの時間はすでに三分を切った。少佐が見つめるレンズの十字線の下に三十五万人の市民が暮らす広島の街が流れて行く。湾、そして港。川にそって連なる倉屋敷の真っ白な壁。広島の大通りは通勤で先を急ぐ人々の群れが行き交う。そこにイガグリ頭の少年が飛び出した。その後ろで乳呑み児を背負った女房が走っている。亭主が忘れた弁当を渡そうとしているのだ。道の片側では勤労動員の女学生が列を組んで歩いている。道の反対側には仕事にありつこうと列の割り込みをはかる紋々自慢の沖仲仕がいる。柳の葉がそよぐ前を市電がゆっくりとやって来て、止まり、乗客を吐き出し、そしてまた吸い込む。広島はいつもと変わらぬ一日を始めようとしているところだ。

「転針！　左へ八度」

投弾角度を確定したフィアビー爆撃手は新しい機首方位を機長に告げた。機長が指定された角度に向けて機体を傾けると、照準器の十字線を広島城の大天守がかすめ、そして、その直後、標的となった相生橋のT字型が現れた。

「橋が見えた。標的まできっかり十六キロメートル！」

午前九時十三分三十二秒（日本時間午前八時十三分三十二秒／爆弾投下九十秒前）、ティベッツ隊長は操縦輪から手を放し、エノラ・ゲイの操縦をフィアビー爆撃手に委ねた。

「まかせたぞ！」

「了解！」

隊長と爆撃手の短い会話はインターコムを通じて全搭乗員が耳にした。相生橋は照準器の十字線の真ん中に来ようとしている。

九時十四分十二秒、エノラ・ゲイ唯一の対空火器となっている二〇ミリ最後尾機関砲を任された銃撃手ジョージ・キャロンは機銃の引き金に手をかけて油断なく後方索敵を続けていたが、敵機は一機も現れず、今も、左右後方に仲間のB-29が二機飛んでいるのみで、敵影はまったく無く、防弾ガラスの下に府中町の森林が現れ、後方に流れ去り、そのむこうに、はぐれてしまったような層積雲が漂っている。隊長がインターコムを通じて「ゴーグルをかけろ」と命ずる声を聞いたのはこの時で、銃撃手は引き金から手を離し、すぐにゴーグルをかけ、ヘッドストラップの位置を確認すると、K-20型カメラの拳銃型シャッター握りを持って見構えた。

九時十四分三十二秒。朝日で気温が上昇し、それがもとで起こるサーマル気流に出くわし、エノラ・ゲイは激しく飛び跳ねた。爆弾監視操作盤の前でひざまずき、すべての計器が正常でいてくれと念力をかけているようなジェプソン助手が、失神したかと心配になるほど表情をこわばらせたのはこの時だった。

九時十五分〇二秒（日本時間午前八時十五分〇二秒）、低いピピという連続音が電波に乗ってヘッドフォンを直撃し、搭乗員の誰もがその音を聞いた。この連続音はエノラ・ゲイに随伴するB-29二機も、また、地上の日本軍レーダー観測員も耳にしたけれど、こればかりはアメリカ人搭乗員でなければこの連続音の意味はわからない。これはフィアビー爆撃手が原爆投下スイッチを押したシグナルであり、この連続音は十五秒後に消え、それと同時にリトルボーイはエノラ・ゲイの胎(はら)から出て切り離され、落下を始める。だからB-29三機は連続音が消えたその瞬間、主翼を六〇度傾け、エンジン・フルスロットルで一五五度転針のための急降下旋回を行ない、毎時五八八キロメートルという最大速度で爆心地からの離脱をはからねばならないのだ。

予定通り、十五秒後に低い連続音が消え、黒ずんだタングステン鋼で表面仕上げされた四・四トンのリトルボーイが爆弾倉から高度九五〇〇メートルの空中へ飛び出した。「この瞬間、エノラ・ゲイは何かに蹴飛ばされたように数十メートル上昇した。爆弾投下時間は午前九時十五分十七秒」と、航法士は記録に残しており、この瞬間からジェプソン助手は秒読みを始めている。

これ以降、時間表記は日本時間を使う。

爆発（ゼロ・アワー）まで四十五秒前。空中に放出されたリトルボーイは、しばらくためらうように爆弾倉の中にあったままの姿でいたが、やがて鼻先を下には向け、落下を始めた。この瞬間からジェプソン助手は秒読みを始めている。

爆発四十秒前（八時十五分二十二秒）、ティベッツはゴーグルを床に投げ捨てた。計器がまったく読めなかったからだ。ゴーグル無しでは発生する猛烈な閃光で失明すると警告されていたが、その閃光は背後から襲ってくるものであり、何とかしのげるだろうと見切ったゴーグル無しの隊長は、リトルボーイの放出が終わるや否や、機首を右方向、東区・牛田本町の上空に振って急旋回に入った。

爆発三十八秒前（八時十五分二十四秒）、リトルボーイの中に装着された通常ぜんまい式八個のタイマーが《オン》になり、点火システムの第一段階がスタートした。これで落下するリトルボーイの高度が二一〇〇メートルになった時、気圧反応スイッチが《オン》になり、点火システムは次の段階に移る。

爆発二十九秒前（八時十五分三十三秒）、リトルボーイは高度二一〇〇メートルになり、気圧反応スイッチが電源回路をすべて《オン》にした。すると、起爆装置ならびに、それに繋がっている各種デバイスに信号が送られ、点火システムは次の段階に入った。リトルボーイは甲高い絶叫をあげ、猛烈な速度で落下している。

爆発九秒前（八時十五分五十三秒）、起爆装置は異常なく作動。このとき八木アンテナはマイクロ波を地上に放射し、跳ね返った信号を確実に受け取って起爆装置にリトルボーイの高度情報を送り続けている。

爆発三秒前（八時十五分五十九秒）、リトルボーイの高度が六〇〇メートルになった時、点火システムは最終段階に至り、起爆装置は三個の赤色プラグをキックし、コルダイト発火爆薬を点火した。コルダイトは弾丸に相当する高濃縮ウラン塊の撃針を叩く。叩かれたウランの塊は音速を越えるスピードでリトルボーイの先端に置かれた合体相手の高濃縮ウラン塊に突入。同時に中性子発生装置(アーチン)を全開状態にした。リトルボーイの爆発高度を五八〇メートルに設定したのはハンガリーのユダヤ人物理学者フォン・ノイマンの「その高度で爆発させれば最大の殺戮効果が生まれる」という勧告に従っている。

ゼロ・アワー（八時十六分〇二秒）、二つのウランの塊は合体。同時にアーチンは無数の中性子を吐き出し、たちまち何十億もの中性子が核分裂を起こし、とめどない連鎖反応が開始されて、ついに制御不能の核分裂エネルギーの暴走がおきた。

　爆弾投下後、フィアビー少佐はすぐにゴーグルをかけ、爆心地に背をむけて急降下反転で生ずる猛烈なGに耐えていたが、次の瞬間、真っ向から強力なフラッシュをたかれたような具合になって目がかすみ、数秒間、機内はこの世のものとは思われぬ光に満たされているのを見て茫然とした。

　ティベッツ隊長は、爆発の瞬間、空が白く、太陽よりもまぶしく輝いたのを見て本能的に目をつぶったが、脳の奥まで光に満たされたような感覚になった。次の瞬間、激しい衝撃波がやって来て口から内臓が出るかと思うほど揺さぶられ、かろうじて機体を水平に保った。この直後、隊長は歯がうずくような妙な感覚にとらわれ、鉛の味が広がったことをテニアンに帰投して軍医に報告した。後にこれは、歯の詰め物が原子力の放射エネルギーに反応していたと判明した。

　最後尾機関砲銃座にいたキャロン銃撃手はインターコムを通して恐怖の叫び声をあげた。キャロンはゴーグルをかけていたにも関わらず、突然、猛烈な閃光を浴び、その光は目を突き刺した。次に銃撃手は爆心地からドーナツ状の輪が突進して来るのを見て、ひどく取り乱し、叫んでしまった。これがインターコムを通して搭乗員全員が聞いたキャロンの絶叫である。ドーナツ状の輪は同心円状に重なり合った超高温の空気の輪で、エノラ・ゲイは最大速力で急旋回し、危険ゾーンを抜けたから、大惨事にはならずにすんだが、もう少し爆発までの時間が早まっていたら、機体に搭載したハイ・オクタン・ガソリンに火が付き、燃え上がっていただろう。ともあれ、エノラ・ゲイは火達磨(ひだるま)にはならなかったが、衝撃波という巨人に蹴飛ばされ、急降下旋回の最中、上空でもみくちゃにされた。

　キャロン銃撃手が「また来たぞ！」と叫んだ。これは最初の衝撃波が地面にぶつかって跳ね返って来た二回目の衝撃波であり、エノラ・ゲイは再び高い空の上で翻弄され、そして突然、衝撃波をやり過ごして機体は安定した。

キャロン銃撃手はようやく安堵し、最後尾銃座の防弾ガラスの外側に広がる光景を見ようという気になってゴーグルを外し、裸眼で景色を眺めて肝をつぶした。広島は黒に近い暗褐色に変わり、街は影も形もなく、市の周辺部は一面火の海と化している。広島は煮えたぎり、そこからはテニアン基地で見た爆発実験の映画などモノの数でないと思われるようなキノコ雲が吹き上がって、一分間に十五キロメートルの速度で上昇を続けている。雲は、つい先ほどまで自分たちが飛行していた亜成層圏を遥かに越え、そこから横方向に拡散を始めた。キャロン銃撃手はキノコ雲の強烈な姿を七枚、写真におさめている。結局、写真撮影を任務としたB-29（機体名ネセサリー・イーヴル）の写真は映画フィルムを含め、すべてハレーションを起こしていたから、キャロン銃撃手の撮った七枚が唯一の公式記録となった。

フィアビー爆撃手は標的の相生橋をわずかに外し、おかげでリトルボーイは橋の南東一〇メートルにある広島県産業奨励館のドーム型建造物をそれ、そこからさらに南東一六〇メートルにある島薫病院（広島市細工町二十九番地／現在の中区大手町一丁目）の上空五八〇メートルで炸裂した。この直前、山陽本線広島駅付近にあった広島放送局では、古田正信アナウンサーが軍当局から回されて来た「敵大型三機、西条上空を西進しつつあり、厳重な警戒を要す」という原稿を持ってスタジオに駆け込み、マイクの前で「敵大型三機、西条上空を……」と読み進んで、止んだ。爆心地まで一・六キロほどの放送局は爆風と業火で一寸にして消滅した。

リトルボーイ一発の破壊力は十五キロトンで、これは一九四五年二月のドレスデン大空襲で使用した爆弾総量の五倍強だったと言われている。しかしリトルボーイは欠陥品で過早核爆発（pre-detonation）を起こし、何割かの高濃縮ウランは無反応のまま、広島の土中に染み込んでしまった。

いずれにしても核兵器は人類始まって以来の邪悪なしろものだったから、その手にかかれば、人は、それが天才であろうとそうでなかろうと、老若男女見境なしに犠牲となり、野生の動植物も、文化財も、一般家屋も、そして塵埃汚物であれ何であれ、瞬時に蒸発し、灰となって飛び散った。被爆後遺症とは別に、忘れてならないことが一つある。過早核爆発を起こしたリトルボーイは、大量の人々を石の壁に影として焼き付けただけで終わらず、激しい火傷をおって、幽鬼のような姿で助けを求めてさまよう人々の苦痛をむごたらしく長引かせたのだ。

エノラ・ゲイほか随伴B-29二機は、爆発に巻き込まれはしなかったが、明らかに被曝し、東区・牛田、東区・同温品(ぬくしな)上空を通り、東広島市を抜けて竹原市から燧灘(ひうちなだ)へ飛行。さらに愛媛県・伊予三島上空を飛び、高知県・奈半利町(なはりちょう)から太平洋に出て、離脱を完了した。爆心地からの離脱に要した時間はおおむね三十五分。ちなみに、侵入に要した時間は四十六分だった。

爆発から三分後、竹原市上空を飛行中のエノラ・ゲイは「任務達成した」という第一報をテニアン基地に発信した。それから十四分後(テニアン時間で午前九時三十三分)、パーソンズ大佐から少し長めの電文が届いた。

「すべての点で大成功。目に見える効果はトリニティ実験よりも大。標的はヒロシマ。機内に異常なし。ただ今より帰投する」

5　満州とナガサキ

大統領は、二十六・五ノット(毎時四十九キロメートル)で進む重巡オーガスタの水兵食堂で乗組員と一緒に昼食を取るところだった。時間は八月六日正午(日本時間八月七日午前一時)、天気は晴朗。右手前方、北東一四〇キロには非常に細長い二十九夜月のようなカナダ領セーブル島が見え、そこからさらに一八〇キロかなたにはノヴァスコシア島がある。

大統領が大食堂に着席し、前菜が供されようとしている時、ワシントンからの電報を手にしたマップルーム主任グラハム大佐が水兵をかき分けてあわただしく駆け込んで来て、すぐにこれを大統領に渡した。

電報には次のように記されている。

「陸軍長官より大統領宛／ワシントン時間八月五日午後七時十五分。広島に特殊爆弾を投下。大成功の報告。先の実験を遥かに上回る成果」

ワシントン時間八月五日午後七時十五分は日本時間六日午前八時十五分のことで、これはリトルボーイをエノラ・ゲイから解き放った時間を指していた。大統領はこの知らせを読むと、飛び跳ねるように椅子から立ち上がり、それから注意を喚起するためにフォークで飲み物の入ったグラスを景気よく叩き、「諸君に伝えたいことがある。歴史始まって以来、最大のことが起きた。アメリカ空軍は一発でＴＮＴ火薬二万トンを越える破壊力を持った特殊爆弾を日本に投下し、大成功を収めた！　さあ、急いで帰国しよう」と大声をあげた。

大統領は昼食などほっぽりだして、電報を握りしめたまま、今度は士官食堂に突進した。この時の様子をＵＰ電特派員メリマン・スミスが次のように書いている。

「昼メシをかき込んでいる士官連中は突然の大統領の乱入に驚いたが、すぐ反射的に立ち上がって気を付けの姿勢を取った。

『やったぞ！（We won the gamble!）』

これが大統領の第一声だった。そして、『着席したままでいい。聞いてもらいたい。発表することがある。我々はＴＮＴ火薬二万トンという特殊爆弾を日本に投下した。大成功だ。戦争はすぐに終わるぞ！』

と言った。大統領は声を上げて大笑いしていたわけではないが、明らかに興奮し、心の底から笑いたい様子だった」

帰国したトルーマン大統領がバージニア州ニューポート・ニューズ軍港六号埠頭に降り立ったのは八月七日午後四時五十四分で、ホワイトハウスに戻ったのはそれから六時間後の午後十一時だった。

ところで、アメリカの報道各社は政府当局から「八月六日午前十一時に重大発表あり」と通達された。この《重大発表》はしばしば出され、たいてい重大の名に値しないものが多かったから、報道各社もダレており、しかも「大統領の帰国は明日で、仕事始めは八日からだろう」とたかをくくっていたから、記者もベテランはまったくおらず、全社そろいもそろって新米記者を送り込んでいる。しかしこの時の発表はアメリカ政府が力を入れた正真正銘の重大発表であり、政府当局はポツダム会談が始まる前に、原爆投下成功日時と投下場所だけを新たに書き込むだけで完成という《大統領声明》を手まわし良く用意していたから、ホワイトハウス副報道官イーブン・エアーズはタイプ用紙二枚半程度の大統領声明を読み上げ、報道各社にその複写物を提供した。

そして数分後には同じ内容の声明文がラジオ放送され、翌日以降、連日三五〇万枚もの原爆警告ビラが日本本土にばらまかれた。ちなみに、原爆声明ラジオ放送があった八月六日午前十一時は日本時間八月七日深夜零時で、最初の受信者は埼玉県にあった同盟通信社・川越分室（川越市立川越高等学校の敷地内）だった。

今回、アメリカ政府は非常に入念で、トルーマン自身がニュースカメラの前でスピーチする原爆声明のトーキー映像を作っており、原爆投下命令には承認するだけで、署名などいっさいしなかった大統領は、「今から十六時間前、アメリカの爆撃機は広島に一発の爆弾を落とし、完膚なきまでに敵を破壊した」から始まる原爆声明をしてのけていた。このトーキー映像はたちどころに全世界配信されており、余談ながら、このフィルムに映った大統領の背後にはいかにも重巡オーガスタの一室と言ったムードをかもす丸型の舷窓が映っている（原爆声明の全文は著者注釈に参考記載した）。

装甲列車に乗ったスターリンがモスクワに戻ったのは八月六日夜だったが、日没にはまだ時間がある。ポツダム会談は、ほぼ自分の思う通りに仕切り、ドイツの新しい東部国境を首尾よくベルリンの東方わずか七〇キロのところに引き、その結果、我が物としたポーランドを爆走して帰ってきた独裁者はなかなか機嫌がいい。そこで独裁者はクレムリンには行かず、そのまま十キロほど西にあるクンツェヴォの別荘（ダーチャ）に向かった。娘のスヴェトラーナが産まれて二カ月ちょっとの孫を抱いて来ている。名前は自分と同じヨシフだという。別荘で一息いれるのもよかろう。

しかし、その上々な気分は一瞬にして吹っ飛んだ。午後七時過ぎ、モロトフ外相が原爆投下に関するトルーマン声明を別荘へ持参したからで、独裁者は声明文を隅から隅まで、それこそ紙に穴が開くほど読み、それだけでは承知できず、パブロフ通訳を呼び出し、特に末尾のあたりに込められたトルーマンの意図を洗い出し、裸にしようとした。それがすんでパブロフを別室に下がらせた後、スターリンはモロトフ外相とベリヤ秘密警察長官に向き直り、怒りを爆発させた。

「原爆は日本に落としたのではない。ソ連に落としたのだ。この私の心臓を狙って落としたのだ。アメリカはお前たちが持っていないものを持っているぞ。このことを忘れるなと言っているのだ。空から降り注ぐ破滅の雨か！　ロシアをぼろきれにするぞ。B-29と原爆があれば、ポーランドも満州も防波堤にはならないぞと言っているのだ。奴らがなぜ飛行場にこだわるのか。その答えが広島だ」

ここまで一気に言うと、スターリンはベリヤにぐいと顔を近づけ「ソ連領からアメリカ空軍を締め出せ。ルブリンとポルタヴァの飛行場にあるアメリカ空軍施設は封鎖しろ。いいかね、ベリヤ。今、アメリカ人は広島の成功で気が緩んでいる。アメリカから原爆の秘密をつかんで来たのはお前の手下だ。手下の工作員に一鞭くれて原爆と爆撃機の情報を全部盗み出せ。それからすぐにクルチャトフを呼べ。たった今すぐだ。あの学者に聞きたいことがある」

原子物理学の第一人者クルチャトフ博士が来ると、スターリンは「ドクター、私が君に与えたアメリカの原爆情報は全部頭に入っているかね?」と聞いた。

「すべて入っています。アメリカ人の失敗体験も含め、すべてがここに」と言って、自分の頭を指さした。

「ドクター、アメリカ人は原爆を自動車の流れ作業のように大量生産できると思うかね? 原爆は広島だけの一発勝負で、二発目は無いと思わんかね?」

「アメリカ人は最初から原爆の工業製品化を目的にしています。毎月一発ぐらいは作れるでしょう」

「よくわかった。あと三、四発は落とすかも知れないな。さてドクター、ソ連は何がなんでも原爆を持たねばならない。必要な物は何でも要求しろ。拒否されることは無い。ヒト、モノ、カネ、そしてアメリカから盗って来た情報、すべてを原爆の完成に集中する」

スターリンの一声でソ連の原爆プロジェクトは大車輪で動き出し、それに応じてベリヤ長官は収容所送りになっていた一〇〇万人の奴隷労働力をウラン採掘から分離濃縮までの作業とプルトニウム製造のための作業に投入した。また急に、ルビヤンカへ引っ張られる人間が急増し、それに連座して膨大な数の人間がどことも知れぬ場所へ消えて行くことになる。後日談になるけれど、クルチャトフ博士以下、ソ連の科学者グループがカザフスタンにあるセミパラチンスクで原爆実験に成功したのは一九四九年八月二十九日のことで、それはスターリン死去の三年七カ月前にあたる。ちなみに、爆撃機の開発では勝ち目が薄いと見たソ連はロケット開発に磨きをかけ、その結果、世界初の人工衛星スプートニクにたどり着いた。

さて、この日(一九四五年八月六日)、スターリンとモロトフは最後の調整に入った。一刻も早く極東ソ連軍に満州国境を越えて侵攻を開始させ、日本が連合国に降伏する前に充分なアリバイ作りをしなければならない。そこで独裁者は総司令官ワシレフスキー元帥を午後十一時（現地満州時間八月七日午前四時）に電話で呼び出し、七月十八日以来二度目となる「すぐ攻勢に出ろ！」を命じた。しかし、いかに衰弱しているとは言え、そこにはまだ兵力一〇〇万の関東軍がいる。結局、侵攻作戦の開始は現地満州時間八月九日深夜零時となった。

❖　❖　❖

七月二十一日に東郷外相から佐藤大使へ「モロトフと接触し、近衛特使の受け入れを説得しろ」という電文が送られて以降、日ソ間の対話は当然ながら何も進んでいない。

ドイツ大使に次いでソ連大使を拝命した職業外交官の東郷茂徳には松岡外相から睨まれ、退職勧告が出されるという体験がある。東郷に強直で責任感の強い能吏という評価があるのは、このあたりの来歴を切り取ったことによるものだが、これは買いかぶりが過ぎるというもので、その証拠に、東郷には二回の外相経験があるけれども、二回が二回、悪い結果しか出していない。一回目は東條英機内閣の外相で、このとき東郷は昭和天皇へのルーズベルト親電を握り潰すなど日米開戦回避の機会を蹴飛ばした。二回目が鈴木貫太郎内閣の外相で、このとき東郷はソ連を日本の援軍だと思い込み、日本に煮え湯を飲ませた。東郷が駐ソ大使を務めたのは一九三八年から一九四〇年で、このときスターリンという冷酷非情の怪人物を間近に観察する多くの機会があったにも関わらず、《ソ連の善意》に全重心を移し、近衛特使のモスクワ派遣に日本の命運を賭けてしまった愚行は、チャーチルが指摘した「日本の劣化」を象徴する一コマである。

黒縁まん丸なロイド眼鏡をかけた東郷の容貌は掴みどころが無く、こういう立場の人に必要な幸運の持ち合わせも希薄。どちらかと言えば勉強嫌いの趣味人という風情だ。

佐藤尚武大使

東郷は停戦調停を頼み込む相手の考察にあたり、「スイスやスウェーデンという小国では決して望ましい結果は得られない。やはりここは中立条約を結んでいたソ連という大看板に調停を依頼し、速やかに講和条約を結ぶべきだ。しかもポツダム宣言が飛び出したからには、近衛公爵が上手にスターリンを使って、望ましい妥結点を引き出すだろう」という破滅のシナリオに溺れて行く。理由はともかく、東郷外相は対日武力行使がちらつくソ連の不穏な動きにあえて無警戒という蓋をかぶせ、ソ連を時の氏神であると見なして頼りにし、世界中の誰もが危険人物扱いした独裁者に向かって日本そのものを丸投げしてしまった。おかげで日本はスターリンとバーンズのおもちゃになっている。

こういう流れの真ん中にいた佐藤大使には、東郷外相が「近衛特使をモスクワに送り込んでしまえば、それで自分の仕事は終わりだ」と考えている居直り男に見えた。冷静な佐藤大使はソ連政府の中に国際信義に値するものは何一つ見つけられなかったから、本省判断を危ぶんで懊悩した。佐藤大使はスイス、スウェーデンという中立国を通じてポツダム宣言受諾を前提に米英中三国と接触し、ソ連の介入を可能な限り極小化すべきだと思っている。ソ連当局を頼みにすれば、足元を見て吹っかけて来るに違いなく、どんなことを言い出すか考えるだけで怯えが走った。それにソ連が明日にも国境を越えて満州になだれ込むという前提で周囲を見まわすとすべての辻褄が合う。ソ連当局があからさまな居留守を使って自分との面談を避け、言を左右して近衛特使について回答延伸を図っているのはその兆候を雄弁に語っており、危険警報は悲鳴をあげている。

そういう時、スイス公使・加瀬俊一が本省に至急電で送った《ポツダム三国宣言に関する観察》という電文が佐藤大使に宛てて転電されて来た。内容は「ポツダム宣言が日本に対し無条件降伏のトーンをゆるめ、明らかに有条件降伏を謳っていること」「日本の主権を認めていること」「皇室および国体には言及を避けていること」を把握し、ポツダム宣言を拒絶することは愚行の極みであり、躊躇することなくポツダム宣言を受諾せよと具申していた。余談ながら、戦艦ミズーリでの降伏文書署名の際、正使・重光葵の随行員の一人となった加瀬俊一とは同姓同名ながらまったくの別人である。

佐藤大使は加瀬公使の意見に大きく同意し、東郷外相に「ソ連は必ず我が国に宣戦布告する。そういう国に近衛特使の来訪を受諾させられるかどうか、本使は遺憾ながら自信を有せず」という至急電を送り、それに追加の形で、先に述べた理由と対案にそって強烈な勧告文を東郷外相に電送した。

乱世には生きられないタイプながら、面の皮が厚い無責任な東郷外相の演じた迷走は、特に七月三〇日から八月五日までの間、モスクワの日本大使館と交わされたおびただしい数の電文から窺い知ることができ、その後、本省から「政府、統帥部の最高幹部の意向により、とにかく近衛公爵に全権を委ね、特使派遣のことに決し、右事態の確定に伴い、具体的条件につき各方面の意向を取り纏むることに努力中なり。（その場合、ポツダム三国宣言を我が方条件事案の基礎としたき所存なり）」という第九七三号電報が佐藤大使のもとに届いた。

大使は、この期に及んでも、スイス、スウェーデンの線を取らず、「ソ連命」と二の腕に墨を入れるような方針に不満だったが、ともかく次の返電を打った。

■発／モスクワ・佐藤大使／八月四日午後十時二十八分発信
■宛／本省・東郷外務大臣／八月五日午後五時十五分着信
■至急・館長符号／第一五二〇号
■本文／ソ連政府が戦争終結の斡旋を引き受けると否とにかかわらず、今次の大東亜戦争終結のためには七月二十六日の米英支対日宣言がその基礎たるべきこと、もはや動かしがたきところ、ソ連が仲介の労を取る場合にも、右の基礎において為さるべきこと自然の帰結なり。この点において貴電第九三七号括弧内の記述は、少なくとも三国宣言を我が方条件攻究の基礎としたき御所存とのことにて、至極結構と存ぜらる。

右につき転電を受けたる在スイス加瀬公使の三国宣言に関する考察は極めて中正妥当の観察と思考せられ、本使も全幅的同感を表する所なり。もし右宣言が同公使解釈のごときものなりとせば、その基礎において立案せらるべき講和条件は今次のポツダム三国会議決定に係わるドイツ処理条件に比し、ある程度緩和せられたるものとなるべしと想像すること、必ずしも牽強付会の説と言うべからず。而して右は日本の平和提唱の決意が一日も早く連合国側に通達せらるれば、それだけ条件緩和の度を増すこととなる道理なるに反し、もし政府軍部の決意ならず、荏苒日をむなしゅうするにおいては、日本は全土焦土と化し、帝国は滅亡の一途をたどらざるを得ざるべし。いかに緩和せらるるとするも、講和条件のいかなるものなるべきやはドイツの例に観るまでもなく、事前においてすでに明らかにして、多数の戦争責任者を出すこともあらかじめ覚悟せざるべからず。さりながら、今や国家は滅亡の一歩前にあり、これら戦争責任者が真に愛国の士として従容帝国の犠牲者となるも真にやむをざる所とすべし。加瀬公使の意見を読んで、感極めて深きものあり。敢えて卑見を呈す。（電文終了）

■発／本省・東郷外務大臣／八月六日午後五時〇〇分発信

しかし、この電文から二日後、広島に原爆が投下され、トルーマンの原爆声明がラジオを通じて全世界に報道された。だから、次の東郷外相と佐藤大使の間で交わされた二電文は広島の悲劇後に発信されたことが見てとれる。

■宛／モスクワ・佐藤大使
■至急・館長符号／第九九一号
■本文／スターリンとモロトフは、本日、モスクワに帰還せる趣なるが、諸般の都合あるに付、至急、モロトフと会見の上、特使派遣につき回答督促せられたし。（電文終了）
■発／モスクワ・佐藤大使／八月七日午後七時五〇分発信
■宛／本省・東郷外務大臣／八月八日正午着信
■至急・館長符号／第一五三〇号
■本文／モロトフ、モスクワ帰着と共に早速会見を申し込み、ロゾフスキーにも右斡旋方、かさねて依頼せるところ、七日、モロトフより、明八日午後五時会見し得べきむね、予告し来たれり。（電文終了）

そしてこれ以降、モスクワ発の佐藤大使電報は、東郷外相が鶴首して待つ中、ぷっつりと途絶えてしまった。

❖　❖　❖

八月八日午後一時、トルーマン大統領はバーンズ長官ほかとホワイトハウスで昼食の席に着いた。あと三十分でランチ・タイムが終わる午後二時半（モスクワ時間八月八日午後十時半）、大統領はモスクワ駐在ハリマン大使から次なる至急電を受け取った。
「モスクワ時間で八月八日午後七時、すなわち東京は九日午前零時。真夜中です。モロトフ外相は私（ハリマン）とイギリス大使クラーク・カーをクレムリンに呼び、その時、対日宣戦布告文書の英文コピーを我々に渡しました。全文は次の通りです。
『日本は、ヒトラー・ドイツの壊滅および降伏後において、戦争を継続している唯一の大国となった。日本は、ポツダム宣言という本年七月二十六日付のアメリカ合衆国、大英帝国、および中華民国の三国による日本軍隊の降伏勧告要求を拒否した。このため、極東戦争（太平洋戦争のこと）に関し、日本政府よりソ連政府に対して行われた調停についての提案はすべての根拠を喪失した。

日本の降伏拒否に鑑み、連合国はソ連政府に対し戦争終結の時期を短縮し、犠牲の数を減縮し、かつ、全世界における速やかな平和の確立に貢献するため、日本侵略者との戦争に参加するよう申し出た。

すべての同盟の義務に忠実なるソ連政府は連合国の提案を受理し、本年七月二十六日付の連合国宣言（ポツダム宣言のこと）に加入した。このようなソ連政府の政策は、平和の到来を早期化し、今後の犠牲および苦難から諸国民を解放し、かつ、ドイツが体験したような危険と破壊から日本国民を免れさせることを可能とする唯一の方法であろうとソ連政府は思考するものである。

右の次第をもってソ連政府は、明日、すなわち八月九日零時よりソ連邦が日本と戦争状態に入ることを宣言する』

この宣戦布告文書は八月八日午後五時に日本の佐藤大使に手渡されたそうです。モロトフ外相は、この文書の写しを我々に手渡した後、『いっときソ連としては八月中旬までは行動を起こすまいと考えていましたが、やはりドイツ屈伏後三カ月以内に対日参戦に踏み切るという約束を守ることにしました』と強調しました。このとき、クラーク・カー大使が『午後五時に日本の大使にこの宣戦布告を手渡したとき、大使はどんな態度をとったか』と質問しました。モロトフは初め『佐藤大使は心のやさしい人物で、私とは常に良い関係にあった』と言った後、『佐藤大使は、新たな今後の犠牲および苦難から諸国民を解放し、かつ、日本国民にドイツが受けたような危険と破壊から避けさせるためにとはどう言う意味か、と質問したので、私は、ソ連政府は戦争期間を短縮し、犠牲を少なくすることを希望しているのだ、と答えました。するると大使は、太平洋戦争は長く続かないだろう、とつぶやく様に応じた』とのことです。
クラーク・カー大使はこれに続けて、『日ソ中立条約は来年四月まで有効であり、それが生きている内にソ連の大軍を送り込んで大陸にいる日本軍の息の根を止める。この立派な決定について佐藤大使は何と言いましたか？　噛みついて来ましたか。それともやめろと言って泣きましたか』という意地の悪い質問をしましたが、モロトフはさすがで、次のように応酬しました。
『そういうことは言いませんでした。まことに遺憾であるが、ことここに至っては、どうしようもない。この通告を本国に電報したいと思うが、戦争状態に入るまでのあと六時間は平時状態にあると承知してよろしいか、と尋ねられたいだけです』と、モロトフ。
カー大使『佐藤大使は心根がやさしいというご指摘通りの人物であることは良く理解出来ました。……条約違反とソ連の不実をなじり、刺し違える挙に出たなら、どうしたか、後学のためにお教え願いたいのだが』
モロトフ『佐藤大使は逆上して我を忘れる人ではありませんな。それからソ連は国連加盟国であり、国連加盟国は国連憲章の下での義務が優先するという条項がある。大使はそれを承知していたでしょう』
モロトフはそう言ったあと、『国連憲章の下での義務はトルーマン大統領が提供してくれた助言だ』と、私に向かっていいました。
余談ながら、ソ連当局は日本との間の通信網を全部遮断しましたから、佐藤大使は本国にソ連の対日参戦を伝えることができていません。駐日ソ連大使が日本の外務大臣に宣戦布告文をいつ持参するかこちらでは掴んでいませんが、少なくとも今、この時、ソ連の極東軍は国境を突破し、ふいを突かれた日本軍は壊乱状態になり、日本の入植者家族はドイツ難民と同じ運命をたどることになるでしょう」

このハリマン電文を見おえた大統領は、ランチ終了と同時に記者を集め、「ソ連が対日宣戦布告をした。以上！」とのみ、簡単に情報を開示した。

東郷外相、佐藤大使は双方ともにトルーマンの原爆声明は充分承知している。だから、モロトフから呼び出された八日午後五時からの会見に最後の望みを託した。しかし佐藤大使が本国に発した《第一五三〇号至急電》を最後に、東京とモスクワの

駐ソ英国大使
クラーク・カー男爵

通信は遮断され、東京では八月九日未明、モスクワ放送が、突然、日本への宣戦布告を伝え、これを外務省ラジオ室ならびに同盟通信社・川越分室が受信し、政府当局に報告した。極東ソ連軍総司令官ワシレフスキー元帥はスターリンの命令通り麾下一五九万人の兵力をもってソ満国境と朝鮮半島の日ソ国境を越え、侵入を開始。この時、守備にあたっていた日本側兵力は一〇四万。しかし、大本営方針が何もないまま放置されたので、ソ連軍が圧勝した。そして、ヨーロッパの場合と同様、侵攻軍の後には賠償回収部隊が続き、日本人のものであろうと満州人のものであろうと、誰彼おかまい無く、約二〇億ドル相当の資産を解体し、抑留者ごと、ごっそりロシアに運び去った。

❖　❖　❖

■一九四五年八月八日午前八時（日本時間八日午前七時）
■発／グアム・第二〇航空軍
■野戦命令十七号

■本文／第五〇九航空群は一九四五年八月九日に日本の下記目標を攻撃せよ。
①第一目標／小倉造兵廠および市街地／照準点＝小倉造兵廠
②第二目標／長崎市街地／照準点＝長崎地区三菱製鋼および兵器工場
一個の発生初期の台風が硫黄島の南東で育ち始めて、西方に移動している。当航空軍の他の所属機によって同時に行われる空襲と共に、第五〇九航空群の所属機も、目標に向かうにあたり硫黄島の西を飛ばざるを得ないであろう。

右に記した《野戦命令十七号》は二発目となる原爆投下命令書で、命令書の全文書量はタイプ用紙にして六枚あり、この命令を実行するリーダーは、八月六日の広島に際し計測調査目的を果たしたグレート・アーティストの機長チャールズ・スウィーニーだった。

ところで二発目の原爆投下も作戦手順は広島の時とほとんど同じだったから、出撃前のブリーフィングも同じ。ダウニー牧師の祈祷も同じなら、天候調査機が本隊に先行したのも同じ。従ってスウィーニー機長が原爆を投下して凱旋したならば、テニアン島の野外劇場に祭壇を持ち込んで盛大に感謝のミサが執り行われることになっている。

それでも広島の時と違う点がずいぶんあった。一つは、前回の天候調査がB-29三機だったのに対し、今回は二機になり、それらは小倉と長崎に先行出撃した。また搭載する原爆がリトルボーイではなく、それよりも二三〇キロ重い四・六七トンのプルトニウム原爆ファットマンだった。そして、今回の爆撃責任者となったスウィーニー機長は、自分の慣れ親しんだグレート・アーティストが引き続き計測調査用に使われるため、ボック機長のボックスカー（Bockscar＝ボックの貨車の意）を使うことになった。つまり搭乗員全員をグレート・アーティストとボックスカーの間で入れ替え、その上でボックスカーに原爆を積み込んだ。こういう経緯があったため、原爆史にはエノラ・ゲイとボックスカーという二つのB-29が登場する。これ以外にも相違点はあり、今回は手堅い完全主義者のパーソンズ海軍大佐に代わって、原爆点火装置監督にはアッシュワース海軍中佐ほか二名がボックスカーに搭乗することになった。

ともかく、二回目の原爆投下はトラブル続出である。怨敵退散の降魔調伏呪法というものがあるとするなら、あるいはこれがそうかと思うほどで、最初のトラブルは出撃ぎりぎりになってボックスカーの予備燃料タンク循環ポンプが動作不良を起こし、二万六〇〇〇リットルの燃料のうち二〇〇〇リットルが使用できなくなった。これは単に燃料が寂しいという問題では済まない。使用できないガソリン二〇〇〇リットルを積んだまま、非常に重いファットマンを抱えて飛ばなければならなかったから、飛行時間にまったく余裕が持たせられなくなった。しかしここで原爆のワン・ツー・パンチを浴びせなければ日本にも、そしてソ連にも致命的な衝撃を与えることができない。かくして、テニアン時間で八月九日午前三時四十七分（日本時間午前二時四十七分）、スウィーニー機長が操縦するボックスカーはビッグ・スティンク（写真撮影）とグレート・アーティスト（計測調査）という随伴二機と共に、中間集合地点の屋久島を目指して出撃した。なお、これは偶然の範疇に属することになるが、先行した天候調査B-29二機の出撃時間と極東ソ連軍が国境を越えて満州になだれ込む時間は、ほぼ同時である。

燃料循環ポンプがいかれたままファットマンを抱えて出撃するという不気味なトラブルを起こしたボックスカーだが、この時、写真撮影が任務のビッグ・スティンクは漫画のようなことをしでかした。写真撮影という極めて重大な任務を果たすには、この日、ビッグ・スティンクに搭載したサーバー博士考案の写真撮影システムが稼働しなければ話にならない。ところでサーバー博士は支給されたパラシュートをどこかに置き忘れ、大騒ぎになった。規則ではパラシュート無しの人間をB-29に乗せてはいけないことになっている。出撃直前のビッグ・スティンクには離陸時間がせまっている。あとでグローヴス将軍がどのように荒れ狂ったかは別として、ビッグ・スティンク機長ホプキンス中佐は規定通り、サーバー博士を滑走路に残してフライトを始めた。長崎上空で何とか撮影できたのは博士の同僚が適当に装置をいじりまわし、偶然、その操作方法があたりだったからだ。

以降、日本時間で記述する。

午前七時、ボックスカーは悪天候の中、燃料を節約するため二五〇〇メートルで飛行していたが、あまりにひどい乱気流のため五二〇〇メートルに上昇し、それでも揺れはひどく、ファットマンという繊細な荷物を抱えているため、さらに九〇〇〇メートルまで上昇した。そのとき原爆信管モニターの赤い警告灯が急に点滅をはじめた。アッシュワース中佐が点検して分かったのは、組み立て技師の誰かが二つの回転スイッチを誤った位置にセットしたことが異常点滅の原因だった。中佐は「爆弾は正常値に戻ったから安心しろ」とのみ言ってそれ以上は語らなかったが、それにしても、なぜ離陸から四時間もたってこれが起きたのか分からなかった。

——帰投してから、徹底分析するほかはない。

中佐は飲み込んだものが食道あたりで止まり、いくら水を飲んでも嚥下することが出来ないでいるような悩ましい気分でモニターを眺めた。

天候は台風が近づいているわりには、小倉、長崎とも雲量2という報告だった。ボックスカーは午前八時十五分、無線封鎖の中、屋久島上空九〇〇〇メートルの合流地点に到達したが、天候はすでにぐずつき気味で、九州は小倉、福岡、長崎を除いて厚い雲に覆われている。ここでまたしてもトラブルが起きた。ボック機長が操縦しているグレート・アーティストは右後方の定位置についたが、写真撮影のために随伴しているホプキンス機長のビッグ・スティンクが居ない。これは後で判明したことだが、屋久島での合流高度九〇〇〇メートルのところ、ホプキンス機長は一万二〇〇〇メートルで旋回していた。台風接近で視界が悪いから、互いに視認できるはずもない。定刻から二十分たったがそれでも現れない。三十五分後、午前八時五十分、ボックスカーはグレート・アーティストのみを伴って北上し、小倉に向かった。

午前九時四十四分、小倉への爆撃始点に到着。

——なんたる魔日か！

スウィーニー機長はいらいらがつのって来た。天候調査時には無かった海風が吹いて、前日、八幡製鉄所を大空襲した時の大量の煙が小倉上空に流れ込み、ノルデン照準器での目視爆撃は非常に困難となった。スウィーニーは小倉へ三回侵入を繰り返したが、投下不可能と見切りをつけ、午前十時三十分、左へ急旋回し、飯塚市、久留米市上空を通り、福岡県・大牟田市・不知火町上空に到着。行方不明になっていたビッグ・スティンクとはこの飛行中に合流した。この合流は奇跡に近い。

ボックスカー、グレート・アーティスト、ビッグ・スティンクの三機が有明海を渡り諫早湾を抜けて、諫早八天岳上空の長崎市を俯瞰する爆撃始点に到達したのは午前十時五十分だった。西彼杵半島（にしそのぎはんとう）と長崎半島の上空に片積雲がある。

——見えない……。

三菱魚雷工場ほかの軍需施設がある肝心の長崎市内は雲に隠れて見えない。

「目視爆撃を諦めてレーダー爆撃に切り替えよう。グローヴスは頭から湯気を出して怒り狂うだろうが、あの高額なファットマンをどことも知れぬ海中へ投棄するよりは、そのほうがましだ」

そう強く勧告したのはアッシュワース中佐だった。しかし、そのとき浦上上空の雲の切れ目から見えた運動場を三菱の競技場と勘違いした爆撃手ビーハンが「見えた！　転針、右へ二〇度転針」と叫んだ。目視爆撃のチャンスを見つけようと藁をもつかむ気持ちになっていた機長は即座に右へ二〇度の転針をした。

投下時間午前十時五十八分。ファットマンは当初の投下目標から大幅にずれ、午前十一時〇二分、長崎市の北北西三・四キロの松山町で炸裂した。

ボックスカーは右急旋回し、いったん大村湾に出、そこから西彼杵半島を飛びこえて離脱。午後十二時五十一分、沖縄県・読谷(よみたん)にある米軍飛行場についたが、使用可能の燃料はほぼ使い果たし、失速寸前だった。また、グレート・アーティストならびにビッグ・スティンクという随伴B-29二機も午後一時十分、相前後して読谷に到着。この後、給油を受け、食事をし、沖縄離陸は午後三時。テニアン基地への帰投は現地時間午後十時四十五分だった。

ボックスカーはスターリンを震え上がらせるという成果は上げた。しかし、長崎市内にある軍需施設の破壊目的はほとんど果たしていない。ファットマンを抱えて燃料不足と目視爆撃命令の狭間で狼狽したスウィーニー機長は、浦上に住む民間人に対し、死傷者十四万八七九三名という無差別殺戮を行い、住宅地を焼き尽くし、天主堂に祭られていた聖母を破壊してこの日のミッションを終えた。

❖　❖　❖

時計の針を八月九日木曜日早朝に戻す。

午前五時、小石川区丸山町にある鈴木首相私邸の車寄せに降り立った東郷外相を見ることができる。非常識な時刻に訪問したことを詫びた外相は、「広島への原子爆弾投下に伴うトルーマン声明を協議するため、至急、戦争指導会議を召集していただきたいと申し上げておりましたが……」と言って絶句した。いつもの茫洋とした東郷茂徳はそこに無く、外相は切迫した顔をゆがめ、その瞬間、ひどい水平眼振を起こした。痛恨と慙愧の念に潰されそうになった外相はやっとのことで持ちこたえ、「ソ連参戦を見た以上、今すぐ戦争終結を決定させる必要があります」と言った。

首相はすでに書記官長・迫水久常からソ連参戦を知らせる緊急電話を受け、その非常事態を知っている。

知らなかったのは長崎への原爆投下が同時進行中だという事実だった。

戦争指導会議は、首相（鈴木貫太郎）、外務大臣（東郷茂徳）、陸軍大臣（阿南惟幾）、海軍大臣（米内光政）、参謀総長（梅津美治郎）、軍令部総長（豊田副武）の六名が構成メンバーで、午前十時三十分、「戦争は終わりにしなければならない」という鈴木首相の発言から始まった。会議は意見の収斂ができぬまま午後一時に散会し、この間、長崎への原爆投下ニュースが入り、人口約二十七万の内、半分以上の住民が犠牲になったと聞いて暗澹となる中、一人阿南陸軍大臣のみが交戦継続を主張した。

東郷茂徳外相

午後二時三十分、今度は閣議が始まったが、午後五時三十分になってもポツダム宣言を受諾しようとはならず、休憩。

午後六時三十分、閣議は再開し、ここで東郷外相は「国体護持の条件はつけるが、あとは全部捨てる」と強硬に押したが、結論は出ず、午後十時三十分、休憩となった。この時、首相は十二時間におよぶ会議の隙間を縫って、誰にも知られぬうちに昭和天皇に拝謁し、この日の深夜、御前会議の準備を調えてしまったが、これは、七年の侍従長職をまっとうしたという経歴あればこそのものだった。

八月九日午後十一時五十分、御前会議が始まった。お上はじっと股肱の臣が語るところを聞いていたが、午前二時すぎ、意見が出尽くしたと見えた時、首相がつと立ち上がり、お上の前に進み出て深々と一礼すると、恐懼に堪えずと前置きし、「ご聖断を拝し、叡慮をもって本会議の結論といたしたく、思召し（おぼしめし）を乞い願いあげ奉ります」と述べた。お上は首相が席に戻るのをみとどけると、心もち身体を前に傾け、外務大臣の意見に同意である、といった。かくして八月十日金曜日午前二時三十分、聖断は下り、東郷外相が強く推した国体護持のみを条件としてポツダム宣言受諾が決定した。
この日、ポツダム宣言受諾が決定してから八時間四十五分後、駐日ソ連大使マリクは宣戦布告文書を東郷外相に手渡した。大使は前日九日、東郷外相に面談を求めたが、都合がつかず、十日の面談となった。以下は国立公文書館アジア歴史資料センターが管理しているその時の会談記録であり、現代語に変えず、そのままの形で記載することにする。なお、宣戦布告文書はハリマン電文と重複するので、この部分のみは割愛した。

東郷外務大臣、マリク大使会談録

八月十日金曜日午前十一時十五分～十二時四十分

陪席者＝高杉調査官（通訳）／バラサーノフ二等書記官（通訳）

マリク大使「政府の訓令によりソ連政府の日本政府に対する左の宣言を伝達すべし。（以下は宣戦布告文書／重複のため割愛）」

東郷大臣「ただいまの宣言を了承せり。日本側においてはソ連邦との間に、長き期間にわたり友好なる関係を設定する目的をもって進み来たり。最近においても五月初より廣田元首相をして貴大使との間に話し合いを進めたるが、右に対し未だソ連より回答に接し居らず。なお六月中旬、人類を戦争の惨禍より救うため、なるべく速やかに戦争を終結せしめんとの陛下の大御心により、右をソ連に伝達し、日ソ間の関係強化および戦争終結に関する話し合いをなすため、特使の派遣方を申し入れたるが、右に対しても未だ回答なかりし次第なり。すなわち我が方においては戦争終結に関するソ連政府の斡旋の回答を待ち、七月二十六日の英、米、重慶三国の共同宣言に対する態度の決定に資したしと考え居りたる次第なり。貴方においては三国の共同宣言は拒否せられたりとなされ居るところ、右がいかなるソースによりて知り得られたるものなりや承知せざるが、前述の事実に鑑み、日本に何らの返事をすることなく、突如として国交を断たれ戦争に入らるるは不可解のことなり。東洋における将来の事態よりも甚だ遺憾なりと言わざるを得ず」

マリク大使「大臣の述べられたるすべてのことに対する回答は、ただいま述べたる宣戦布告文書の中に含まれ居れり。右以外に何ら附言すべきことなし」

東郷大臣「貴方の述べられたることは、当方においては不可解なりと申し上げたる次第にして、いまもって不可解かつ遺憾とするものなり。右はすべて世界の歴史がこれを裁判すべく、今、本問題につき話すことは差し控えたし。ただ一つ申し上げたきことあり」

マリク大使「歴史は公平なる審判者なり。歴史的必要は不可避なり」

東郷大臣「歴史は長き間に作り上げらるるものなり。何れにするも今これにつき話すことを欲せざるはすでに申し述べたる通りなり。日本政府においては人類を戦争の惨禍より免れしめ、なるべく速やかに平和を招来せんことを御祈念したまう天皇陛下の大御心に従い、ソ連政府に対し斡旋を依頼せるも不幸にして平和を招来せんとする帝国政府の努力が実を結ぶに至らざりしはご承知の通りなり。しかし、帝国政府は天皇陛下の平和に対する御祈念に基づき一般平和を回復し、戦争の惨禍を速やかに除去せんことを欲し、左の通り決定せり。

　帝国政府は去月二十六日、米英支三国首脳者により決定せられ、その後、ソ連政府の参加せる対本邦共同宣言に挙げられたる条件中には天皇（原文のママ）の統治者としての大権を変更せんとする要求を包含し居らざることの了解の下に、右宣言を受諾す。従いて帝国政府はソ連政府が右の了解に誤りなきむね、速やかに正確なる意志を表明せられんことを希望す。右に関してはすでにスイス政府を通じ、通告の手筈を取れり。

日本における天皇（原文のママ）の御地位が日本国民と不可分のものなることなど、日本皇族の地位につきてはよくご了解のことと思考す。よって我が方のこの了解は絶対のものなり。従いて連合国政府においても右を了解せられ、右に同意せらるることに困難なかるべきを信ずるものなり。世界の平和の速やかに克服せらるる見地より、この申し入れにある通り、速やかに明確なる意志を表示せられ、戦争を終結すること望まし。貴方においてご異存なくば、本国政府に電報せられんことを希望す。貴方においてご異存なければのことなり」

マリク大使「右申し入れを受理する権限なし。しかれども、自分の個人的責任において、しかも右を本国政府に伝達することのために、何らの困難なきことを条件として、右伝達に同意す」

東郷大臣「スイス経由に比し、当地において貴方を経由する方、迅速なるべく、また貴大使の方が当地の事情により一層明るきことにもあり、貴方にご異存なくばお願いしたしと申し上げたる訳なり。ご異存なしとのことなるにつき、伝達方、取り計らいありたし。ここに英文にて申入文を作成しおきたるにつき、差し上ぐべし。附言すべきが英、米、重慶、ソ連各政府に伝達方、下命済なり」

マリク大使「念のため明らかに致し置きたきが、日本側の提案文中には平和の招来に対する日本政府の努力は実を結ばざりしむね述べあり。また貴大臣はただいまのお話中にも、ソ連はいかなる根拠に基づき日本が三国共同宣言を拒否せりとなり居るや承知せずと述べられたるが、我が方宣言中にも日本が降伏を拒否せることに鑑みと述べあり。また、アトミク爆弾使用に関し、米大統領トルーマンのなしたる声明の中にも日本は拒否せりと述べ居れり。貴大臣のお申し出に従い、政府に伝達すべし」

東郷大臣「先ほども触れたる通り、日本とソ連邦との間には友好関係存続し、それぞれ大使を相手

マリク駐日ソ連大使

国内に駐在せしめあり。戦争終結に関する交渉も継続中なりし次第なれば、ソ連が第三国とかくのごとき重大なる決定をなすに当たりては、前もって日本政府に何らかの話し合いありて然るべきものなりしと思考す。右も歴史上の問題の一部に関するものなり。もしソ連政府において日本の申し出に従い、斡旋を進め、これにより大なる戦争を終結せしめ得ば、いかにソ連は世界歴史の前に、また、現在の国際政局の前に、愉快かつ有利なる地位を占められたるものならん。しかるに今度執られたるソ連の態度は遺憾なり。右の意味にて申し述べたる次第にして、これ以上は申し上げず」

マリク大使「歴史はいかにソ連が平和の強化に貢献し居るものなるかを立証すべし」（会談録終了）

日本は宣戦布告前に真珠湾攻撃した。これは手違いであろうとなかろうと、動かしがたい事実であり、マリク大使の「歴史は公平なる審判者だ」という切り返しは、お前にそんなことを言う資格があるのかね、と匂わしたものである。また、マリクは知らなかったが、東郷外相には開戦直前、戦争回避を提言する昭和天皇に宛てたルーズベルト親電を十八時間握り潰し、真珠湾攻撃の二十分後に奏上したという前科がある。モスクワ駐在佐藤大使と本国の通信を遮断するというソ連当局の不条理をほとんど抗議せず、会談をお終いにしてしまった外相の歯切れの悪さは、自然の成り行きだった。

6　日本の降伏（戦艦ミズーリ）

マリク大使との会談録を見れば明らかな通り、東郷外相は米英中三国のどこよりも早く国体護持のみを条件としたポツダム宣言受諾の国家方針を打ち明けたことになる。なぜなら、受諾電文の原案は八月九日に外務省政務第一課長・曾禰益によって作成され、政務局長・安東義良、外務次官・松本俊一の校閲を経、東郷外相の承認が得られており、聖断が下った後、これを外務大臣秘書官・加瀬俊一（スイス公使とは同姓同名のまったくの別人）が英文に落とした。東郷外相がマリク大使に、「ここに英文にて申入文を作成しおきたるにつき、差し上ぐべし」と言ったのはこれを指している（受諾の全原文は著者注釈に掲載）。

さて、英文に落とされたポツダム宣言受諾文はスイス公使（加瀬俊一）とスウェーデン公使（岡本季正）に緊急電送され、米英ソ中に向けた正式の外交ルートに乗せている。これに加えて同盟通信社社長・古野伊之助が外信部長・長谷川才次を呼び、受諾電文を全世界に流せと命じた。長谷川部長は松本外務次官ほかへの根回しを済ませ、猛烈な勢いでモールス符号を叩いたところ、すぐにこれをＡＰ通信社が受け取り、ここから受諾電文は本格的に拡散していった。

トルーマン回想録には次のくだりがある。

「八月十日午前七時三十三分（日本時間八月十日午後八時三十三分）、私のラジオは東京発の放送を受けて次のニュースを流していた。

『日本政府は、本日、スイスとスウェーデンの両政府を通じて、米英中ソに対し次の通信文の伝達を要請した。その伝達要請文は次の通り。

常に世界の平和の道を求め、さらに戦争続行による惨禍から人類を救おうとする天皇陛下のおぼし召しに従い、日本政府は数週間前、ソ連政府を通じ、米英中三国との平和回復の調停を依頼した。不幸にして、平和を求める日本の努力は成果を上げるに至らなかった。そこで日本政府は、全面的平和を回復し、戦争からの惨害を速やかに終結させたいという厳粛な気持ちに従い、次のように決定した。日本政府は一九四五年七月二十六日、ポツダムにおいて米英中の首脳によって発せられ、後日、ソ連政府が加わった共同宣言を、その宣言が天皇の国家統治者としての大権を傷つける要求はしないという了解のもとに受諾する。日本政府はこの了解が認められることを衷心より希望し、それに関する明白な指示を与えられるよう切望する』

これは公式な通信文ではなかったが、日本側の意向はよく分かり、我々がどんな回答をしたらよいかを検討するのに充分な報道だった。確かに、誰かのなりすましとも考えられるラジオ放送をもとに、米英中ソ四カ国もの利害が錯綜している問題を討議するのは早すぎるアクションだったかも知れないが、私はリーヒー提督に、次に打つべき手を協議するためバーンズ国務長官、スティムソン陸軍長官、フォレスタル海軍長官に、午前九時に執務室へ来るよう伝えて欲しいと言った。四人が協議の席に着いた時、私は日本の回答について質問を出し、意見を求めた」

日本の回答で問題になったのは《天皇の国家統治者としての大権を傷つける要求はしないという了解のもとに、ポツダム宣言を受諾する》という部分だった。もともと天皇制存続条項をポツダム宣言に加えようとしていたスティムソン長官は、異常な窮地に陥ってもなお天皇を守ろうとする日本人に感傷的になり、このまま認めようと主張した。リーヒー提督はペリリュー島、硫黄島、沖縄諸島と階段を上がるごとにアメリカ兵の損害が増えるのを実感しており、また、ドレスデンを遥かに上まわる原爆の無差別殺戮に嫌気がさし、この人もスティムソン長官と同意見の立場をとった。フォレスタル海軍長官はもっと簡単で、「戦争がこれで終わりになるなら、天皇制など日本人が好きにすればいい」となり、流れは《是認》になったが、ここでバーンズ長官が大反対した。

「そもそも対日戦争は無条件降伏で進めて来た。しかし、原爆という最終兵器が実戦配備となったので、かわいそうになってポツダム宣言というお情けをかけてやったのだ。それを不遜にも奴らは条件をつけてきた。今ここで天皇の地位とやらを認めれば、奴らはさらに、あれもこれもと言い始めるぞ。情けが仇というやつだ。ともかく、条件をつけるのはアメリカであって、ジャップではないよ」

それではバーンズ長官に回答案を出してもらおうというトルーマン裁定で会議は午前九時四十五分に終わった。

バーンズ長官はそのすぐあと、正式外交ルートに乗った日本の《条件付きポツダム宣言受諾電文》を見た。これは駐米スイス公使館の伝書使が持参した正文で、長官はこれをもう一度熟読し、すぐに日本政府宛ての五項目から成る回答書を書き上げている。なお、この回答書②項は、当初、天皇を降伏調印の場に呼び出し、天皇自身にサインさせる内容になっていたが、イギリス政府ならびにグルーから、天皇に直接降伏文書に署名させることは賢明でないと強い指摘があり、この意見を入れて、「天皇は日本国政府および日本帝国大本営に対しポツダム宣言の諸条項を実施するために必要な降伏条項署名の権限を与え」という表現になっている。

■ポツダム宣言受諾に関する米国バーンズ国務長官回答

①降伏の瞬間から、天皇および日本国政府の国家を統治する権限は連合国最高司令官に従属し、連合国最高司令官は降伏条件を履行させるのに適当と思われる処置を講ずる。

②天皇は、日本国政府および日本帝国大本営に対しポツダム宣言の諸条項を実施するために必要な降伏条項署名の権限を与え、かつ、これを保障することが要求される。すなわち、天皇はすべての日本国陸海空軍官憲および、いずれの地域にあるか否かを問わず、これら官憲の指揮下にあるすべての軍隊に敵対行動を停止し、武装解除する命令を発し、連合国最高司令官が降伏諸条項を有効にするために必要な他の命令を発するものとする。

③日本国政府は降伏後ただちに連合軍の指令に従い、戦争捕虜と民間被抑留者が連合国船舶に速やかに乗船できる安全な地域に移送するものとする。

④日本国の最終的な政治形態はポツダム宣言にしたがい、日本国国民の自由に表明する意思によって決定されるべきものとする。

⑤連合国軍隊はポツダム宣言に述べられた諸目的が完遂される時期まで日本国内に留まるものとする。

回答書は同じ八月十日、急遽ホワイトハウスで実施された午後二時からの閣議でオーソライズされ、すぐに、スイス政府経由で日本に転送された。

ところでバーンズ回答が東郷外相に届けられたのは八月十三日午前七時四十分（日本時間）だったが、サンフランシスコ放送局が前日十二日午前零時半（日本時間）に、この回答書内容を放送し、これを陸軍がいち早くキャッチしたから、鈴木内閣をクーデターの淵まで追い込んだ。

軍部、特に陸軍を刺激した個所は「①項／天皇および日本国政府の統治権限は連合国最高司令官に隷属し」と「④項／国民の自由に表明する意思によって決定される」の部分であり、ちなみに、外務省は《隷属し》ではなく《制限の下に置かれる》と訳した。

バーンズ回答がこのようなものだったから、陸軍は激怒し、日本は降伏のタイミングを逸しそうになっている。

八月九日に鈴木首相がしてのけた第一回目の御前会議は一種、不意打ちだったから、二度も同じ手は使えない。そこで鈴木首相は、やれば刺客によって斬殺されること間違いなしという禁じ手、すなわち《天皇の御召》という抜かずの宝刀を抜き、最高戦争指導会議メンバーと閣僚全員を御文庫付属室（地下壕）に集め、八月十四日火曜日午前十時五十分、第二回目の御前会議を開き、再度の御聖断をもってバーンズ回答が付加されたポツダム宣言を受諾決定に持って行った。

トルーマン大統領は、八月十四日の出来事を次のように書いている。

「午後四時五分（日本時間十五日午前五時五分）、国務長官バーンズはスイス駐在アメリカ公使ハリソンから電話を受け、私たちが首を長くして待っていた日本降伏という重大ニュースを知らせて来た。ついに終わったのだ！　それから二時間後の午後六時、ワシントン駐在スイス公使グラスリが日本の正式回答に関わる次の文書を国務省に持参した。

『八月十四日午後八時十分（ワシントン時間・同日午後三時十分）にスイス駐在日本公使ミスター・加瀬がスイス政府に文書を持参し、アメリカ合衆国国務省に取り次いでくれるよう要請しました。なにとぞご披見願いたく、お受け取りください。

一九四五年八月十四日

ワシントン駐在スイス臨時代理公使グラスリ

国務長官バーンズ殿

■一九四五年八月十四日、日本政府より／ポツダム宣言に関する件

■本文／八月十日付け日本政府文書について、八月十一日にバーンズ国務長官が発した回答に、日本政府は次の通り回答します。

★天皇陛下はポツダム宣言の諸条項を受諾する詔勅を発せられました。

★天皇陛下は、日本政府および大本営に対し、ポツダム宣言諸条項受諾のための署名にあたり、その権限を与える用意をされています。天皇陛下はいっさいの陸、海、空軍およびその指揮下にある軍隊に対し、所在のいかんを問わず作戦を停止し、武装を解くべき命令を下し、かつ、連合国最高司令官が降伏諸条項を有効にするため必要と認めるその他の命令をも発する用意をされています』

八月十四日午後七時、ホワイトハウスの新聞記者は私の執務室に集まった。妻も私のそばに立ち、閣僚

も大部分が同席した。全員そろったとき、私は執務机の後ろに立ち、次の声明を読んだ。

『本日午後、八月十一日にバーンズ国務長官が日本政府に送っていた電報に対する回答を日本から受け取った。この回答こそは日本によるポツダム宣言の完全な受諾と考える。我々は日本に勝利したのであり、この宣言に明記された内容が完全に履行されるまで、連合軍最高司令官とその軍隊は日本の拠点に進駐する』

私はこのあと記者団に、厳密なことを言えば、日本に対する正式な戦勝記念日は、天皇の正使が降伏文書に署名するのをマッカーサー元帥みずからが見届けるまで待たねばならないがね、と言った。そして私はスイス臨時代理公使が持参した日本からの回答文を読み上げて会見を終えた。通信記者たちはおめでとうを連発しながら、新聞にこの記事を載せるため部屋から飛び出して行った。妻と私はホワイトハウス北側の芝生に出た。どこで聞きつけたのか、早耳の群衆が門の外に集まっており、私が指でチャーチル式のVサインをすると、大喝采が起こった。私は戸外に数分立って群衆に挨拶し、執務室に戻り、ミズーリ州グランドビューの自宅にいる母に電話をかけた」

トルーマン大統領が日本によるポツダム宣言受諾に関する声明をホワイトハウス詰め記者団に語っているとき、スイス公使・加瀬俊一は日本時間で八月十五日午前九時三分、東郷外務大臣に対し、次の電文を送った。

「スイス政府外務次官は、『日本政府の通告がポツダム宣言と十一日付けバーンズ回答に対する完全な受諾と認め、米国大統領の命により別電第八八五号メッセージを日本政府に伝達するよう米国国務長官から依頼があった』と述べた。そこで、本使はただちに八八五号電文を送る。

■第八八五号（緊急／米国務長官メッセージ／停戦実施に関する米国政府通告文）

★日本政府は次の措置をとること。

①日本国軍隊の軍事行動につき、速急な停止を指令し、連合国最高司令官にこの停戦実施に関わる日時を通報すること。
②連合国最高司令官の指示する打ち合わせを行うための充分な権限を与えられた複数の使者をただちに連合国最高司令官の許に派遣すること。使者は日本国軍隊および司令官（複数）の配置に関する情報を有し、かつ、連合国最高司令官および同行する軍隊が正式降伏受理のため指定地点に到著できるよう調整権限を発揮できること。
③降伏の受理および、この実施のためダグラス・マッカーサー元帥が連合国最高司令官に任命された。降伏調印の日時、場所、その他詳細事項に関しては同元帥が日本国政府に通報する」（電文終了）

昭和天皇の詔勅（玉音放送）は第八八五号電報を東郷外相が受け取ってから三時間後のことで、格調の高い魂を揺さぶる昭和天皇の肉声は、敗戦の痛手を克服する日本の理念を謳ったものであり、これはただちに英文に訳されて全世界に発信された。なお、この行為はアメリカから見れば「天皇によるポツダム宣言諸条項実施の保障」に相当するものであり、また、注意しておくべき史実として、八月十五日以降トルーマンとスターリンの間で交わされた次に記載した電文六通の存在がある。

■文書番号三六二号／一九四五年八月十五日／トップ・シークレット
■宛＝スターリン大元帥（Generalissimo Stalin）
■発＝トルーマン大統領（President Truman）
■本文／私はこの電文に添付した日本国陸海軍の降伏と武装解除についての一般命令第一号をアメリカ合衆国大統領の名のもとに承認し、これを連合国総司令官マッカーサー元帥に発令しました。【注／一般命令第一号の全文は著者注釈に記載】

八月十七日をもって正式発令される一般命令第一号は日本の占領方針の規定をなすものであり、マッカーサー元帥はこの命令書を下敷きにして、日本の占領統治にあたります。

なお、この命令書に変更が発生するのは二つの場合だということを申し上げておきましょう。その一つは非常に重大な問題が発生した場合で、このような場合には、アメリカ軍統合参謀本部での慎重な考察を経た上で私に勧告がなされ、それを踏まえて私が意思決定をくだし、変更が実施されます。もう一つの場合は現場を良く知るマッカーサー元帥の裁量をもって変更が実施されます。（電文終了）

■文書番号三六三号／一九四五年八月十六日／トップ・シークレット

■宛＝トルーマン大統領（President, Mr H.Truman）

■発＝スターリン（Premier J. V. Stalin）

■本文／私は、あなたが昨日十五日に送ってくれた《一般命令第一号》を拝読しました。この命令書の骨子についてはすでに外相理事会で合意に達していたものであり、ソ連が主張していた通り、遼東半島と満州が不可分領域であることについて表現されていることも確認できました。

ところで、取るに足りないことではありますが、二つばかりご配慮賜りたい件があります。すでにヤルタ密約において米英ソ三国が署名した通り、南樺太がソ連に返還され、かつ、千島列島全域はソ連に譲渡されることが合意されています。そこで、南樺太と千島列島全域における日本軍の武装解除後の、その地域における戦後処分はマッカーサー元帥の関与から外すよう願えないものか。これが一点です。

もう一つは樺太から宗谷海峡ひとつ隔てた北海道についてです。すでにテヘラン会談でルーズベルト大統領からは内々に賛意を示されており、ついてはその賛意のもと、北海道の釧路市から留萌市の間に境界線を引き、線の北側はソ連、南側はアメリカという分割占領を、ドイツの場合と同じように実施したい。ご理解いただけると思いますが、北海道の半分を占領統治することはロシア人にとって特別な意味があるのです。一九一九年から一九二一年にかけ、日本軍はソ連の極東領土を占領していました。北樺太はもちろん、ウラジオストックから沿海州一帯にかけ、さらに鉄道に沿って満州を北上し、シベリア奥地のバイカル湖東部を占領し、最終的にバイカル湖西部のイルクーツクにまで侵攻したのです。日本の降伏にあたり、もしも我々が北海道の半分ですら占領地域を獲得できないとなれば、ロシア人民はひどく腹を立てるでしょう。私はそれが気がかりです。（電文終了）

■文書番号三六四号／一九四五年八月十八日／トップ・シークレット
■宛＝スターリン大元帥（Generalissimo Stalin）
■発＝トルーマン大統領（President Truman）
■本文／八月十六日のあなたのメッセージに対し回答します。

一般命令第一号に変更を加え、南樺太と千島列島全域の戦後処分について、あなたが希望するようにマッカーサー元帥の関与から外すことは、やぶさかではありません。ところで私は、このご要望を容れる代わりに、アメリカの空軍基地を千島列島のどこかに設営させていただきたいと考えるに到りました。機能としては軍事目的と民間商業目的二つを併せ持つ航空センターであることが望ましく、飛行艇基地も併設出来るような場所を、なるべくなら千島列島の真ん中あたりに置かせてもらえれば幸いです。この提案を受け入れてもらえれば、米ソ両国にとって幸いなことと言えましょう。本件、具体的な場所の選定など、米ソ二国間による特別代表者作業部会を発足させましょう。

二つ目の北海道に関するあなたの提言は、ロシア革命の際、日本がアメリカを含む連合国の一翼をになってシベリアに出兵したことへの報復を指すものだと理解しました。

さて、ソ連の軍隊が北海道の半分を占領統治する件ですが、以下は私の回答です。

アメリカは日本と戦争状態に入って三年八カ月であり、それに引き換え貴国は日本と交戦して六日しかたっていない。数日前のことですが、貴国のモロトフ外相は『日本の占領にあたり連合国最高司令官がマッカーサー元帥一人というのは残念だ。我が国のワシレフスキー元帥と貴国のマッカーサー元帥という二人制で行きたい』とハリマン駐ソ大使に提案し、同大使からモロトフ外相は『ソ連は日本とまだ二日しか戦っていない。なぜ二人制である必要があるのか？』と尋ねられ、結局、モロトフ外相はこの要求を引っ込めたという報告が届いています。貴国と日本の交戦期間は二日。長くて六日である以上、北海道についての回答はすでに出たようなものです。私は日本をドイツのように分割統治はしません。本州、四国、九州、北海道を含め、日本の戦後処理は一般命令第一号に沿ってすべてをマッカーサー元帥に一任します。これが私の意向であり、変更の余地はありません。日本の占領政策は一時的なものでありますが、マッカーサー元帥が率いる連合国占領軍は九十九パーセントがアメリカ軍であり、それ以外の連合国軍隊の存在は実に僅かです。言うまでもありませんが、ソ連軍は、雀の涙ほどのそれ以外の連合国軍隊の一角を占めているだけで、ソ連による北海道占領など想像もおよばぬことだと申し上げておきます。（電文終了）
■文書番号三六五号／一九四五年八月二十二日／トップ・シークレット
■宛＝トルーマン大統領（President, Mr H.Truman）
■発＝スターリン（Premier J. V. Stalin）
■本文／私は八月十八日にあなたの電文を落手しました。
私はソ連軍の占領地域に北海道の北半分が含まれるものと思っていたが、あなたにはそのささやかなソ連の要求に応ずる用意が無いようだ。普通、ネガティブな回答は、それとなくほのめかすことが国際外交の常識だと思っていた。しかし、あなたの回答ほど明瞭な拒否にはめったにお目にかかれるものではない。ともあれ、私と私の同志はあなたからこのような返事が来るとは『まったく予想していなかった』と言っておきましょう。

次に、あなたの提案にある『千島列島のど真ん中に永久的なアメリカ空軍基地を作りたい』という申し出についてですが、私はこの電文を見て、今度こそわが目を疑いました。ヤルタ会談の時も、そしてトルーマン大統領自身が出席しておられたポツダム会談の時も、『千島列島はソ連に譲渡(be handed over)されること』が合意されていました。それ以外の飛行場使用権のような不穏当な問題はまったく存在していなかったと記憶しています。

そこで私は次の三点を指摘することが私の義務だと思い、申し上げることにします。
★第一点／私はことさら声高に申し上げたいのだが、ヤルタでもポツダムでも、米英ソ三カ国の誰一人として千島列島の真ん中にアメリカ空軍基地を置こうなどと言った者はいない。だから、いきなり千島にアメリカの基地を作りたいという要求されればロシア人民の中にはこれを侮辱と取る者もいる。

★第二点／基地を置かせろなどという要求をされるのは、征服された国か、自力で国土が防衛できない弱体化した国である。要するにこういう国は大国に基地として特別な領域を提供し、周囲からの軽蔑に甘んじねばならないが、ソ連はそれほど落ぶれてはいない。

★第三点／あなたの電文が送られてきて以来、私も私の同志たちも大いに立腹している。私はあなたに不退転の決意で、かつ、極めて率直に言おう。ソ連をなめてもらっては困ると。（電文終了）

■文書番号三六六号／一九四五年八月二十七日／トップ・シークレット

■宛＝スターリン大元帥（Generalissimo Stalin）

■発＝トルーマン大統領（President Truman）

■本文／八月二十二日の電文を拝見し、あなたが千島列島に並々ならぬ関心をお持ちであることは理解できました。しかし、あなたは私の電文について明らかに間違った解釈をしています。まず第一に、私は今までソ連固有のいかなる領土についても、あなたと話し合ったことはありません。つまり、例えばカムチャツカ半島というソ連の固有領土に飛行場を作らせろなどと言ったことはただの一度もない。

さて、ここでご留意いただきたいのは、貴国も締結し、履行の義務があるジュネーヴ条約追加議定書第五十九条です。日本の祐仁天皇は勅書を発し、全日本軍に対し停戦を命じ、それによって日本軍の武装解除が準備されています。つまり六日後の九月二日、連合国と日本国の間で降伏文書が正式に交わされるまでは、南樺太も千島列島も無防備宣言が出された日本の領土であって、ソ連への返還と譲渡が成立したわけではありません。

第二に私は、自分の前任者であるルーズベルト大統領があなたに約束したヤルタ密約を熟読しています。それは和平条約のもとにソ連が日本から南樺太を返還され、全千島列島を譲渡されること指しており、アメリカ合衆国政府と大英帝国政府はこれが確実に満たされるべきことを合意したもので、私はこの合意を忠実に履行します。

第三に、ソ連への返還と譲渡は、日本との和平条約に基づいて発効となりますが、あなたは南樺太と千島列島全域の永久的な所有についてアメリカの影響力をあてにすることができる。

であれば、私が千島列島の中のたった一つの島にアメリカ機の発着陸権利を対価として要求したとしても、取り引きとして成り立つのではないか。千島列島の真ん中に滑走路と格納庫、ならびに航空機の発着用システムがあればソ連との共同作戦の必要が生じた時、重要な貢献をはたすのではないか。また同様に、民需用供給品の中継ストック地に使えるのではないか。そう考え、その気持ちを八月十八日の電文にしたためたのです。

私の発想は、双方の政府間に友愛精神が存在し、そして私とあなたの間に友愛精神が存在するからには、私はこの問題についての話し合いが非常に道理にかなったものであるとみなしており、この案件についての早期の話し合いが双方にとって有益であろうと私は信じています。

とは言え、もしもあなたが今の時点でこれらのことを話し合いたくないなら、私はこれ以上この問題にこだわるつもりはありません。（電文終了）

■文書番号三六七号／一九四五年八月三十日／トップ・シークレット

■宛＝トルーマン大統領（President, Mr H.Truman）

■発＝スターリン（Premier J. V. Stalin）

■本文／私はあなたの八月二十七日付けの電信を受領しました。

誤解があったようです。しかし、私たちは互いの心の中に疑いの気持ちがそっと忍び込む事態を追い散らし、疑惑の種を吹き飛ばしました。実に喜ばしい。

私はあなたの提案に侮辱されたとは少しも思わなかったが、そうは言っても、私はあっけにとられ、非常に当惑しました。今、私はあなたへの誤解が完全に解消したと、はっきり申し上げます。

もちろん、私はあなたが提言した、緊急事態発生時に備えて、千島列島のしかるべき飛行場にアメリカ軍用機が着陸する権利を認め、同様に、商品を積んだアメリカの民間機が飛行場諸設備を使用する権利を認めましょう。本件に関連し、ソ連政府は互恵主義に基づき、ソ連の民間機によるアリューシャン列島上のアメリカの飛行場使用権の承認を期待します。実際問題として、シベリアからカナダを経由してアメリカに至る現在の空路は極端に不便なのです。我々はアリューシャン列島の中間地点を経由することにより、千島列島からシアトルまでの経路短縮が図れるよう合衆国政府に配慮願いたい。（電文終了）

八月十九日午前七時、木更津飛行場には二機の一式陸上攻撃機がプロペラを回し爆音を上げ、十四名の特使団が乗り込むのを待っている。陸軍中将・河辺虎四郎を長とする特使団十四名（陸軍六名／海軍六名／外務省二名）の任務は米軍総司令部があるマニラにおもむき、降伏調印儀式の日程調整と米軍の日本進駐スケジュールの詰めであり、もう一つ、《一般命令第一号》《天皇陛下の詔書案》《降伏文書原稿》という文書をアメリカ軍から受領し、これを日本に運ぶことだった。（三文書の全文は著者注釈に記載）

ところで、機体全体を真っ白に塗装し、胴体、主翼、尾翼に緑十字の標識を付けている陸攻が二機いるのは、一機は敗戦を認めようとしない日本の航空隊の攻撃に煙幕を張るためのおとりで、もう一機が本番用だったからだ。そこで本番機だが、特使団十四名を乗せて飛び立ち、米軍が占領する沖縄県・伊江島飛行場に降り、そこからダグラスＤＣ-４に乗りかえてマニラに向かう。

道中、味方に襲われることもなく、無事マニラに到着した特使一行はアメリカ側と調整した結果、米軍先遣隊の厚木進駐は八月二十六日（台風のため実際は二十八日）となり、マッカーサー元帥は三十日に厚木到着と決まった。ところで三つの文書については、これを日本に運び、事務レベルでの処理する責任は外務省になるため、岡崎勝男（終戦連絡中央事務局長）と湯川盛夫（調査局書記官）が受領責任者となった。

仕事を終えた特使団は二十日にマニラ・ニコラスフィールド飛行場を離陸。帰路は伊江島飛行場までは順調だったが、乗り換えた後の一式陸攻が二十日深夜、ガス欠で駿河湾の天竜川河口東三キロの海岸（現在の浜松シーサイドゴルフクラブ付近）に不時着した。パイロットの腕と十三夜の月明りに助けられた格好だが、岡崎は米軍から渡された三つの文書を早く東京に持ち帰らねばならない。すぐに、不時着現場の近くにある浜松陸軍飛行学校から修理中の四式重爆撃機を引っ張り出し、徹夜で修理してもらい、二十一日

❖

❖

❖

朝八時、調布飛行場に着いた。

さて、マニラから持ち帰った三文書のうち、《天皇陛下の詔書案》はイギリスの配慮によるもので、この詔書を降伏全権がマッカーサーに提出することをもって、天皇が直接署名する必要はなくなる。その詔書案を日本語に落としたものが次の《降伏文書調印に関する詔書》だった。

朕は昭和二十年七月二十六日米英支各国政府の首班がポツダムにおいて発し、後にソ連邦が参加したる宣言の掲ぐる諸条項を受諾し、帝国政府および大本営に対し、連合国最高司令官が提示したる降伏文書に朕に代わり署名し、かつ、連合国最高司令官の指示に基づき陸海軍に対する一般命令を発すべきことを命じたり。

朕は朕が臣民に対し、敵対行為をただちに止め、武器を措き、かつ、降伏文書の一切の条項ならびに帝国政府および大本営の発する一般命令を誠実に履行せんことを命ず。御名御璽

この詔書の命に従い、重光葵（外務大臣）と梅津美治郎（参謀総長）は全権として戦艦ミズーリでの降伏文書調印に臨んだ。

重光は降伏調印を「不名誉の終着点ではなく、再生の出発点である」と捉えていたから、比較的素直にこの役目を引き受けたが、梅津は違う。参謀総長は降伏使を命ぜられれば自決すると周囲に言っていたが、天皇に直接説得され、いやいやながらこれを引き受けた。だから八項目に渡る降伏条文を読んだ時、腐った卵を思いっきり嗅がされたような具合になり、最後まで読み切ることができないのではないかと周囲に心配されている。降伏はスタート・ポイントだという考えでいた重光も最初は冷静に降伏条文を読んでいたが、その後、八月三十日に厚木飛行場に降り立ったマッカーサーが、六回もニュース映画を撮り直したという異常性格話を聞いて興醒めし、うんざりした。

重光葵は新聞記者のインタビューでだいぶ好意的に元帥を論評しており、また、戦艦ミズーリ上での重

光の随員だった加瀬俊一（スイス公使・加瀬俊一とは別人）にいたっては読み手の顔が赤らむほどの幇間ちょうちん本を出しているが、国は破れたくないもので、重光にせよ加瀬にせよ、二人とも情報が重要な商売道具だったから、マッカーサーの裏の顔がどういうものか知っている。

八月三十日木曜日午後二時五分、元帥を乗せたバターン号という名のダグラスC-54輸送機はマニラから飛来し、厚木飛行場に着陸。そこから横浜に移動し、ホテル・ニューグランド三一五号室に宿泊し、九月二日日曜日朝九時、降伏調印式に臨むことになっている。

元帥はこのとき六十五歳。成績優秀。一種の神童だ。アメリカ史上最年少で将軍になり、かれこれ三十年近く将軍であり続け、ついさきごろ、最年少の五つ星（元帥）になった。

マッカーサーはスーパー・エリートという表の顔とは別に、ご意見無用の横紙破りを通して来た男で、その変人ぶりは一時期マッカーサーに仕えたことがあるアイゼンハワーも「それに相違なし」と太鼓判を押しており、阿諛追従（あゆついしょう）にすっかり毒された出来損ないの五つ星だったから、陸軍省を含む中枢部からは敬遠され、今日に至った。

マッカーサー元帥

マッカーサーは南部バージニア育ちの母親からたっぷりエリート意識と人種差別を吹き込まれて来たぎょっとするほどのマザコン男で、いっぽう、うぬぼれの強さは父親譲り。おのれの影響力をもてあそび、しかもそれを無上の楽しみとした男で、事実、これほど芝居がかった男はそうざらにいるものではない。一つの例だが、コーン・パイプにレイバン・サングラスという元帥の姿はニュース映像に撮られて全世界の映画館で放映されたが、自分の見せ方についてハリウッドのスター女優以上にこだわっていたマッカーサーは自分が映るシーンは可能な限り何度も撮りなおさせ、自分の最も気に入った映像を許可し

梅津美治郎参謀総長

た。本当かよ、と聞いてびっくりな事実は、演説にあたってむやみやたらにドラマチックな振り付けを好み、等身大の鏡の前で、信じられないほどリハーサルに時間をかけたことだ。

そこで健康のほどはというと、早くもパーキンソン病の兆候があらわれ、集中力が乏しく、ひどい健忘症で、中でも自分が難聴であることを隠すため、会議を極端に嫌った。つまりマッカーサーは人類不思議図鑑の一ページを飾る男だということを、重光も加瀬もよく承知している。

閑話休題。

降伏調印式がある九月二日日曜日、重光全権は未明に帝国ホテルを出て、首相官邸に向かった。このホテルは南館と宴会場を戦災で焼失したが、それから一カ月後の六月に営業を再開しており、自宅も官邸も焼けてしまった重光はここに泊まり込んでいた。ところで重光は降伏の署名にあたって何を着ていくか迷い、マッカーサー元帥他がいかなるドレスコードで臨むか聞かせたところ、ただの開襟シャツだと分かったので、普通のスーツで行くことに決めた。だがここで重光は考え直し、シルクハットにモーニングという正装にかえた。降伏調印に際し、重光は天皇の詔書をマッカーサーに渡す手筈になっている。されば相手の服装がいかなるものであれ、自分は正装であるべきだと考えたからだ。余談ながら重光の随員は、加瀬俊一、岡崎勝男、太田三郎の三名だったが、太田は服装変更の連絡が間に合わなかったため、白い夏服で調印に臨んでいる。いっぽう、軍人たちはそろいもそろって通常夏軍服に戦闘帽という姿で、重光の心がまえと同じではない。

午前四時三十分、重光全権は三人の外務官僚（随員）をともない、首相官邸で梅津全権ほか六名の軍人

（陸＝宮崎周一、永井八津次、杉田一次／海＝富岡定俊、横山一郎、柴勝男）に合流すると東久邇宮首相に出発の挨拶をし、午前五時、打ち揃って皇居遥拝をした後、トヨタＡＡ型乗用車を連ねて横浜の神奈川県庁に向かった。車のフラッグポールにはそこに大臣と参謀総長が乗っているのに、日章旗も旭日旗も掲げておらず、また軍人七名は皆丸腰だった。一行が砲弾穴だらけの京浜国道を走り、品川を過ぎ、川崎と鶴見に至って見わたせば満目荒涼、右も左も凄まじい戦禍のあとをさらしており、罹災者が気の抜けたような顔で、何かを探すでもなく地面にうずくまるかと思えば、また力なく立ち上がってとぼとぼと歩いている。京浜工業地帯に林立していた煙突はなぎ倒され、人家が密集していたあたりは完全に破壊され、後背地は人影もまばらで、全盛時の面影はまったくない。

この日に上陸したアメリカ第八軍のトラック群が乱暴な運転で一行の車とすれ違い、東京方面に向かっていく。結果から見れば、ロシア兵にいいようにされたベルリンよりも、アメリカ兵でふくれ上がった東京の方が遥かにましだったが、ともあれ東京は日を経ずして体格のいいアメリカ人ＧＩだらけになり、それと同時にモラル崩壊の危機に見舞われるだろう。

朝六時過ぎ、一行は神奈川県庁に到着。知事・藤原孝夫、終戦連絡局長・鈴木九万（ただかつ）、陸軍中将・有末精三らの出迎えを受け、わずかな休憩を取った後、六時四十五分、横浜の南大桟橋に向かった。もはやそこはアメリカ軍の管理する場所で、桟橋の両側には着銃した小銃を持つ歩哨がものものしい様子で立っている。

これが敗戦の偽らざる証（あかし）となった南大桟橋にはアメリカ海軍の駆逐艦が四隻接岸しており、一行は手前から二番目のランスダウン号に乗り込んで、横須賀沖合二十九キロに投錨中の戦艦ミズーリ（最大排水量五万三〇〇〇トン）に向かった。ついでながら、マッカーサーは一世紀近く前、日本にやって来たペリー提督を強く意識しており、そのためミズーリ号の錨地はペリー艦隊ポーハタン号のそれとまったくいっし

重光葵外相

ょにしていた。

この日は涼しい日で、二百十日の翌日だったから空は灰色雲に覆われていたが、間もなく朝日が差して来た。ランスダウンに作られた控室の舷窓からも、この駆逐艦が蹴たてていく白波が陽光に反射しているのが見え、大小さまざまな軍艦が静かに波間に錨をおろしているのが見える。しかし、そこに帝国海軍は残り香すらも無い。

八時五十分、全権一行はランスダウンから舟艇に乗り換え、のしかかるようにそそり立つ巨大な舷側の真下についた。その高みから降ろされているタラップは波のうねりに合わせ、不安定に揺れ動いている。重光は十三年前、朝鮮人テロリストの投げつけた爆弾で重傷を負い、右脚を切断した。以来、十キロの義足にステッキという姿で公務についたが、これでは到底登ることなど無理だったから、アメリカ側はすでに救急搬送用の椅子を準備しており、重光はこれで吊り上げられ、ミズーリ号の短艇甲板に下ろされた。そこには水兵の一隊が堵列し、甲板士官の号令と共に捧げ銃の礼をしたが、これら水兵全員が雲突くような大男ばかりだったのは、全権一行を威圧し、怖気づかせることを狙ってのものである。次に義足の重光は、案内されるままに、おそろしく急な階段を苦しげに踏みしめ、全身をステッキにあずけるようにして登り切り、調印式が執行される第二砲塔右舷の上甲板に立った。

そこには九名の連合国代表がおり、九名はそれぞれ二人の随員を従え、三列に並んでいる。連合国代表と重光の間には緑のテーブルクロスがかけられた机が置かれ、テーブルクロスの上に広げられているものが降伏文書だった。

もう一つ。ここには不思議な装飾品があった。上甲板の鋼鉄の壁に額がかけられており、中に古ぼけた星条旗がはまっている。これは約一世紀前、ペリー提督が日本を訪れた時、旗艦サスケハナに掲げられていた星条旗で、マッカーサーはボストン博物館からこれを借り出し、今日の良き日のためにミズーリの甲板に飾っていたのだ。空にはB-29が七〇〇機、そしてP-51戦闘機一五〇〇機が飛んでいる。

調印式場に立った時、全権一行はのけぞるほど驚いた。重光がほんの一瞬立ち止まってしまったのは水兵たちの立ち居振舞いが原因で、こういうやり方は重光に馴染まないものだったからだ。水兵たちは右舷上甲板のさらに上にある露天甲板や艦橋通路のへりから足を突き出し、それをブラブラさせて調印場を見おろしている。礼式もくそもない。見わたせば、水兵たちはマスト、煙突、砲塔など、ミズーリ艦のあらゆるところで押し合いへし合いしており、ある者は大砲にまたがり、ある者は機銃座を占拠し、文字通り立錐の余地もない。しかもそこにいる水兵のうち普通の白いセイラー服でいる者は少数派であり、ほとんどは青い作業服を着ている。よく見れば上半身裸という者もおり、まさに仕事の合間のついでに来たといった感じで、今や遅しと降伏調印が行なわれる現場を見おろし、高笑いし、声高に仲間のだれかれを呼び、記念スナップをものにしようと余念が無い。

重光の随員の一人はこの体験を次のように語っている。

「私たちは物見高い水兵の無遠慮な視線にさらされており、そのとき私は無数の鋭利な針で本当に突かれたような肉体的な激痛を感じました。その視線は大昔火刑台に立つ魔女を見る好奇の目つきであり、人が何かを凝視する時の眼の力がこれほど痛いものであることを、私は初めて知りました。

私たちは駆逐艦で移動中、接待係の士官から、ミズーリの右舷艦尾に突っ込んだ特攻機の話を聞いて、非常に感動しました。それは四月十一日午後、鹿児島県喜界島沖での出来事で、このとき、突入を果たした特攻隊員の遺体の一部が機銃座から回収され、艦長は乗組員に命じて敵であるこの隊員を水葬にし、手厚く葬ったというのです。

しかし降伏調印のあの瞬間、同じミズーリ艦乗組員の視線が語っていたものは、心あたたまる英雄物語とはまったく違う文字通り裸の目でした」

そしてもう一つ。全権一行が圧倒されたのは、どこから湧いて出たかと思うほど大量のロイター、UPなど数多くの通信社だった。重光は猛烈なカメラのフラッシュを浴びたが、少し目が慣れて来ると、そこに顔見知りの日本人記者がいるのを認めた。この日、降伏調印式の取材枠を認可された日本枠は一社二名で、この偶然を引き当てたのは同盟通信社特派員・加藤明隆とカメラマン一名だったから、重光が顔見知りと言ったのは加藤記者のことだ。

以降は、降伏調印式を目撃した加藤記者の記事で、これを掲載した毎日新聞の紙面から抜き書きする。

午前六時、私たちは米駆逐艦四六八号に乗り込み、午前七時半、戦艦ミズーリに到着した。この朝死んだように風は落ち、海は静かな凪だが、空には重い灰色の雲が垂れこめていた。右舷近くには米戦艦アイオワ、そしてやや遠く英戦艦キング・ジョージ五世が投錨し、海面を走る舟艇にはすべて米国旗がはためいていた。午前八時、軍楽吹奏とともにミズーリ号の檣頭高く米国旗が掲揚された。やがて式場には二尺に八尺ほどの直方形の机（六〇センチ×二四〇センチ）が運ばれ、白く縁どった濃緑色のテーブルクロスがかけられた。次に椅子が二個運ばれ、机を挟む形で向かいあって置かれた。戦勝国署名者が座る椅子の後方にはマイクロフォンが一個置かれている。八時十五分、式場より一段下の甲板に並んだ軍楽隊が突如吹奏をはじめ、右舷のタラップを踏んでカナダ代表団が姿を現し、引きつづきソ連、支那、英国、オーストラリア、フランス、ニュージーランド、各国代表団が順次登場した。赤い肩章、軍帽にカーキ色の軍服を着ているのはオーストラリア、カナダ代表だ。英国代表は上下とも短袖、半ズボンの白いユニフォーム。ソ連代表は薄緑の上着に太い二本の赤い側章で飾った黒ズボン、フランス代表は緑の高い丸い帽子（ケピ）に金モールを飾っている。

午前八時四十五分、灰色の軍服を来たマッカーサー元帥がニミッツ元帥以下の米国代表団を従えて入場。所定の位置についた、中央の机の背後には左から支那、英国、ソ連、オーストラリア、カナダ、フランス、オランダ、ニュージーランドの順序に各国代表が起立したまま並び、この後に随員が数名ずつ従っている。右側にはマッカーサー元帥を先頭にニミッツ元帥以下の米代表団が居並び、その横に米国随員約六十名が起立して日本全権の到着を待つのみとなった。その時、私の左にいた英国人記者が、私の肩を叩いて「日本全権が来た」と囁く。ミズーリ号の右舷に米国旗を掲げた小艇が接近している。八時五十分、タラップを踏んで重光全権を先頭に帝国全権団が姿を現した。ステッキをついて不自由な足を運ぶ重光全権に、白い夏の背広を着た終戦連絡中央事務局・第三部長・太田三郎氏が付き添っている。その後を参謀総長梅津全権が黙々と上って来る。日本全権は連合国軍代表の立ち並んでいる式場に入り、中央の机の前九歩位のところに三列に並んだ。第一列は重光全権を右に、梅津全権を左に、その後二列に陸軍側・宮崎中将、永井少将、杉田大佐、海軍側・冨岡少将、横山少将、柴大佐、外務省側・岡崎終戦連絡中央事務局長官、太田同第三部長、加藤書記官が並んだ。

重光全権はモーニング、シルクハット、黄革の手袋をはめ、右手にステッキを突いて立ち、梅津全権は陸軍大将の制服に参謀肩章を右胸に吊っている。正九時マッカーサー元帥がマイクロホンの前に立って淡々とした調子で所懐をのべた。

「戦争は終わった。我々は再びかかることのないように、平和のためにここに集つたのだ。これからはよりよい世界の建設に進まなくてはならぬ」

机の上に降伏文書の正文が二通おかれた。日本側の岡崎随員がマッカーサー元帥の前に進んで、陛下の信任状を提出した　かくて元帥司会の下に調印式が開始されたのだ。マッカーサー元帥の要求に従い、まず重光全権が加瀬随員の介添えの下に椅子に着席。シルクハットを右側に置き、右手の手袋を脱いで万年筆を取り出し、上衣の内ポケットから紙を出してペン先の具合を試した後、二枚だたみになっている二尺に一尺五寸（六〇センチ×四十五センチ）ほどの大きさの降伏文書の右側上辺に署名した。紙の白さがまぶしいほど光っている。更にもう一通の文書に署名した。ついで梅津全権も署名した。梅津全権は椅子に腰をかけず、胸のポケットから万年筆をとり出し、立ったまま上半身を曲げ机の上にかがむようにしてようにして署名し、後方に下って静かに眼鏡を外し、サックにおさめた。

日本側の署名が終ると米国側随員の　人が進み出て降伏文書を逆におきかえ、連合国の署名がはじまった。第一にマッカーサー元帥がマイクロフォンの前から進み、無雑作に着席したその後ろに、寄り添うようにしてウェンライト米中将とパーシバル英中将が立っていた。マッカーサー元帥は卓上に備えつけられたガラスのペン軸で最初の一通に署名すると、振り向いてそのペン軸をウェンライト中将に与え、もう一通に署名したペン軸はパーシバル中将に与えた。次に米国代表ニミッツ元帥が署名したが、その後ろにはハルゼー代表とシャーマン提督が付き添っていた。ついで支那、英国、ソ連、オーストラリア、カナダ、フランス、オランダ、ニュージーランドの各連合国代表が次々と二つの文書に署名した。この間日本全権は身じろぎ一つせず、静かに署名の様子を見守っていた。重光全権は右手にステッキを持ち、左手を腰に軽くあて、梅津大将は両手を後ろに組んだままだった。午前九時十五分。最後にニュージーランド代表が署名し、調印が終わるとマッカーサー元帥は「これで行事は終った」と宣言。署名の終わった降伏文書の正文一通を日本側に手交。日本全権はこれを受取ると直ちに退場した。緊張した式場の空気がやわらぎ、連合国代表も退場を始めた時、ミズーリ号の上空を轟々と爆音をとどろかせ、九機編隊のB-29が通り過ぎ、その後を数百機の連合軍側飛行機の大編隊が空を暗くして飛び去った。

調印式は全部が全部、加藤特派員の記事内容どおりには進行していない。

実のところ、右足が義足だった重光の歩行スピードのため、調印式は予定の九時から少し遅れ、九時二分からはじまった。日本の全権団が定められた場所に立つと、マッカーサーは奥から姿をあらわし、マイクの前で三分間演説した。軍人がこの手の大演説をすることを本国政府は歓迎していないから、アイゼンハワーもジューコフもしていない。なお重光はマッカーサー演説について「戦争はすでにすんで、これから平和が始まる。日本は今やこの降伏文書に調印するわけである。この文書は誠実に実行されることを期待する。もはやこれからは敵味方の関係はなくなるのである」と簡単に紹介している。

演説がすむと、随員の岡崎勝男が全権委任状を二通提示し、アメリカ側準備の書類に誤りがないことを確かめ、次に随員の加瀬俊一が《降伏文書調印に関する詔書》をマッカーサーに手渡した。すると元帥はかすかな身振りでテーブルの上の降伏文書に署名するよう重光に促し、それに応じて重光が署名。ついで梅津が署名した。日本側の署名が終わったのは九時六分。その後、九時八分にマッカーサーが署名し、次いで九名の連合国代表が署名。最後にマッカーサーが「これをもって平和は回復された。神よ、乞い願わくばこれを維持せられんことを」と述べ、九時二十分に調印式は終わった。

重光は新聞社のインタビューを受け、次のように述べてこの日を締めくくっている。

「日本側全権一行は九時三十分、アメリカ側係官の誘導で退艦し、再び駆逐艦ランスダウンで帰路につきました。横浜の埠頭には藤原知事、鈴木局長、有末中将らが出迎えに来ておられ、その後、県庁で慰労の午餐にあずかり、急ぎ東京に帰って、総理官邸で東久邇宮首相に報告し、その後、梅津全権と私は参内し、御文庫の御座所で拝謁して、無事に調印が終わったことについての一部始終を奏上し、ご嘉納いただきました」

こうして二人の全権は降伏文書調印の使命を終えた。

重光は帝国ホテルの自室に戻り、ほっと一息ついた時、調印式場でハルゼー提督が署名中の自分に「もたもたするな！　早くサインしろ、この野郎！」と罵声を浴びせたことを思い出し、ふと、気持ちに鬱々としたものが忍び込んで来るのを感じた。

――さきのことはわからない。

敗戦は再生の出発点であるから、古い規範が崩れて、新しい規範が建てられるのは結構なことだ。そして日本は、イザナギ・イザナミ以来、その時々の本流となる社会規範を天皇と皇室が身にまとうことによって日本のオリジナリティーを維持継続させて来た。それこそが日本式政治手法だろう。

――だが、今度もそれがうまく行くかどうか。

さきのことはわからない。しかし、カナダ代表が署名位置を間違えて危うく降伏儀式が不調に終わるところだったけれども、事なきを得、大禍なくお上に奏上できたではないか。重光は、イザナギ・イザナミ以来の手法がこれからも継承されていくと大いに納得して就寝した。いずれ重光は国連にもっとも望ましい社会規範を期待し、国連の場において日本のオリジナリティーを発揮させようとするだろう。

著者注釈

■スティムソンがトルーマンに提出した三ページの資料

〈第一章1〉

レスリー・R・グローヴス著『私が原爆計画を指揮した』(原題＝Now it can be told) より

①おそらく四カ月以内に、我々は人類史上空前の最も戦慄すべき兵器を手に入れるだろう。それは一発で一つの都市全体を吹き飛ばすことができるようなスーパー爆弾である。

②その完成には今までイギリスと協力してきた。現在、スーパー爆弾の生産ならびに使用に必要な原材料（核爆発素材）はアメリカ合衆国の支配下にあり、他のいかなる国もここ数年は、我が国の位置に到達することはないだろう。

③しかし、我々が永久にこの地位に留まり得ないこともほぼ確実である。将来は、他の国も我が国がたどった行程よりも遥かに短い期間で原爆を製造し得るだろう。

④将来、この種の原爆兵器は秘密の内に製造され、何のまえぶれもなく、いきなり使用されるだろう。猛烈な破壊力を持つこの兵器を使えば、極めて強力で安定した国家もわずか数日で弱小国に征服される可能性は高い。

⑤技術の進歩に比較し、現在の乏しい道義心レベルでは、結局、世界は原子力兵器に死命を制せられることになろう。そして近代文明は完全にその痕跡を留めぬまでに破壊されてしまうかも知れない。

⑥我が国の指導層がこの新兵器に対する認識を持たずに国家平和機構の問題を解決しようとすることは、およそ非現実的なことになるだろう。従来考えられたようないかなる管理制度も、この恐ろしい兵器を管理するには不十分である。特定の一国内においても、また、国際間においても、その管理は疑いもなく最大の困難なテーマとなり、その管理には従来だれも決して予期しなかったような徹底的な査察および国内的統制が必要となろう。

⑦そのうえ、この新兵器に関連して、我が国の現在の国際的地位に照らして見ると、その兵器を他の諸国と分かつという問題は、もし分け合うとすればどのような条件で分かち合うかが対外関係の主要問題となるだろう。また、我が国の戦争における指導力と、さらに、この兵器の開発における指導力は、ある種の道義的責任をみずから背負わざるを得ない。我が国はそれを避けることはできない。もしもその責任を回避すれば、我が国は文明に

対する大災厄、すなわち文明がこうむる悲惨な出来事いっさいに対し極めて深刻な責任を負うことになるだろう。
⑧その反面、我が国が原子力の正常な用法というテーマを解決すれば、我が国は平和と文明の二つを正常に保ち得る方向に世界を導く機会が与えられたということになるだろう。
⑨グローヴス少将のレポートにも明記されている通り、我が国の行政立法両部門に対し、必要な措置を勧告する権限を持つ《暫定委員会》の設置準備が目下着々進行中である。

■暫定委員会のメンバー 〈第一章1〉

①委員長ヘンリー・スティムソン（陸軍長官／議長）／②ラルフ・バード（海軍次官）／③ジェームズ・バーンズ（トルーマン大統領特別代理／顧問）／④ウィリアム・クレイトン（国務次官補）／⑤ジョージ・Ｌ・ハリソン（陸軍長官補佐／議長代理）／⑥ヴァネヴァー・ブッシュ（科学研究開発局長官／科学者）／⑦カール・コンプトン（マサチューセッツ工科大学学長／科学者）／⑧ジェームズ・コナント（国防研究委員会議長、ハーヴァード大学学長／科学者）
★召集された科学顧問
①ロバート・オッペンハイマー／②エンリコ・フェルミ／③アーサー・コンプトン／④アーネスト・ローレンス
★陪席審議員
①ジョージ・マーシャル（参謀総長）／②レスリー・グローヴス（工兵隊少将）／③ハーベイ・バンディー（陸軍長官補佐）／④アーサー・ペイジ（ＡＴ＆Ｔ広報担当責任者）

■ＴＮＴ換算 〈第二章5〉

トリニティー実験での原爆の出力エネルギーはＴＮＴ換算で一万八六〇〇トンであり、これは次の通り比較することができる。原爆の惨禍は単なるＴＮＴ比較で済むものではなく、放射線の影響、経過被害などを勘案すればなぜこれがまがまがしいものであるかが分かる。
●東京大空襲ＴＮＴ火薬換算で一六八五トン
●広島原爆ＴＮＴ火薬換算で一万五〇〇〇トン
●長崎原爆ＴＮＴ火薬換算で二万二〇〇〇トン

■その後の人生 〈第二章5〉

●レスリー・グローヴスは一九四七年二月に中将の軍歴をもって退任。除隊後は一九六一年までスペリーランドの副社長を務める。一九七〇年七月十三日死去。享年七十四。
●オッペンハイマーは、戦後、原爆の使用に関し物理学者としての自分の罪を知ったという言葉を残し、以後は核開発協力からいっさい手を引いた。水爆反対活動を行い、公職を追放され、私生活も常にＦＢＩの監視下におかれるなど生涯に渡って抑圧され続けた。一九六七年二月十八日、核兵器開発主導を後悔し、生涯を終えた。享年六十三。

●マキビン夫人は八十八歳の誕生日の五日後、すなわち一九八五年十二月十七日に他界した。

丘（the Hill）と暗号もどきの名前で存在した原爆研究所は、戦後、ロス・アラモス国立研究所という名前で正式登録され、この時、《私書箱１６６３》は廃止になった。ちなみに一九五二年実施のビキニ環礁水爆実験をふくむ計六十七回の核実験用爆弾はすべてロス・アラモス国立研究所から出荷された。

戦後、ロス・アラモス国立研究所が秘密のベールを取り去った後も、サンタフェにあるイーストパレス一〇九オフィスは研究所の出張所として機能した。マキビン夫人の退職は一九六三年六月二十八日（六十五歳）のことで、その時を境にこのオフィスはシャッターを降ろし、出張所としての機能を停止した。

マキビン夫人は他界した後、サンタフェ・メモリアル霊園に葬られ、墓碑には詩人ペギー・ポンド・チャーチという友人の詩が刻まれている。

■ヤルタ議定書の七項目

〈第三章１〉

①ポーランドとソ連の新しい国境線はカーゾン線とする。

②ポーランドとドイツの新しい国境線はオーデル・ナイセ線とする。

③米英ソ三国によって直ちに承認されるポーランド暫定政府は総選挙を準備し、正式なポーランド政府機構を作る。

④暫定政府にはルブリン政府メンバーに加え、何名かのロンドン在ポーランド亡命政府メンバーを参加させる。

⑤Ｂ-29爆撃機の緊急着陸地としてソ連極東のアムール川沿いコムソモルスク市にアメリカ空軍の基地を設営する。

⑥東ヨーロッパ地区を爆撃している米英爆撃機の緊急着陸地としてハンガリーのブダペスト近郊にアメリカ空軍の基地を設営する。

⑦アメリカ軍特殊部隊は東ヨーロッパ地区空爆成果の調査をおこなう。

■ヤルタ共同声明の九カ条

〈第三章１〉

左記九条項（タイトル）はヤルタ議定書七項目が前提となっている。

①ドイツの打倒／②ドイツの占領と管理／③ドイツによる賠償／④国連での会議／⑤解放されたヨーロッパの宣言／⑥ポーランド／⑦ユーゴスラヴィア／⑧外相会合／⑨戦争と同様の平和に対する連合国の結束

■ヒトラー地下壕の惨劇　〈第三章3〉

●ヘルガ・ゲッベルスは、検死解剖の結果、その顔面に打撲傷があった。これは彼女がシアン化水素カプセルを口にねじ込まれた時にもがき、その時についたものと推測される。毒殺され地下壕の子供用ベッドに横たえられた子供たちの遺体は、ソ連兵が地上に運び出した。ソ連兵は遺体を土の上に敷かれた毛布の上に横たえ、その後、黒こげになった両親と共に葬った。一九七〇年四月四日、KGB長官ユーリー・アンドロポフの承認により、マグデブルク近郊に移転埋葬されていたゲッベルス家族の遺体は掘り出され、焼却され、完全に灰にされてエルベ川支流のビーデリッツ川にまき散らされた。

●地下壕で自殺した人間はヒトラー、エヴァ・ブラウン、ゲッベルス夫妻と子供たち、クレープス将軍、ブルクドルフ将軍、ペーター・ヘーグル親衛隊中佐、計十三名だった。ヒトラーの愛犬ブロンディー（ジャーマン・シェパード）とその犬が産んだ四匹の仔犬もこの地下壕で毒殺された。マルチン・ボルマンとストゥンプフェッガー博士はゲッベルス夫妻の死を確認した後、地下壕から脱出したけれども、地下壕から北に一キロ半ほどのヴァイデンダンマー橋までたどり着いた時点で、逃げきれないと諦め、ここでカプセルをかみ砕いて自殺した。

■ポツダム協定に記された二十一項目の表題　〈第四章3〉

《1》外相理事会
《2》ドイツ処遇上の支配原則（米・英・仏・ソ四カ国による分割占領統治）
●政治面の原則
●経済面の原則
《3》ドイツが支払う賠償金
《4》ドイツ海軍艦船とドイツ商船の譲渡処分
《5》ドイツ領ケーニヒスベルク割譲とソ連への帰属
《6》戦争犯罪人
《7》オーストリアの処遇
《8》ポーランドの処遇
●宣言
●ポーランド西部国境（ポーランドとドイツの国境）
《9》平和条約と国連機関
《10》信託統治
《11》ルーマニア・ブルガリア・ハンガリーの連合国占領地管理委員会
《12》ドイツ住民の追放と移送
《13》ルーマニア油田
《14》連合国のイランからの撤収
《15》タンジールの国連管轄ゾーン
《16》ボスポラス海峡・マルマラ海・ダーダネルス海峡の通航制度
《17》内陸部水路の国際的相互利用（大河川ならびに内

陸部運河）

《18》ヨーロッパ内陸部輸送委員会

《19》ドイツに対する連合国管理評議会（ＡＣＣ）の位置づけ

《20》ドイツ衛星国からの賠償金もしくは戦勝鹵獲物資

《21》軍事会議

★添付書類Ⅰ（Annex 1）

★添付書類Ⅱ（Annex 2）＝ポツダム宣言

■カイロ宣言 〈第四章３〉

第二次大戦中、米英は大西洋憲章など多数の外交文書を採択しているが、唯一例外的なものにカイロ宣言がある。日本が降伏した後の領土について言及したカイロ宣言は前後の脈略なくルーズベルト大統領が唐突にプレス・リリースしたもので、その国際法上の位置づけには疑問符がつく。何よりもユニークな点は、この宣言にはそもそもコンセンサスなどなく、そのため署名もないという点である。もっとも、ポツダム宣言も、チャーチルと蒋介石のサインはトルーマンの代筆だった。

■三九三爆撃戦隊の特殊Ｂ-29十五機 〈第四章４〉

●トップ・シークレット（Top Secret）→テニアン着六月十一日

●ジャビット三世（Jabit Ⅲ）→テニアン着六月十一日

●ストレンジ・カーゴ（Strange Cargo）→テニアン着六月十一日

●サム・パンプキンス(Some Punkins) →テニアン着六月十四日

●ストレート・フラッシュ（Straight Flush）→テニアン着六月十四日

●ボックスカー（Bockscar）→テニアン着六月十七日

●フル・ハウス（Full House）→テニアン着六月十七日

●ネクスト・オブジェクティブ（Next Objective）→テニアン着六月十七日

●アップ・アン・アトム（Up An' Atom）→テニアン到着六月十七日

●ビッグ・スティンク（Big Stink）→テニアン着六月二十五日

●グレート・アーティスト（The Great Artiste）→テニアン着六月二十八日

●ネセサリー・イーヴル（Necessary Evil）→テニアン着七月二日

●エノラ・ゲイ（Enola Gay）→テニアン着七月六日

●ルーク・ザ・スポーク（Luke the Spook）→テニアン着八月二日

●ラッギン・ドラゴン（Laggin' Dragon）→テニアン着八月二日

■リトルボーイ投下任務B-29七機　〈第四章4〉
●エノラ・ゲイ（↓ポール・ティベッツ機長／リトルボーイ投下）
●グレート・アーティスト（↓チャールズ・スウィーニー機長／計測調査目的の科学者搭乗機）
●ネセサリー・イーヴル（↓ジョージ・マーカード機長／写真撮影）
●ストレート・フラッシュ（↓クロード・イーザリ機長／広島の天候確認）
●ジャビット三世（↓ジョン・ウィルソン機長／小倉の天候確認）
●フル・ハウス（↓ラルフ・タイラー機長／長崎の天候確認）
●トップ・シークレット（↓チャールズ・マクナイト機長／硫黄島での待機）

■エノラ・ゲイ搭乗員　〈第四章4〉
①機長：ポール・ティベッツ（中佐）／②副操縦士：ロバート・ルイス（大尉）／③爆撃手：トーマス・フィヤビー（少佐）／④航法士：セオドア・ヴァン・カーク（大尉）／⑤レーダー士：ジェイコブ・ビーザー（中尉）／⑥レーダー技術士：ジョー・スティボリック（軍曹）／⑦航空機関士：ワイアット・ドゥゼンベリー（軍曹／技師）／⑧無線通信士：リチャード・ネルソン（上等兵）／⑨胴下銃撃手・電気士：ロバート・シューマード（軍曹）／⑩後尾銃撃手：ジョージ・キャロン（軍曹／技師）／⑪特別搭乗員：原爆点火装置監督ウィリアム・パーソンズ海軍大佐／⑫特別搭乗員：電気回路制御・計測士モリス・ジェプソン助手

■トルーマン大統領の原爆声明（全文）　〈第四章5〉
「合衆国大統領声明／一九四五年八月六日午前十一時（ワシントン時間）
今から十六時間前、アメリカの爆撃機はヒロシマに一発の爆弾を落とし、完膚なきまでに敵を破壊した。この爆弾はＴＮＴ火薬二万トン以上の威力を持ち、イギリス製爆弾グランド・スラム（Grand Slam）という現時点で破壊力世界一の爆弾の二千発分に相当する。
日本は航空機による真珠湾の攻撃によって戦争を始めた。そして今、日本はその何倍もの報復を受けており、その報復はこれで終わりではない。この新型爆弾を支える革命的な技術力をもって、我がアメリカの保有する巨大な軍事力は飛躍的に補強され、その破壊力は途方もないパワーになる。現在、新型爆弾は生産ラインにのり、今後ますます、その破壊力に磨きがかかるだろう。
この新型爆弾は宇宙の根源的なパワーを利用した原子爆弾である。太陽が持っているパワーを源泉とする原子爆弾は、戦争の脅威をもたらした極東の人々に向かって放たれたのだ。原子の力を解き放つことは理論的に可能だという思想は一部の科学者たちに受け入れられた信念であり、その思想が芽生えたのは今を去る六年前、すなわち一九三六年のことだった。しかし、誰も原子の力を解き放つという実効力のある方法は知らなかった。ところが一九四二年になって、我々はドイツ人が原子エネルギーを自国の軍事力の中に取り込んで世界を隷属化させるべく、その実用化を何とか発見しようと、熱に浮かされたように研究していることを知った。だがドイツ人は失敗した。ドイツ人はV-1型ロケットを実戦投入したが、いっぽうV-2型ロケットは完成が遅れ、しかも少量配備しかできなかった。そして何よりも、ドイツ人は原子爆弾を完成させることはできなかった。我々はこの事実を神の恩寵として感謝すべきだろう。研究室での戦いの帰趨は、空や陸や海での戦い同様、我々の命を脅かす危険と隣り合わせだが、今や、我々は陸海空三軍の戦いに勝利すると同様、研究室での戦いにも勝利したのだ。

日本が真珠湾攻撃をする前、一九四〇年初頭、アメリカ合衆国と大英帝国は有用な科学知識情報を蓄積共有し、そうした取り決めが最終的な勝利に寄与した。それらの科学共有情報から得られた勝利への貢献は、金額換算は不可能である。この様な大政策のもとに原爆研究は始まった。米英双方の科学者は共に研究し、ドイツとの間で原子力の研究競争に突入していった。アメリカは必要とされる広範囲な知識を持った卓越した科学者が潤沢にいた。原爆研究を支える巨大な産業と財政上の資源のおかげで、開発に携わった者は何物にも妨げられることなく、戦争遂行のために人員や物資が甚だしく影響を受けることは一切なく進められた。アメリカの研究所は何物にも妨げられずに働いた。そして、ドイツ空軍の空襲の心配は皆無の中で何不足ない供給を受けた関連製造プラントは確実に起ちあがっていった。いっぽうその間、イギリスは絶え間ない空爆にさらされ、ドイツ軍の上陸侵攻に脅かされていた。こういう理由でチャーチル首相とルーズベルト大統領はアメリカの地に原爆プロジェクトを集中することに合意した。我々は現在二つの大プラントを持ち、そこでは決して少なくない労働人口が原子力関連の仕事に就いている。雇用人口は最大時十二万五〇〇〇人を数え、今も六万五〇〇〇人がプラントの操業に従事している。その内の多くはすでに二年半、そこで働いている。しかし、誰一人としてそこで何が製造されているのか知らない。従業員は膨大な領の原材料がプラントに流れ込んで行くのは見ても、そのプラントが製品としてアウト・プットしているものは何も見ていない。なぜならアウト・プットされた爆発物の物理的な大きさがおそろしく小さいからだ。我々は歴史始まって以来最大という科学のギャンブルに二〇億ドルを投じ、そして勝った。

しかし、最も驚嘆すべき偉大な点はこの計画の規模や、その秘密や、その投資コストにあるのではない。それは科学的頭脳の持ち主が、異なったさまざまな科学分野で無限ともいうべき知識の複雑性を結集し、夢想に過ぎなかったものを現実化する計画を作り、それを成し遂げたことにあるのだ。そして同様に、この過酷な科学者たちの要求をひるむことなく受けて立ったプラント・デザイナーやプラント・オペレイター、そして驚異そのものというべき機械、そしてさまざまな仕掛け、メッキ行程や非破壊検査など、それを成し遂げるまでの間に誕生した無数の新案特許に対しても大きな賞賛の言葉を禁じ得ない。また、科学者と工業技術者が協同作業を続け、多様な問題を解決したが、それをアメリカ陸軍が管理監督したことにより、驚嘆すべき短期間で新知識を進歩させた。科学者と産業従事者と陸軍という、かくも異質の組み合わせは、他のケースにおいて、かくも成功したことはなく、これからもこれほどの成功が成し遂げられるかどうか疑問である。ともかく成し遂げたことは歴史上最も偉大な科学組織体の成果であって、これは途方もない困難の中、失敗ゼロで成し遂げられた。

我々は、今や地上にある日本のすべての生産拠点を、迅速にかつ完璧に、根こそぎ吹き飛ばす。我々は港湾にあるドックと言わず、生産工場といわず、ありとあらゆる兵站通信拠点を破壊する。ためらいは無しだ。我々は日本の軍事力をこの世から抹殺する。我々は日本人に徹底的な破壊から免れさせようとした。それが、七月二十六日、ポツダムから発した最後通告だった。日本人指導者はいとも速やかにその最後通告を撥ねつけた。もしも日本人が今もって我々の通告を受け入れないのであれば、未だかつてこの地球上で見たことが無い空から降り注ぐ破滅の雨（**a rain of ruin from the air**）を覚悟しなければならないだろう。空からの破滅の雨に引き続き、海と陸からの前代未聞の攻撃が百戦錬磨の兵によって展開されるだろう。

原爆生産プロジェクトのあらゆる部分に精通しているスティムソン陸軍長官は、すぐにこの後の詳細計画について声明をだすことになっている。その声明ではテネシー州ノックスビルのオークリジ・サイト、そしてワシントン州リッチランドのハンフォード・サイト、ならびにニューメキシコ州サンタフェの研究所が言及されるだろう。ところで、サイトの労働者は巨大な破壊力を生み出す原爆の素材原料を生産することが仕事だから、極度の集中力が必要とされるので、他の一般雑務からは完全にきりはなされ、安全第一が特に徹底されている。

一つの事実がある。それは人類が自然の力を理解するにあたり、我々アメリカ人は新時代到来を告げる原子力について何らかのことがらを公表できる立場にいるということだ。将来、原子力は、石炭、石油、水力などから我々が享受しているエネルギーを補強するものになるだろう。しかし現在、原子力は競争にならないほど高額であるため、民間の商業ベースでそれを作り出すわけには行かない。その時期に到達するまでには長期的、広範かつ集中的な調査をしなければならない。世界の科学的知識を独り占めにし、与えないでおくことはアメリカの科学者たちの気質習慣とは相反しており、また、合衆国政府のポリシーでもない。そのゆえ原子力についてのすべての成果は公表することが通常のやりかただろう。しかし現段階において、我々は原子力の製造プロセス技術、あるいは、すべての軍事的活用技術を洩らすつもりはまったくない。我々は、今すぐそこにある突然の破壊の危険から、アメリカ国民と、そして我々と共に在る国々を守る方法が確実に出来上がるまで、原子力については公表しない。

私は合衆国議会がアメリカ国内における原子力の生産と使用を管理する適切な委員会の迅速な設立を強く推奨する。私は議会に要請する。すなわち、原子力がいかに世界の平和維持のため力強く効果的な影響力を持つかについて、さらに深く考察し、合衆国議会がより強い忠告を行うよう求めるものである」

■ファットマン投下任務B-29六機　〈第四章5〉

●ボックスカー（↓チャールズ・スウィーニー機長／ファットマン投下）

●グレート・アーティスト（↓フレデリック・ボック機長／計測調査目的の科学者搭乗機）

●ビッグ・スティンク（↓ジェームズ・ホプキンズ・ジュニア機長／写真撮影）

●エノラ・ゲイ（↓ジョージ・マーカード機長／小倉の天候確認）

●ラッギン・ドラゴン（↓チャールズ・マクナイト機長／長崎の天候確認）

●フル・ハウス（↓ラルフ・タイラー機長／硫黄島での待機）

■ボックスカー搭乗員　〈第四章5〉

①機長：チャールズ・スウィーニー（少佐）／②副操縦士：チャールズ・オルベリー（大尉）／③副操縦士：フレデリック・オリビー（中尉）／④航法士：ジェームス・バンペルト（大尉）／⑤爆撃士：レイモンド・ビーハン（大尉）／⑥無線通信士：エイブ・スピッアー（軍曹）／⑦航空機関士：ジョン・カーレック（兵曹長）／⑧副航空機関士：レイ・ギャラーガー（兵曹長）／⑨レーダー担当士：エドワード・バックレイ（兵曹長）／⑩最後尾銃座・銃撃手：アルベルト・デハート（軍曹）／⑪海軍中佐：フレデリック・アッシュワース／⑫兵装助手：フィリップ・バーンズ／⑬放射線計測手：ジェイコブ・ビ

ーザー

〈第四章5〉

■ボックスカーの投下飛行経路

●B-29(ボックスカー)がテニアン基地を出撃して長崎に原爆を投下するまでの飛行経路は、《長崎原爆資料館》のホームページを参考にしている。なお、同ホームページにも注釈記載されている通り、記載時間はすべて日本時間に直されている。このホームページに記載された時刻はアメリカ海軍中佐フレデリック・アッシュワース(兵装担当士官)が本国に報告した「原爆搭載機の進入経路と投弾」をもとにしている。したがってアッシュワース中佐が実際に報告した時間表記は、日本時間に《プラス一時間》したテニアン時間で報告されているだろう。

●進入経路については、アッシュワース報告とは別に、《テニアン→屋久島→日向灘沿いに北上→四国・高知県・宿毛市・沖ノ島→豊後水道→大分県・国東群・姫島→小倉》、《小倉→福岡県・飯塚市→久留米市→大牟田市→諫早湾→長崎市→沖縄県・読谷→テニアン》という説がある。この説をとる場合、小倉への爆撃始点は現在の北九州空港の東方海上であり、ここから接近して鋤崎山から投下をはかったが、視界不良で、進路を長崎に変更し、諫早湾から長崎に至ったものと思われる。

●ボックスカー機長チャールズ・W・スウィーニーが著した『私はヒロシマ、ナガサキに原爆を投下した』(黒田剛・訳)』(原書房・二〇〇〇年)に記載されたナガサキに関連する《時間》も多少ずれがある。

〈第四章6〉

■一般命令第一号の全文

【第1項】天皇が直接指揮する日本国大本営(The Imperial General Headquarters)は勅命に基づき、すべての日本軍が連合国最高司令官に対し降伏することを通達した。

連合国最高司令官はこの日本国大本営通達を受け、日本国内外に在るすべての日本軍指揮官が、その指揮下にある日本軍将兵に対し、直ちに敵対行為を終止し、武装解除に応ずることを命ずる。武装解除に応じた後には、追って指示があるまで現在位置を動いてはならない。

その上で、連合国最高司令官は下記細則に示す通り、アメリカ合衆国、中華民国、大英帝国およびソヴェト社会主義共和国連邦の指名する各指揮官に対し、日本国軍隊が無条件降伏することを命ずる。

アメリカ合衆国、中華民国、大英帝国およびソヴェト社会主義共和国連邦によって指名された降伏受理のための指揮官またはその代表人は即刻、武装解除待機者と速やかに連絡を行うものとする。ただし、細則に関しては連合国最高司令官の判断により、変更が生じることもある。

この件については、降伏受理のための指揮官または代理人は、この変更命令を完全に、かつ、即時に実行されねばならない。

以下は細則。

●中国（満州を除く）、台湾および北緯十六度以北の仏領インドシナに在る日本軍指揮官ならびに全陸海空将兵とその補助部隊は蒋介石総統に降伏せよ。

●満州、樺太および千島諸島、北緯三十八度線以北の朝鮮に在る日本軍指揮官ならびに全陸海空将兵とその補助部隊はソ連・極東軍最高司令官に降伏せよ。

●アンダマン諸島、ニコバル諸島、ビルマ、タイ、北緯十六度以南の仏領インドシナ、マライ、スマトラ、ボルネオ、オランダ領東インド、英領ニューギニア、ビスマルク諸島、ソロモン諸島に在る日本軍指揮官ならびに全陸海空将兵とその補助部隊は連合国最高司令官によって指名された東南アジア方面軍司令官ないし、オーストラリア陸軍最高司令官に降伏せよ。

●日本国委任統治領（カロリン諸島、マーシャル諸島、マリアナ諸島）、沖縄諸島、小笠原諸島に在る日本軍指揮官ならびに全陸海空将兵とその補助部隊はアメリカ合衆国太平洋艦隊司令官に降伏せよ。

●日本国本土、これに隣接する小諸島、北緯三十八度線以南の朝鮮、およびフィリピン諸島に在る日本軍指揮官ならびに全陸海空将兵とその補助部隊ならびに大本営は、アメリカ合衆国・太平洋陸軍最高司令官に降伏せよ。

●日本国軍隊が降伏する相手は前記の各指揮官またはその代理人のみであり、前記各指揮官またはその代理人のみが連合国代表者として降伏を受諾する権限を付与されている。

日本国大本営は、日本国国内および国外にある指揮官に対し、それが、いずれの位置にあるかを問わず、全軍を完全に武装解除し、かつ、連合国最高司令官によって指定された時期と場所において、すべての兵器および装備を現状のまま、かつ、安全で良好な状態で引き渡さねばならない。

（日本国本土内にある日本国警察機関については、追って沙汰するまで保留とする。すなわち日本国警察機関の武装解除はその適用を免れる。警察勤務者はその部署に留まり、法および秩序の維持につき任務を果たすものとする）

【第2項】日本国大本営は一般命令第一号を受領の後、連合国最高司令官に対し、下記に関する日本国および日本国の支配下にあるすべての地域の完全な情報を速やかに提供せよ。

●陸海軍ならびに航空&防空部隊のすべての基地の場所と将兵軍属の数をリストアップせよ。

●軍用、民需用を問わず、すべての航空機の型式、数、状態、所在地をリストアップせよ。

●日本国および日本国支配下すべての地域に存在する海

軍艦艇および潜水艦ならびに海軍小型補助艦艇をリストアップせよ。かつ、それらの艦艇を《就役中》《非就役中》《建造中》に分別し、同時に、《存在位置》《運行状態》を明記せよ。

●日本国および日本国支配下すべての地域に存在する総トン数一〇〇以上の商船をリストアップせよ。リストアップ対象はかつて連合国のいずれかに属し、現在は日本籍となっている商船を含む。リストアップしたそれらの商船を《就役中》《非就役中》《建造中》に分別し、同時に、《存在位置》《運行状態》を明記せよ。

●海防上の機雷と機雷原情報、陸上防衛のための地雷と地雷原情報、ならびに防空上の阻塞気球情報について、位置と施設状況と安全通路についての完全な情報をリストアップせよ。これに加え詳細な地図情報を付加せよ。

・飛行場、飛行艇基地、高射砲陣地を含む防空施設、港湾、海軍基地、物資貯蔵所、要塞を含む沿岸防備施設、その他すべての軍事施設および建造物の位置と詳細説明に関する情報を提出せよ。これらは常設・仮設を問わない。

●連合国の戦時捕虜および一般人被抑留者が収容されているすべての施設の場所をリストアップせよ。

【第3項】日本軍および民間航空当局は、追って沙汰するまで、すべての日本陸海軍航空機および非軍用の民間航空機を陸上、海上または艦上に留め置くことが認められ、保障されるものとする。

【第4項】日本国および日本国支配下すべての型式の海軍艦艇および商船は連合国最高司令官の指示があるまで、これを破損することなく保全し、かつ、どこかに移動する計画は保留されるものとする。また、航海中の船舶は直ちにすべての種類の爆発物を無害化した後、海中投棄するものとする。航海中ではない船舶は直ちにすべての種類の爆発物を沿岸の安全な貯蔵所に移し変えるものとする。

【第5項】責任ある日本国、およびその管理下にある軍と行政当局は次の条項を保障せねばならない。

●すべての日本国の機雷、機雷原、その他の陸上、海上、航空の移動に関する障害物は、それがどの位置にあるかどうかに関係なく、連合国最高司令官の指示に従ってこれを除去すること。

●航海の利便性を高めるすべての施設を直ちに修理復活させること。

●第5項の遂行完了までは、すべての安全な通路を開放し、かつ、これに明瞭な標示を行うこと。

【第6項】責任ある日本国、およびその管理下にある軍と行政当局は、連合国最高司令官より追って沙汰するまで、次の条項を現状のまま、かつ、良好な状態で保持せねばならない。

●兵器、弾薬、爆発物、軍用装備、貯蔵品、補給品など

すべての種類の戦争用具および戦争用資材。(一般命令第一号・第4項において特別に規定したものを除く)
●すべての陸上、水上、航空運輸および通信施設ならびにその装置。
●飛行場、飛行艇基地、防空施設、港湾および海軍基地、要塞、物資貯蔵所、陸上および沿岸防備施設(常設・仮設を問わず)、その他すべての軍事施設と建造物の設計および図面。
●すべての戦争用具、軍事機関または準軍事機関の運営に関するこれら資材および資産を製造するためのすべての工場、製造場、工作場、研究所、実験所、試験所、技術上のテクニカル・データ、特許、設計図面および発明。
【第7項】日本国大本営は連合国最高司令官に対し、一般命令第一号を受領した後、指定した期限内に、遅滞なく第6項に関するすべての事項の数量、型式、位置を示す完全なリストを提出せよ。

【第8項】すべての兵器、弾薬および戦争用具の製造と支給は直ちに終止せよ。

【第9項】日本国および日本国支配下すべての地域の当局が管理している連合国の戦時捕虜ならびに民間被抑留者については次の通り定める。
●すべての連合国戦時捕虜ならびに民間被抑留者については、その安全と福祉について細心の注意をもって保護にあたり、連合国最高司令官にそれらの責任が引き継がれるまで、充分に満足のいく食糧、避難設備、衣服を供給し、かつ、医師による診療と医薬品供給を確実に実施すること。
●収容所ほかの抑留所に勾留されていたすべての連合国戦時捕虜ならびに民間被抑留者は、それぞれその設備、貯蔵品、記録、武器弾薬と共に、直ちにこれを先任将校または指定された代表者に引き渡し、その指揮下に編入されるものとする。
●連合国最高司令官の指示に従い、すべての連合国戦時捕虜ならびに民間被抑留者は、連合国当局がこれを引き取り、これを安全な場所に輸送するものとする。
●日本国大本営は連合国最高司令官に対し、一般命令第一号を受領した後、指定した期限内に、遅滞なくすべての連合国戦時捕虜ならびに民間被抑留者の所在をリストアップするものとする。
【第10項】日本国および日本国支配下すべての地域の当局は連合国軍隊による当該支配地域の占領を援助支援すること。

【第11項】日本国大本営および日本国のその任に当たる当局は、連合国占領指揮官の指示によって、一般日本国民の所有するすべての武器を集めて引き渡すための準備を行うこと。

【第12項】一般命令第一号およびこれ以降、連合国最高司令官、そして他の連合国軍事当局が発行するすべての命令に対し、日本国と日本国支配下にあった軍および行政役所ならびに民間人は、厳正かつ実直かつ迅速に従うものとする。不服従は無論のこと、いかなる遅滞も認めない。この遵守を拒む場合、連合国最高司令官が連合国に対し有害であると決定する行為がある時は、連合国軍事当局と日本国政府の手で、速やか、かつ、激烈な処罰が下る。

■降伏文書・全文（八項目） 〈第四章⑥〉

①我々はここに、アメリカ合衆国、中華民国および大英帝国の政府首班が一九四五年七月二十六日、ポツダムにおいて発し、後にソヴェト社会主義共和国連邦が参加した宣言の条項を日本国天皇、日本国政府および日本帝国大本営の命により、代理受諾する。なお、前記四カ国は、これ以降、連合国と称する。

②我々はここに、日本帝国大本営ならびにいずれの位置に在るかを問わず、一切の日本国軍隊および日本国の支配下に在る一切の軍隊が連合国に対し無条件降伏することを通告する。

③我々はここに、どの地域にいるかを問わず、一切の日本国軍隊および日本国民に対し敵対行為をただちに終止し、一切の船舶、航空機ならびに軍用および非軍用財産を保存し、これの毀損を防止すること、および連合国最高司令官またはその指示に基づき日本国政府の諸機関の課すべき一切の要求に応ずることを命ずる。

④我々はここに、日本帝国大本営がどこの地域にあるかを問わず、一切の日本国軍隊および日本国の支配下にある一切の軍隊の指揮官に対し、自身およびその支配下にある一切の軍隊が無条件に降伏すべきむねの命令をただちに発することを命ずる。

⑤我々はここに、一切の官庁、陸軍および海軍の職員に対し、連合国最高司令官がこの降伏実施のため適切であると認めて自ら発し、またはその委任に基づいて発せしめる一切の布告、命令および指示を遵守し、かつ、これを施行すべきことを命じ、ならびにこれら職員が連合国最高司令官によって、またはその委任に基づいて特に解任されない限り、各自の地位に留り、かつ、引き続き各自の非戦闘的任務を行なうことを命ずる。

⑥我々はここにポツダム宣言の条項を誠実に履行し、同時に、ポツダム宣言の条項実施をするため、連合国最高司令官またはその他某連合国代表者が要求するであろう一切の命令を発し、かつ、このような一切の措置を執ることを天皇、日本国政府およびその後継者のために確約する。

⑦我々はここに日本帝国政府と日本帝国大本営に対し、ただちに、現在日本国の支配下にある一切の連合国戦争捕虜および被抑留者を解放し、その保護、手当、擁護、および指示された場所への輸送措置を執ることを命ず。

⑧天皇および日本国政府の国家統治権限は、この降伏条項を実施するため、適切と想定できる措置の執行にあたり、連合国最高司令官の制限下に置かれるものとする。

一九四五年九月二日午前九時四分／日本国東京湾上において署名する。

大日本帝国天皇陛下および日本国政府の命により、かつ、その名において　　重光葵

大日本帝国天皇陛下および日本帝国大本営の命により、かつ、その名において　梅津美治郎

一九四五年九月二日午前九時八分／日本国東京湾上においてアメリカ合衆国、中華民国、大英帝国およびソヴエト社会主義共和国連邦の利益ため、ならびに日本国と戦争状態にある他の連合諸国家の利益のために受諾す。

連合国最高司令官ダグラス・マッカーサー

〈第四章6〉

■降伏文書署名者

★日本国署名者

①重光　葵　外務大臣（全権）

②梅津美治郎　大本営・参謀総長・陸軍大将（全権）

随員／宮崎周一（大本営陸軍部第一部長・陸軍中将）、岡崎勝男（終戦連絡中央事務局長官）、富岡定俊（大本営海軍部第一部長・海軍少将）、加瀬俊一（内閣情報部第三部長）、永井八津次（大本営陸軍参謀・陸軍少将）、横山一郎（軍令部出仕兼海軍省出仕滙軍・少将）、太田三郎（終戦連絡中央事務局第三部長）、柴　勝男（大本営海軍参謀・海軍大佐）、杉田一次（大本営陸軍参謀・陸軍大佐）

★連合国署名者

①マッカーサー（Douglas MacArthur／連合国軍総司令官）

②ニミッツ（Chester William Nimitz／アメリカ代表）

③徐永昌（Xu Yongchang／中華民国代表）

④フレーザー（Bruce Austin Fraser／大英帝国代表）

⑤デレヴヤンコ（Kuzma Nikolayevich Dereyvan-ko／ソ連代表）

⑥ブレイミー（Thomas Albert Blamey／オーストラリア代表）

⑦コスグレイヴ（Lawrence Moore Cosgrave／カナダ代表）

⑧ルクレール（Philippe Leclerc de Hauteclocque／フランス代表）

⑨ヘルフリッヒ（Conrad Emil Lambert Helfrich／オランダ代表）

⑩イシット（S. M. Isitt／ニュージーランド代表）

あとがき

「我々が原爆を使わずに日本上陸作戦を実行していたならば、米軍だけで百万の死傷者を出していただろう。原爆投下は戦争終結を早め、米兵だけでなく、多くの日本人の命をも救ったのだ」

これは原爆開発に関しルーズベルト大統領に次ぐポストにいた陸軍長官スティムソンの発言で、この発現はのちに原爆神話と呼ばれるようになりました。

この神話で、スティムソンは「百万の米兵が死んだだろう」という衝撃の一言を放ちます。この一言を強く聴衆に打ち込むことにより、「日本人約二十二万人が原爆投下で一瞬にして焼き殺された」という事実の存在にシャドウをかける。そういう修辞学（レトリック）を用いています。しかしこの原爆神話には「日本人の命をも救った」という余計なひと言が入っているため、せっかくのレトリックも胡散臭くなってしまった。

こういうこともあって、私は『原爆を落とした男たち』を書き始めるにあたり、最初に手を付けたのはスティムソンの伝記本を手に入れて、この人はいかなる氏素性の男かを知ることでした。その後、さまざまな資料に目を通した結果、スティムソンの原爆神話はこじつけであり、こういう神話をこしらえた最大の理由は「実際に原爆を投下したB-29搭乗員、あるいはロス・アラモス研究所の科学技術者とその家族、そしてクライスラー社などの協力会社従業員からテニアン基地の従軍牧師にいたる五十四万人もの原爆関与者へ免罪符を与えることだった」と理解しました。

この神話は、原爆が実に忌まわしい兵器だと痛感したスティムソンによる自国民への思いやりであり、アメリカの原爆神話というものはそういうモノだと私は認識しています。

では、「百万の米兵が死んだだろう」がこじつけであって、それが原爆投下理由ではないとすると、アメリカはなぜ原爆を広島と長崎に落としたのか?

最大の理由は「ソ連に日本人の惨劇を見せることによって、ソ連を中核とする共産主義勢力の危険で強引な膨張政策を封じ込めること」です。

ところで、原爆開発に携わった多くの科学技術者は原爆使用反対の嘆願書に署名したという証言があります。しかしその逆に、「原爆の標的は多数の労働者家族の居住区を含む工業地帯であるべし」と主張したハーバード大学総長コナント教授のように積極的な狂気に身をゆだねた科学者も多い。そして反対か賛成か旗幟鮮明な科学技術者よりも遥かに多くの、沈黙と無関心を決め込んだ、やればどうなるかよく知っていた科学技術者たちがいます。こういう無言の科学技術者集団が圧倒的多数派だったという現実は、人間はいかに清く正しく行い澄ましていようとも、何かの拍子でボタンを掛け違えてしまえば、簡単にヒトラーまで行ってしまう。この悲しい現実が原爆開発に関与したほとんどの科学技術者の姿だろうと胸が痛みます。

このあたりの原爆をめぐる科学技術者群像とヤルタ、テヘラン、カイロという国際会議の顛末は『原爆投下への道程―認知症とルーズベルト』(芙蓉書房出版)にも詳述しましたので、ご一読たまわれば幸いです。

さて、事実の積み上げ結果であるノンフィクション作品であろうと、ストーリーテラーであるからには、強烈な個性を持った悪役がいたほうが好都合です。その意味で本作品はバーンズ国務長官を筆頭に、悪党にはこと欠かきませんので、何とか最後まで語り切ることができました。そこで、原爆投下のボタンを押したという噂のトルーマン大統領はというと、この人は悪党ではありません。トルーマンは悪党とそうでない者の間をフラフラとさまよい、気持ちが揺れ動き、その反動で精いっぱい強がって見せ、歯を食いしばって良き大統領を演じようとしたごく平凡な一般人です。こういうありふれた資質のトルーマンが二期八年を終えてホワイトハウスを退去した時、周囲は「実は有能だった」と気づいたそうですが、周囲が気づかされた有能の本質は何だったのか。これについては、稿をかえて《朝鮮戦争と冷戦の激化》に取り掛かるとき、はっきりさせたいと思っています。

次に話題を変え、敗戦という切り口で日本とドイツを比較してみたいと思います。

日本は、ポツダム宣言を受諾し、玉音放送という終戦の詔勅を発し、戦艦ミズーリ上で降伏文書に署名するという文句の付けようがないプロセスを踏んで戦後をスタートさせ、現在にいたっています。

降伏直後、日本は連合国軍（実質アメリカ軍だけ）の占領下に置かれましたが、チャーチルの提案により、日本領土内の諸地点の保障占領となったことが効いて、中央政府無しの状態は存在しません。つまり日本は鈴木内閣、東久邇宮内閣、幣原内閣、吉田内閣、片山内閣、芦田内閣、吉田内閣と途切れることなく続き、戦後六年（一九五一年九月八日）、サンフランシスコ講和条約調印により主権を回復し、現在に至っています。そして憲法は一九四七年五月二日まで大日本帝国憲法のまま続き、同年五月三日に現在の日本国憲法となった。

いっぽうドイツの降伏プロセスは非常に曖昧です。従って国体は自然消滅し、一九四九年五月二十三日までのまる四年間、ドイツには中央政府が無く、主権も無く、米英ソ仏四カ国によって分割統治されました。また憲法に目を転ずると、同じくまる四年間、ドイツは憲法空白時代で、その後、ボン基本法という暫定憲法が施行され、一九九〇年十月三日、東西ドイツが統一された時、主権が完全に回復され、同時に、ドイツ連邦共和国基本法という憲法が発布されました。

戦後、五十九回の憲法改正を繰り返したドイツと、いまだ一度も憲法改正のない日本の間には、例えば国防については、いかなる相違点があるのだろうか？

日本の場合、冷戦の顕在化と地続きの大陸国家でないことから来るぬるま湯体質が効いて、日本国憲法には不思議な文脈の第九条が記載されていますが、ドイツの場合、国防は次のようになっています。
■ドイツ連邦共和国憲法／国防
★ドイツ連邦共和国が攻撃された、または、されうる事態となった場合、連邦政府からの申請のもと、連邦議会の議決で防衛事態が承認される。
★防衛事態が承認されれば指揮権は連邦首相に属する。
なお、日本の場合は次の通りです。
■日本国憲法
第二章・戦争の放棄
★第九条／第一項／日本国民は、正義と秩序を基調とする国際平和を誠実に希求し、国権の発動たる戦争と、武力による威嚇又は武力の行使は、国際紛争を解決する手段としては、永久にこれを放棄する。
★第九条／第二項／前項の目的を達するため、陸海空軍その他の戦力は、これを保持しない。国の交戦権は、これを認めない。
日本が《戦争の放棄》という見栄えのいい花を咲かせることができたのは、繰り返しますが、冷戦構造という安全保障装置が顕在だったからで、国連安保理が機能したからではありません。

さて、冷戦構造という温室が無くなり、明らかに別の危機が芽生えつつある以上、国連を含めて衣替えをするのは当たり前のことであり、また、世の中には日本が脆弱体質であり続けることを望み、それを喜ぶ勢力が国内外に愕然とするほど多数存在するのである以上、一六〇年前の黒船来航時をかえりみて、リニューアル・オープンを真剣に考えるべき時に来たのではないかと思われてなりません。

最後になりましたが、本書を世に出していただくにあたり、次のかたがたに感謝の言葉を述べたいと存じます。

何よりも、原稿の段階で本作品にご理解を示していただいた芙蓉書房出版の平澤公裕社長には、出版にいたるまでの間、様々な編集上の御尽力を賜り、ここに厚く御礼申し上げます。

また、日ソ間での微妙なやり取り、そして、対日宣戦布告をめぐる東郷外相とマリク大使の対話録などについては国立公文書館アジア歴史資料センターにたいへんお世話になりました。この場を借りて同センターに厚く御礼申し上げます。

本作品中、玉音放送前日の八月十四日、愛知県の挙母（ころも）市と春日井市にパンプキン爆弾が落とされたという エピソードを記載しました。この出来事は米軍が原爆を広島と長崎で終わりにするつもりがなかったという状況証拠の一つですが、このパンプキン爆弾の件につき、特に春日井市の被害についてご教授いただいた同地在住の安藤達爾さんに厚く御礼申し上げます。

本作品にはロス・アラモス研究所での原爆開発にあたり、コンピュータの前身である会計機を使って複雑な流体力学計算ほかのシミュレーションを行うシーンが出現します。飛行機や自動車という道具は目の前で動いている姿がはっきりしているため、活字による文章表現でも、読者の共感を得られやすい。しかしコンピュータや会計機は、その存在自体が非常に漠然としており、これをどのように表現したらいいのか途方に暮れました。幸い、富士通・沼津工場で現役稼動しているリレー式コンピュータを見学し、その説明を受けたおかげで、ロス・アラモスの科学者が何をどう発想したかという難所を乗り越えることが出来ました。ご協力を深く感謝します。

また袴塚邦彦さん、高橋一也さん、榎木栄樹さん、桜井伸一さん、大根田秀雄さんからは、私が表現したものについて「ＩＢＭ会計機のスペックを見ると、こういう現象は起こり得ない」など、いたらぬ点を指摘していただきました。おかげさまで、今から七〇年前の出来事を再現するにあたり、信憑性という面で足元を固めることができました。ご協力いただいた五人のかたがたに対し、この場を借りて厚く御礼申し上げます。

関連年表

1945年	4.12トルーマン、大統領に昇格／5.9ドイツ、降伏文書に署名／7.17〜8.2ポツダム会談／8.15日本、玉音放送／9.2日本、降伏文書に署名／
1947年	シベリア抑留者の帰国（〜1956年）
1948年	6.24ベルリン封鎖開始
1949年	4.4NATO 北大西洋条約機構創設／5.12ベルリン封鎖解除／8.29ソ連最初の核実験成功（プルトニウム型）／10.1中華人民共和国成立
1950年	6.25朝鮮戦争勃発／10.19朝鮮戦争に中国参戦
1951年	4.11マッカーサー元帥解任／9.8サンフランシスコ講和条約調印（日本の主権回復）
1952年	2.6ジョージ六世崩御／10.3イギリス最初の核実験成功（プルトニウム型）／11.1アメリカの水爆実験
1953年	1.20トルーマン大統領退任、アイゼンハワー大統領就任／3.5スターリン死去／7.27朝鮮戦争休戦
1955年	ソ連による旅順・大連・満鉄の中華人民共和国への返還／6.6ワルシャワ条約機構発効／12.14イタリアの国連加盟
1956年	12.18日本の国連加盟
1960年	2.13フランス最初の核実験成功／12ベトナム戦争勃発
1961年	8.13ベルリンの壁（〜1990.10.30）
1964年	4.5マッカーサー元帥死去／10.10〜10.24東京オリンピック 10.16中国最初の核実験成功
1965年	1.24チャーチル死去
1967年	10.20吉田茂・死去
1971年	10.25中華民国国連脱退と中華人民共和国国連加盟
1972年	5.15沖縄返還／12.26トルーマン死去
1973年	9.18ドイツの国連加盟
1975年	4.5蒋介石死去／4.30ベトナム戦争終結
1976年	1.8周恩来死去／9.9毛沢東死去
1977年	1.14イーデン死去
1989年	1.7昭和天皇崩御
1990年	10.3ドイツ再統一（完全な主権回復）
1991年	9.17大韓民国＆朝鮮民主主義人民共和国（北朝鮮）の国連加盟／12.25ソ連崩壊
1997年	7.1香港返還
2003年	10.23宋美齢死去

■ 参考文献

加瀬俊一著『ミズーリ號への道程』文藝春秋新社、一九五一年。

廣部泉著『グルー　真の日本の友』ミネルヴァ書房、二〇一一年。

『米軍資料・原爆投下報告書―パンプキンと広島・長崎』奥住喜重・桂哲男・工藤洋三訳、東方出版、一九九三年。

星川啓慈、石川明人著『人はなぜ平和を祈りながら戦うのか？(私たちの戦争と宗教)』並木書房、二〇一四年。

東郷茂徳著『時代の一面（大戦外交の手記）』中央公論社、一九八九年。

星野力著『誰がどうやってコンピュータを創ったのか？』共立出版、一九九五年。

『池田記念論文集・FACOM開発を中心として』富士通株式会社、一九七八年。

『日本外交史辞典』山川出版社、一九九二年。

松本俊一著『日本外交史・第二十五巻（終戦工作と終戦）』鹿島研究所出版会、一九七二年。

鈴木九萬監修『日本外交史・第二十六巻（終戦から講和まで）』鹿島研究所出版会、一九七三年。

住本利男著『占領秘録（上・下）』毎日新聞社、一九五二年。

工藤美知尋著『日ソ中立条約の虚構』芙蓉書房出版、二〇一二年。

橋本以行著『日米潜水艦戦』光人社NF文庫、二〇〇四年。

橋本以行著『伊58潜帰投せり』学研M文庫、二〇〇一年。

M・J・シャーウィン著『破滅への道程（原爆と第二次世界大戦）』加藤幹雄訳、TBSブリタニカ、一九七八年。

カイ・バード&マーティン・シャーウッド著『オッペンハイマー（上・下)』河邉俊彦訳、PHP研究所、二〇〇七年。

リチャード・ファインマン著『ご冗談でしょう、ファインマンさん〈上・下〉』大貫昌子訳、岩波現代文庫、二〇〇〇年。

クリストファー・サイクス著『ファインマンさんは超天才』大貫昌子訳、岩波現代文庫、二〇一二年。

フィリス・K・フィッシャー著『ロスアラモスからヒロシマへ』橘まみ訳、時事通信社、一九八六年。

藤永茂著『ロバート・オッペンハイマー（愚者としての科学者)』朝日新聞社、一九九六年。

ピーター・レッドチャイルド著『ヒロシマを壊滅させた男・オッペンハイマー』池澤夏樹訳、白水社、一九九五年。

ローフス・ミッシュ著『ヒトラーの死を見とどけた男』小林修訳、草思社、二〇〇六年。

ヨアヒム・フェスト著『ヒトラー（最期の12日間)』鈴木直訳、岩波書店、二〇〇五年。

ヘルケ・ザンダー&バーバラ・ヨール編集『一九四五年・ベルリン解放の真実（戦争・強姦・子供）』寺崎あき子・伊藤明子訳、パンドラ、一九九六年。
水谷孝信著『湖国に模擬原爆が落ちた日（滋賀の空襲を追って）』サンライズ出版、二〇〇九年。
ガー・アルベロビッツ著『原爆投下決断の内幕（上・下）』鈴木俊彦・岩本正恵・米山裕子訳、ホルプ出版、一九九五年。
J・サミュエル・ウォーカー著『原爆投下とトルーマン』林義勝監訳、彩流社、二〇〇八年。
マイケル・ドブス著『ヤルタからヒロシマへ』三浦元博訳、白水社、二〇一三年。
チャールズ・W・スウィーニー著『私はヒロシマ、ナガサキに原爆を落とした』黒田剛訳、原書房、二〇〇〇年。
髙瀬毅著『ナガサキ、消えたもう一つの「原爆ドーム」』文藝春秋、二〇一三年。
長崎市編・長崎国際文化会館監修『ナガサキは語りつぐ』岩波書店、一九九一年。
ロード・モーラン著『チャーチル（生存の戦い）』新庄哲夫訳、河出書房、一九六七年。
ハリー・S・トルーマン著『トルーマン回想録①②』堀江芳孝訳、加瀬俊一監修、恒文社、一九六六年。
リチャード・ローズ著『原子爆弾の誕生（上・下）』神沼二真・泰一訳、紀伊國屋書店、一九九九年。
グラストン・エドランド著『原子炉の理論』伏見康治・大塚益比古訳、みすず書房、一九五五年。
エドワード・ラジンスキー著『赤いツァーリ・スターリン』工藤精一郎訳、ＮＨＫ出版、一九九六年。
General Leslie R. Groves, *Now it can be told*, Da Capo Press, 1964.
Eben A. Ayers, *Truman in the White House*, University of Missouri Press, 1991.
Astley, Joan Bright, *The Inner Circle: A View of War at the Top*, Memeir Club, 1971.
Milovan Djilas, *Conversations with Stalin*, Harcourt Brace & Company, 1962.
Charles E. Bohlen, *Witness to History*, Weidenfeld and Nicolson London, 1973.
David Dijks ed., *The Diaries of Sir Alexander Cadogan 1938-1945*, Faber and Faber, 2010.
Charles L. Mee,Jr, *Meeting at Potsudam*, Frankin Square Press, 1975.
Wilson D. Miscamble, *From Roosevelt to Truman*, Cambridge University Press, 2007.
James Francis Byrnes, *Speaking Frankly*, Harper & Brothers Publishers, 1947.
Jonathan Klein, *At Zero Hour: the Government of Karl Dönitz*, VDM, 2008.

Bradley F. Smith, *Operation Sunrise: The Secret Surrender*, Basic Books, 1979.
Eleanor Jett, *Inside Box 1663*, Los Alamos Historical Society, 2007.
John Michnovicz, *Los Alamos 1944-1947: Images of America*, Arcadia Publishing, 2005.
Bernice Brode, *Tales of Los Alamos: Life on the Mesa 1943-1945*, Los Alamos Historical Society, 1997.
Jennet Conant, *109 East Palace Street, Santa Fe*, Simon & Schuster, 2005.
Ruth Howes, *Women of the Manhattan Project*, Temple University Press, 1999.
Frances Spatz Leighton, *My thirty years backstairs at the White House*, Ishi Press, 2008.
Wallace John Eckert, *Punched Card Methods in Scientific Computation*, The MIT Press, 1940.
Stephen Walker, *Shockwave: Countdown to Hiroshima*, Harper Collins, 2005.
Stephane Groueff, *Manhattan Project*, Little,Brown, 1967.
Michael Dobbs, *Six months in 1945*, Vintage Books, 2013.
Richard B. Frank, *Downfall: The End of the Imperial Japanese Empire*, Penguin Books, 1999.
Charles W. Sweeney, *War's End: An Eyewitness Account of America's Last Atomic Mission*, Avon Books, 1997.
Lord Moran, *Churchill: The Struggle for Survival*, Houghton Mifflin Company Boston, 1966.
Richard Lovell, *Biography of Lord Moran*, Royal Society of Medicine Services, 1992.
Geana Schoor, *General Douglas MacArthur: A Pictorial Biography,* Rudolph Field Compny, 1951.
Stanley Weintraub, *MacArthur's War*, The Free Press, 2000.
Nicklas Thomas-Symonds, *Attlee: A life in politics*, L.B.Tauris & Co Ltd, 2010.
Trevor Burridge, *Clement Attlee*, Jonathan Cape Ltd, 1985.
Dennis D. Wainstock, *Truman, MacArthur, and the Korean War*, Greenwood Press, 1999.
Carl Berger, "B-29's: History of 2nd World War S.", Macdonald, 1970.
Robert A. Mann, "The B-29 Superfortress Chronology, 1934-1960", McFarland, 2009.
Foreign relations of the United States. Conferences at Malta and Yalta, 1945
Foreign relations of the United States diplomatic papers, The Conferences at Cairo and Tehran, 1943
Stewart L. Udall, *The Myths of August*, Rutgers University Press, 1994.

Carl Berger, "B-29's: History of 2nd World War S.", Macdonald, 1970.
Robert A. Mann, "The B-29 Superfortress Chronology, 1934-1960", McFarland, 2009.
S. L. Sanger, *Working on the Bomb: An Oral History of WW* II *Hanford*, Portland State University, 1995.
Charles L. Mee, *Meeting at Potsdam*, Franklin Square Press, 1975.
Godfrey Hodgson, *The Colonel: The Life and Wars of Henry Stimson*, Alfred A. Knopf, 1990.
Nuclear Files. org → http://www.nuclearfiles.org/
スティムソン日記 → http://www.doug-long.com/stimson7.htm
標的委員会作成の勧告書 → http://www.dannen.com/decision/index.html
アメリカ国務省公文書 → http://www.uwdc.library.wisc.edu/collections/FRUS

著者

本多 巍耀（ほんだ たかあき）
1945年神奈川県生まれ。東京理科大学理学部卒業。富士通株式会社入社（流通業関連営業部門配属）、2005年定年退職。
現在は日本防衛学会会員、戦略研究学会会員、日本尊厳死協会終身会員、日独協会会員、文化日独コミュニティー会員、日本・トルコ協会会員、日米協会会員。
著書に『皇帝たちの夏－ドイツ軍戦争計画の破綻』『大統領と共に－動物の謝肉祭イン・ホワイトハウス』『消えた帝国－大統領ウィルソンの挫折』『原爆投下への道程－認知症とルーズベルト』がある。

原爆（げんばく）を落とした男（おとこ）たち
――マッド・サイエンティストとトルーマン大統領――

2015年10月26日　第1刷発行

著 者
本多（ほんだ） 巍耀（たかあき）

発行所
㈱芙蓉書房出版
（代表 平澤公裕）
〒113-0033東京都文京区本郷3-3-13
TEL 03-3813-4466 FAX 03-3813-4615
http://www.fuyoshobo.co.jp

印刷・製本／モリモト印刷

ISBN978-4-8295-0660-8